प्राचीन लोकमान्यता के अनुसार 'शबर ऋषि' द्वारा प्रणीत सभी मंत्र 'शाबर मंत्र' कहलाते हैं। शबर ऋषि किस काल में हुए? शाबर मंत्रों का प्रचलन कब (किस काल) से प्रारंभ हुआ यह बताना मुश्किल है।

इन मंत्रों की सबसे बड़ी विशेषता यह है कि इसमें संस्कृत के ज्ञान की आवश्यकता नहीं है। शाबर मंत्र में विनियोग, न्याय, छंद, ऋषि वगैरह नहीं होते। इन मंत्रों में व्यक्ति की इष्ट साधना व गुरु की शक्ति प्रधान होती है। गुरु की कृपा एवं गुरु मुख से ग्रहित किए बिना शाबर मंत्र सिद्ध नहीं होते। शाबर मंत्रों में साधक को स्वयं की साधना भक्ति पर स्वाभिमान विशेष होता है। जिसको साधक गुरु की शक्ति के साथ जोड़ देता है, तथा गुरु कृपा का सहारा पग-पग पर लेता है।

शाबर मंत्र

दुर्लभ दुष्प्राप्य, गोपनीय मंत्रों पर अनमोल जानकारी

पं. रमेश द्विवेदी
एम. ए. संस्कृत (साहित्य)

डायमंड बुक्स

प्रकाशक : डायमंड पॉकेट बुक्स (प्रा.) लि.
X-30 ओखला इंडस्ट्रियल एरिया, फेज-II
नई दिल्ली-110020

फोन : 011-40712200
ई-मेल : wecare@diamondbooks.in
वेबसाइट : www.diamondbooks.in

संस्करण : 2025

मुद्रक : रेप्रो (इंडिया)

Shabar Mantra
By Pt. Ramesh Dwivedi

अनुक्रमणिका

पुस्तक के बारे में

शाबर मंत्र विश्व के सर्वाधिक लोकप्रिय, प्रचलित व सर्वमान्य मंत्र है, जो बोलचाल की विभिन्न भाषाओं में विश्व के प्रत्येक भूभाग में प्रचलित है। शाबर मंत्र क्या है? शाबर मंत्रों की विशेषता क्या है? इन मंत्रों का प्रचलन कब से प्रारंभ हुआ? ऐसे अनेक अनसुलझे प्रश्नों का सही समाधान आपको इस पुस्तक के माध्यम से पहली बार प्राप्त होगा। प्रबुद्ध पाठकों की कई बार शिकायतें आती हैं कि अनेक उपाय करने पर भी मंत्र सिद्ध क्यों नहीं होते? इस प्रसंग में मंत्रचोर साधक व गुरुमार शिष्यों की मनोवृत्ति का पटाक्षेप किया गया है। मंत्र साधना में विभिन्न मुद्राओं के महत्त्व पर सचित्र प्रकाश डाला गया है। मंत्र साधना की सफलता में जहां आसन, स्थान, माला व गणवेश का महत्त्व है, वहां दीक्षा का महत्त्व सर्वोपरि है। गुरु के प्रति सच्ची आस्था, भक्ति व दृढ़ता के साथ मंत्र-दीक्षा ही मनुष्य के शरीर का कायाकल्प करती है। दीक्षा से साधना मार्ग प्रशस्त व प्रकाशित होता है।

शाबर मंत्रों के प्रणेता भगवान् शंकर हैं। शंकर शबर, किरात व भील का वेश धारण करके भी कठोर तपस्या की थी। पर्वतों में विचरण करने वाली उनकी पत्नी पार्वती ने भी अनेक बार भीलनी का वेश धारण किया था। भगवान् शंकर के ही अंशावतार श्री हनुमान जी से संबंधित सभी दोहे-चौपाइयों की गिनती सिद्ध शाबर-मंत्रों में होती है। इसके अलावा जैन सम्प्रदाय में महावीर स्वामी, मुस्लिम सम्प्रदाय में मेमदापीर के नाम से भी कई शाबर मंत्र प्रचलित है। इस पुस्तक में ऐसे अनेक प्रसिद्ध व प्रचलित मंत्रों का संकलन किया गया है। अनेक प्राचीन पांडुलिपियों के अलावा, कल्याण के विशेषांकों एवं अन्य ग्रंथों से भी सामग्री का संकलन कर, सहायता ली गई है।

प्रबुद्ध पाठकों की सुविधा की दृष्टि से प्रस्तुत पुस्तक चार खंडों में विभाजित है। 1. जिज्ञासा खंड 2. कतिपय चुनिन्दे शाबर मंत्र 3. नक्षत्र-कल्प 4. हनुमत्साधना पर विशेष सामग्री। जिज्ञासा खंड में शाबर मंत्रों के संबंध में सभी जानकारियां दी गई हैं। कतिपय चुनिन्दे शाबर मंत्रों में लगभग पचास से अधिक विविध मंत्रों का प्रयोग बतलाया गया है। 'नक्षत्र कल्प' में वनौषधियों का नक्षत्र से संबंध पर विभिन्न प्रयोग विशेष द्रष्टव्य हैं। यह एक प्रकार का तंत्र है। विभिन्न नक्षत्रों के सहयोग से औषधियों के गुणधर्म बदल जाते हैं। प्राचीन आयुर्वेद ग्रंथों में 'माधवीय निदान' जैसे ग्रंथों में लिखा है कि अमुक

वार, अमुक नक्षत्र के दिन औषध ग्रहण करने से साधारण औषधियां, दिव्य औषधियों में बदल जाती हैं। मंत्रयुक्त औषधियों में ही चमत्कार होता है। शाबर मंत्रों के प्रयोग में व्याकरण व भाषा की अशुद्धियों का कोई महत्त्व नहीं, यहां भाव व आत्मबल की प्रधानता रहती है। पुस्तक के चौथे खंड में अजेय योद्धा, परम पराक्रमी श्री हनुमान जी की सरलतम उपासना पर विशेष प्रकाश डाला गया है। **श्री हनुमत्सहस्रनाम स्तोत्र** पहली बार प्रकाशित हो रहा है। यह प्रयोग अनुभूत है। भगवान् श्री राम के द्वारा निर्मित यह प्रयोग गोपनीय भी रहा है, जिसको प्रकट करना अनिवार्य है। अत: प्रकाशक ने इस स्तोत्र को प्रकाशित कर बड़े पुण्य का कार्य किया है।

मंत्र साधना के क्षेत्र में प्रवेश करने के लिए, साधना क्षेत्र में सफलता हेतु दिव्य दीक्षा की प्राप्ति के निमित्त, अनेक जिज्ञासु सज्जनों के पत्र व टेलीफोन आते हैं कि क्या आपके कार्यालय में मंत्र-साधकों हेतु दीक्षा की व्यवस्था है? गुरु पूर्णिमा पर परम गुरुदेव डॉ. भोजराज द्विवेदी के सान्निध्य में मंत्र-दीक्षाएं दी जाती हैं। अनेक धार्मिक अनुष्ठान भी समय-समय पर आयोजित किए जाते हैं। विशेष अवसरों पर मंत्र-दीक्षा के लिए, पाठकों को **'समर्पण पत्र'** भरकर विशेष दीक्षा हेतु प्रार्थना-पत्र भेजने चाहिए। भारतीय दिव्य विद्याओं के प्रचार-प्रसार हेतु हमारा कार्यालय सदैव सजग है। अभिमन्त्रित यंत्र व रत्न, परिमार्जित यंत्र उपलब्ध कराना, हमारे कार्यालय की प्रथम प्राथमिकता है पर उसके लिए उत्कट जिज्ञासा, हृदय की शुद्ध समर्पण भावना अति अनिवार्य है। आप अपने अनुभव भी हमें लिख मार्गदर्शन प्राप्त कर सकते हैं। परन्तु मार्गदर्शन हेतु टिकट लगा, जवाबी लिफाफा ही आपके कार्य को गति दे पाएगा। धन्यवाद।

दिनांक-20-4-2006

पं. रमेश द्विवेदी
अध्यक्ष
श्रीविद्या साधक परिवार
130,ए रोड, मरुदीप अपार्टमेंट
सरदारपुरा, जोधपुर (राज.)
दूरभाष 0291-2637359 कार्या.
0291-5520513 कार्या.
09314713513 मोबाइल

शाबर मंत्र क्या है?

प्राचीन लोकमान्यता के अनुसार '**शबर ऋषि**' द्वारा प्रणीत सभी मंत्र '**शाबर मंत्र**' कहलाते हैं। शबर ऋषि किस काल में हुए? कब हुए? शाबर मंत्रों का प्रचलन कब (किस काल) से प्रारंभ हुआ, यह बताना बहुत मुश्किल है।

ब्राह्मण ग्रंथों में ऐतरेय ब्राह्मण (अ. 7-18-2) में विश्वामित्र ऋषि के ज्येष्ठ पचास पुत्र उसी के शाप से आंध्र, पुण्ड्, शबर, पुलिन्द एवं मूतिब आदि म्लेच्छ कहलाने लगे। ये लोग दक्षिण भारत में पेन्नार नदी के प्रदेश में रहते थे। महाभारत में 95/38 के अनुसार ये लोग पहले क्षत्रिय थे, किन्तु बाद में हीन आचारों के कारण म्लेच्छ बन गए। महाभारत युद्ध में ये लोग कौरवों के पक्ष में शामिल थे, जहां सात्यकि ने इनका संहार किया।

शबर एक जातिसूचक शब्द भी है। प्राचीन चरित्रकोश पृ. 944 के अनुसार शबर ज़ाति 'दक्षिण पथवरसिन' कहा गया है। जंगल में रहने वाले अनपढ़, अविकसित समाज व भील जाति के लोगों को प्राचीन काल में शबर कहते थे। कथा प्रसिद्ध है शबरी नामक भीलनी के जूठे बेर भगवान् श्रीराम ने खाए थे। लोकमान्यता के अनुसार जंगली इलाकों व ग्रामीण क्षेत्रों में बोलचाल की भाषा में प्रचलित मंत्र ही शाबर मंत्र कहलाते हैं।

यजुर्वेद एवं अथर्ववेद के कई कांड अनेक प्रकार के अभिचार, वशीकरण, मारण, उच्चाटन, आकर्षण, विद्वेषण एवं चमत्कारिक मंत्रों से भरा हुआ है। यद्यपि इन वैदिक मंत्रों की प्रभावोत्पादक शक्ति से इंकार नहीं किया जा सकता तथापि शाबर मंत्रों की भी अपनी एक अलग ही प्रभावोत्पादक शक्ति है, अपना अलग वैशिष्ट्य व चमत्कार है। हमारे केंद्र द्वारा किए गए अन्वेषण व शोध के आधार पर निम्नलिखित तथ्य प्राप्त हुए हैं–

स्कन्दपुराण 3.3.17 के अनुसार कीकट देश में रहने वाला एक शिवभक्त शबर ऋषि के नाम से विख्यात था जो अन्त्यज था। शबर नामक वह ऋषि चिताभस्म की प्राप्ति के लिए स्वयं को दग्ध करने के लिए प्रवृत्त हुआ।

पद्मपुराण में वर्णित एक विष्णुभक्त का नाम शबर था, जो अन्त्यज था तथा तुलसीपत्र के प्रसाद से वह अन्त्यज यमदूतों के पंजे से मुक्त हुआ।

शाबर मंत्रों की विशेषता

1. शाबर-मंत्र संस्कृत निष्ठ नहीं होते। इसमें संस्कृत के ज्ञान की आवश्यकता नहीं।
2. शाबर मंत्रों में व्याकरण शुद्धि नहीं होती। इसमें व्याकरण के ज्ञान की आवश्यकता नहीं।
3. शाबर-मंत्र में विनियोग, न्यास, छन्द, ऋषि वगैरह नहीं होते।
4. शाबर मंत्र बोलचाल की भाषा, ग्रामीण किवां जंगली भाषा में होते हैं।
5. शाबर मंत्र में देहशुद्धि, आंतरिक व बाह्यशुद्धि पर भी विचार नहीं किया जाता।
6. शाबर मंत्र में व्यक्ति की इष्ट साधना व गुरु की शक्ति प्रधान होती है। **गुरु की कृपा एवं गुरुमुख से ग्रहित किए बिना शाबर मंत्र सिद्ध नहीं होते।**
7. शाबर मंत्र में अपने आराध्य देव अथवा मंत्र में निद्रिष्ट देवता को वांछित कार्य की पूर्ति हेतु नाना प्रकार की सौगंध दिलाई जाती है।
8. शाबर मंत्रों में साधक को स्वयं की साधना, भक्ति पर स्वाभिमान विशेष होता है। जिसको साधक गुरु की शक्ति के साथ जोड़ देता है तथा गुरुकृपा का पद-पद पर सहारा लेता है।
9. वैदिक मंत्र प्राय: स्तुतिपरक होते हैं, अपने इष्टदेव या मंत्रानुसार विशिष्ट देवता की ओर उदि्ष्ट होकर साधक अपना अमुक कार्य करने के लिए देवता से अनुनय विनय व प्रार्थना करता है तथा देवता प्रसन्न होकर साधक का कार्य करते हैं, जबकि शाबर मंत्र एकदम उलटे होते हैं। शाबर मंत्रों में आराध्य देव को सेवक व नौकर की भांति आज्ञा दी जाती है, इसमें मंत्रज्ञ, साधक देवताओं पर हावी बना हुआ रहता हैं तथा लक्षित देवता से चुनौतीपूर्ण भाषा में बात करता है, यथा उठ रे हनुमान, चौंसठ जोगिनी चलो, अरे नारसिंह वीर, डाकण का नाक काट, भंवरवीर तू चेला मेरा, देखूं रे अजयपाल तेरी शक्ति, देखूं रे भैरव तेरी शक्ति, इत्यादि।
10. शाबर मंत्रो के प्रयोग में नक्षत्र-कलाप की प्रधानता देखी गई है।
11. जहां वैदिक व अन्य मंत्रों की भाषा शिष्ट, सभ्य व सुसंस्कृत होती हैं वहीं शाबर-मंत्रों में एक प्रकार की गाली गलौच या भद्दी भाषा का इस्तेमाल होता है तथा साधक अपने आराध्य देव को बड़ी से बड़ी सौगन्ध देता है कि मेरे इस कार्य को हर हाल में करो। एक शिष्ट व सज्जन व्यक्ति अपने पूज्य व आराध्य देव के प्रति ऐसी भावना भी नहीं रख सकता, वैसे इन मंत्रों को जानने वाले बेझिझक बोल जाते हैं, यथा-उठ रे हनुमान जति, मेरा यह काम नहीं करे तो माता अंजनी का दूध हराम। सति की सेज पर पांव धरे। महादेव की जटा पर घाव करे, मेमदा पीर थी आन। सुलेमान पैगम्बर की दुहाई। पार्वती की चूड़ी चूके, सूलेमान पीर की पूजा पांव ठेली, गुरु गोरखनाथ लाजे, वगैरह-वगैरह।
12. शाबर मंत्र हिन्दी भाषा के अलावा, बंगाली, गुजराती, आसामी, उर्दू, पंजाबी, नेपाली व अनेक बोलचाल की भाषा में पाए जाते हैं।

❑❑❑

अलौकिक व सर्वाधिक चमत्कारी संसार का पहला शाबर मंत्र

1.	अ इ उ ण्	8.	झ भ ञ्
2.	ऋ लृ क्	9.	घ ढ ध ष्
3.	ए ओ ङ्	10.	ज ब ग ड द श्
4.	ऐ औ च्	11.	ख फ छ ठ थ च ट त व्
5.	ह य व र ट्	12.	क प य्
6.	ल ण्	13.	श ष स र्
7.	ञ म ङ ण न म्	14.	ह ल्

सृष्टि के आदिकाल में तांडव-नृत्य के समय भगवान् शिवजी ने डमरू बजाया। यह डमरू कुल 14 बार बजा। उनमें से जो शब्दों की ध्वनि निकली वे 'माहेश्वर-सूत्र' कहलाए। संस्कृत व्याकरण एवं बारहखड़ी का आविष्कार यहीं से हुआ। इसलिए ये सूत्र बड़े महत्त्वपूर्ण हैं।

विद्वानों ने इन सूत्रों को शाबर मंत्र का दर्जा दिया। इसका एक-एक अक्षर एक दिव्य मंत्र का काम कर रहा है। इन सूत्रों को 18 बार बोलते हुए जलधारी से शिवलिंग पर जल चढ़ावे और वह जल साधक शिवजी का प्रसाद समझ कर पी जावे। ऐसा प्रयोग 108 दिन तक करें। जातक की स्मरण शक्ति परम तेजस्वी हो जाएगी। जातक अत्यन्त मेधावी एवं महत् विद्वान होगा। उसे शास्त्रार्थ में कोई हरा नहीं सकेगा। जातक सभी प्रकार की प्रतियोगी परीक्षाओं में सर्वोत्कृष्ट अंकों को प्राप्त करेगा। लघुसिद्धान्त कौमुदी में लिखा है–

नृत्तावसाने नट राज राजो
ननाद ढक्कां नव पंचवारम्।
उद्धर्तुकामः सनकादि सिद्धा
नेतद्विमर्शे शिवसूत्र जालम्।।

शाबर मंत्रों में गुरु-परम्परा

पौराणिक मान्यता के अनुसार भगवान् शिव व पार्वती ने जिस समय अर्जुन के साथ किरात वेश में युद्ध किया था। उस समय भगवान् शंकर एवं शक्ति स्वरूपा माता पार्वती सागर के समीप सुखारण्य में विराजित थे। उस समय माता पार्वती ने भगवान् शंकर से आत्मा विषयक ज्ञान को जानने की इच्छा प्रकट की और भक्ति-मुक्ति का क्या मंत्र है, जानना चाहा। तब भगवान् शंकर ने जन्म मृत्यु व आत्मा संबंधी ज्ञान देना आरम्भ किया। माता पार्वती कब समाधिस्थ हो गई, भगवान् शंकर को इसका आभास भी नहीं हुआ।

तब चंद्रमौलीश्वर भगवान् शिव ने पार्वती को ज्ञान विषयक एक प्रश्न किया, किंतु माता समाधिस्थ होने के कारण भगवान् शंकर को समुद्र से उत्तर मिला। उत्तर सुन भगवान् शंकर चकित हुए।

भगवान् शंकर ने पार्वती को अतिसिद्ध षट्कर्मों के मंत्रों का उपदेश दिया था, यह षट्कर्म (छह कर्म) शांति, वशीकरण, स्तम्भन, विद्वेषण, उच्चाटन, मारण कर्म हैं। भगवान् शंकर को यह आश्चर्य हुआ कि जिसने भी इन षट्कर्मों के विधान को सुना वह इनसे प्रभावित क्यों नहीं हुआ। शांति मंत्रों से शांत, स्तम्भन मंत्रों से स्तम्भित, विद्वेषण मंत्रों से विद्वेषित, उच्चाटन मंत्रों से उच्चाटित, वशीकरण मंत्रों से वशीभूत तथा मारण मंत्रों से मृत्यु को प्राप्त क्यों नहीं हुआ। भगवान् शंकर ने देखा कि समुद्र के किनारे एक मछली (मत्स्य) लेटी हुई है।

भगवान् शंकर ने अपने दिव्य चक्षुओं से देखा कि इस मत्स्य के गर्भ में जगत् पिता ब्रह्मा का अंश विराजमान है और इस पर भगवान् शंकर ने गर्भ स्थित उस शिशु को तत्त्व चिंतन का आशीर्वाद व आदेश दिया तथा यह भी आशीर्वाद दिया कि उनकी दीक्षा त्रिदेवों के अवतार तंत्र-मंत्र में महासिद्ध गुरु दत्तात्रेय भगवान् से होगी।

वही गर्भस्थ बालक आगे चलकर मत्स्येन्द्रनाथ जी के नाम से प्रसिद्ध हुए। मत्स्य के गर्भ से जन्म होने के कारण इनका नाम मत्स्येन्द्रनाथ पड़ा।

इस प्रकार आशुतोष भगवान् शंकर के मुख से शाबर मंत्रों की उत्पत्ति हुई। भगवान् शंकर ने पार्वती से जो आगम संबंधी चर्चा की, वही आगे चलकर शाबर मंत्रों के नाम से प्रचलित हुई, जिनका मत्स्य के गर्भ में स्थित होकर मत्स्येन्द्रनाथ जी ने उनका श्रवण किया।

उस मत्स्य को मछुआरा ने काटा तो उसके गर्भ से एक अलौकिक दिव्य बालक निकला, जिसका पालन-पोषण मछुआरा दंपती ने किया।

10-12 वर्ष की आयु में ही मत्स्येन्द्र साधनोन्मुखी हो गए। उनकी तपस्या देख शिव ने गुरु दत्तात्रेय को उन्हें दीक्षा देने हेतु प्रेरित किया।

गुरु दत्तात्रेय ने मत्स्येन्द्र को दीक्षा प्रदान की तथा तंत्र के आदि देव भगवान् शंकर ने उन्हें शाबर मंत्रों की रचना का आदेश दिया।

पार्वती से आगमादि विषय पर चर्चा करते हुए भगवान् शंकर शबर वेश में थे, तथा भगवती पार्वती शबरी वेश में, अत: उस समय जो तंत्र संबंधी चर्चा हुई तथा जो मंत्र भगवान् शंकर ने कहे वे शाबर मंत्र कहलाए। जिनको मत्स्येन्द्रनाथ जी ने भगवान् शंकर के आदेश से जन-जन में प्रचारित किया व उनका निर्माण भी भगवान् शंकर के आदेश के अनुरूप किया।

कलियुग के परम सिद्ध औघड़ तपस्वी गुरु श्री मत्स्येन्द्रनाथ जी के काल से शाबर मंत्रों की प्रक्रिया प्रारंभ हुई, क्योंकि वैदिक काल पौराणिक काल में ऐसे मंत्रों की कहीं कोई चर्चा नहीं मिलती। गुरु श्री मत्स्येन्द्रनाथ जी के शिष्य गुरु गोरखनाथ

सिद्ध योगी व तांत्रिक रूप में विश्वविख्यात् हुए। गुरु गोरखनाथ जी ने जनहित में लोकभाषा के कुछ मंत्र बनाए वे मंत्र ही शाबर मंत्र के नाम से विख्यात हैं। आगम शास्त्र में शाबर मंत्रों की सिद्धि देने वाले ग्यारह आचार्य माने गए हैं।

1. नागार्जुन, 2. जड़भरत, 3. हरिश्चंद्र, 4. सत्यनाथ, 5. भीमनाथ, 6. गोरखनाथ, 7. चर्पट नाथ, 8. अवघटनाथ, 9. कन्यधारी, 10. जलन्धरनाथ, 11. मलयार्जुन

शाबर मंत्रों का अपना एक अलग ही इतिहास व अस्तित्व है। जिससे इंकार नहीं किया जा सकता। वैदिक कर्मकांड से अनभिज्ञ व्यक्तियों के लिए शाबर मंत्र सहज सुलभ प्राप्य अनमोल रत्न की तरह उपयोगी सिद्ध हुए हैं।

मंत्र शक्ति में छिपा रहस्य

मंत्र + अच् निर्मित **मंत्र** शब्द का अर्थ होता है किसी भी देवता को संबोधित किया गया वैदिक सूक्त या प्रार्थना पूरक वेद मंत्र। यही कारण है कि वेद से इतर प्रयुक्त आप्त वाक्यों जैसे श्रीमद्भगवद् गीता व अन्य पुराणों में प्रयुक्त संस्कृत श्लोकों को मंत्र नहीं कहा जाता। प्रार्थना पूरक यजुस् जो कि किसी देवता को उद्दिष्ट करके बोला गया है– यथा **ॐ नमः शिवाय** इत्यादि भी मंत्रों की संख्या में है। कालान्तर में अनेक प्रकार के तान्त्रिक श्लोक (दुर्गा–सप्तशती) वगैरह जो कि विशिष्ट देवता की उद्देश्य करके बोले गए तथा विशेष चमत्कारिक शक्ति के सम्पन्न होने से, वे श्लोक भी **मंत्र** कहलाने लगे।

शक्ति और तान्त्रिक सम्प्रदायों में प्रयुक्त अनेक सूक्ष्म रहस्यमय शब्द खंडों और अक्षरों यथा 'ऐं ह्रीं क्लीं' को भी 'मंत्र' कहते हैं तथा विश्वास किया जाता है कि इन बीज मंत्रों से शक्तियां और सिद्धियां प्राप्त होती हैं।

मंत्र शब्द का लौकिक अर्थ है **गुप्त परामर्श।** योग्य गुरुदेव की कृपा से ही मंत्र प्राप्त होता है। मंत्र प्राप्त होने के बाद यदि उसकी साधना न की जाए, अर्थात् सविधि पुरश्चरण करके उसे सिद्ध न कर लिया जाए तो उससे कोई विशेष लाभ नहीं होता। श्रद्धा, भक्ति भाव और विधि के संयोग से जब मंत्रों के अक्षर अंतर्देश में प्रवेश करके दिव्य स्पन्दन उत्पन्न करने लगते हैं, तब उसमें जन्म–जन्मान्तर के पाप–ताप धुल जाते हैं, जीव की प्रसुप्त चेतना जीवंत, ज्वलंत और जाग्रत होकर प्रकाशित हो उठती है। मंत्र के भीतर ऐसी गूढ़ शक्ति छिपी है, जो वाणी से प्रकाशित नहीं की जा सकती। अपितु उस शक्ति से वाणी प्रकाशित होती है। मंत्र शक्ति अनुभव–गम्य है, जिसे कोई चर्मचक्षुओं द्वारा नहीं देख सकता। वरन् इसकी सहायता से चर्मचक्षु दीप्तिमान होकर त्रिकालदर्शी हो जाते हैं।

मंत्रों में वैदिक मंत्र सबसे प्राचीन व प्रामाणिक माने जाते हैं। वैदिक व अन्य तान्त्रिक किवां लौकिक मंत्रों में मुख्य भेद स्वर का रहता है। वैदिक मंत्रों में आरोह, अवरोह को ध्यान में रखते हुए उदात्त, अनुदात्त, स्वरित अंक विभिन्न विसर्गों की व्यवस्थाएं दी हैं। स्वर वैशिष्ट्य व श्रुति परम्परा के कारण हजारों वर्षों के पश्चात भी वैदिक अपनी मूल अवस्था में आज भी सुरक्षित हैं। उच्चारण शुद्धता के अतिरिक्त प्रत्येक वैदिक मंत्रों में आठ बातें पाई जाती हैं, जो कि अन्य मंत्रों में नहीं होती।

1. ऋषि 2. छंद 3. देवता 4. बीज 5. शक्ति 6. कीलक 7. विनियोग और 8. न्यास।

1. ऋषि उसे कहते हैं जिसने उस मंत्र का सर्वप्रथम आत्म साक्षात्कार कर उसकी दिव्य शक्ति को दर्शन कर (अनुभव) किया हो एवं उस मंत्र का दूसरों को उपदेश दिया हो। जैसे विश्वामित्र जी गायत्री मंत्र ऋषि के हैं। एक बात और ध्यान में रखनी चाहिए कि मंत्र द्रष्टा ऋषि मंत्रों के निर्माण करने वाले, रचने वाले नहीं माने जाते क्योंकि वैदिक मंत्रों के रचयिता साक्षात् ईश्वर हैं अन्य कोई नहीं।
2. प्रत्येक मंत्र का एक छंद होता है।
3. प्रत्येक मंत्र का आराध्य देवता भी होता है।
4. प्रत्येक मंत्र का 'बीज' होता है जो मंत्र में शक्ति प्रदान करता है तथा मंत्र का मूल तत्त्व होता है।
5. प्रत्येक मंत्र की अलग-अलग शक्ति होती है।
6. कीलक एक प्रकार से मंत्र की खूंटी होती है, जो मंत्र के चैतन्य शक्ति को धारण किए रहती है। दीपकाल तक मंत्र मनन करने से यह खूंटी दूर हो जाती है और मंत्र का चैतन्य रूप प्रकट होकर साधक को अपने इष्ट के दर्शन होते हैं। कई मंत्रों के कीलन अलग से दिए होते हैं जिनके पढ़ने से मंत्रों का कीलन नष्ट हो जाता है।
7. विनियोग में मंत्र का प्रयोजन एवं उसका पूरा स्वरूप मुखरित होता है, एक प्रकार से यह संकल्प का सूक्ष्म रूप है। बिना विनियोग के मंत्र जाप का फल नहीं मिलता, ऐसा शास्त्र वचन है। उदाहरण के लिए जप हेतु गायत्री मंत्र का विनियोग देखें। ॐ प्रणवस्य परब्रह्म ऋषि: परमात्मा देवता, गायत्रीछंद: व्याहृतीनां प्रजापतिऋषि: अग्निवायु सूर्यदेवता गायत्री छंद: सर्वपापक्षयार्थे गायत्री मंत्र जपे विनियोग:।।
8. न्यास के द्वारा प्रयोग में लाए जाने वाले ''मंत्र'' का पदच्छेद किया जाता है तथा शरीर के प्रमुख अंगों में मंत्र को प्रतिष्ठित किया जाता है। इस प्रक्रिया से साधक का बाह्य व आंतरिक शरीर मंत्रमय हो ही जाता है।

न्यास दो प्रकार के होते हैं।

1. कर न्यास
2. अंग न्यास,

कर न्यास द्वारा हथेली व उंगलियों का शुद्धीकरण होता है तथा अंग न्यास द्वारा शरीर के अन्य अंगों का शुद्धीकरण होता है।

> *1. मंत्र किसे कहते हैं, मंत्र का अर्थ क्या है।*
> *2. वैदिक मंत्र एवं प्रचलित अन्य मंत्रों में क्या अंतर है।*
> *3. कीलन क्या होता है। मंत्रों में इसकी क्या उपयोगिता है।*
> *4. विनियोग एवं न्यास में क्या अन्तर है, दोनों के उपयोग पर प्रकाश डालिए।*

मंत्रों के दोष एवं निवृत्ति के उपाय

हरितत्त्व दीधति में मंत्र के आठ दोष बतलाए गए हैं–

1. अभक्ति	5. ह्रस्व
2. अक्षरभ्रान्ति	6. दीर्घ
3. लुप्त	7. कथन
4. छिन्न	8. स्वप्न कथन

मंत्र को अक्षरवर्णों की समष्टि मात्र समझना 'अभक्ति नामक दोष' कहलाता है। साधक की मंत्र में भक्ति न होने पर उसे सिद्धि नहीं मिलती।

गुरु या शिष्य के प्रमादवश मंत्र के अक्षरों में उलट-फेर हो जाता 'अक्षरभ्रान्ति' का दोष कहा जाता है। मंत्र में किसी वर्ण की न्यूनता को लुप्त दोष कहते हैं। मंत्र से संयुक्त वर्णों में से किसी अंश का छूट जाना ''छिन्न'' दोष कहलाता है। दीर्घ वर्ण के स्थान पर ''ह्रस्व'' का उच्चारण ''ह्रस्व दोष'' तथा ह्रस्व वर्ण के स्थान पर दीर्घ वर्ण का उच्चारण ''दीर्घ'' दोष कहलाता है।

जाग्रत अवस्था में अपना मंत्र किसी को बतला देना ''कथन'' नामक दोष कहा जाता है, तथा स्वप्न में अपना मंत्र किसी को बता देना 'स्वप्न कथन नाम' का दोष कहलाता है।

शारदापटल में इन दोषों के अलावा रुद्ध, शक्तिहीन एवं परांगमुख आदि 50 और दोष भी बतलाए गए हैं। सात करोड़ मंत्रों में से प्रायः सभी इन दोषों में से किसी न किसी दोष से दुष्ट पाए जाते हैं इन दोषों को जानकर उनकी निवृत्ति न करते हुए जो व्यक्ति मंत्र साधना करता है उसे कभी भी सिद्धि नहीं मिलती है। (दोषाभिमानविज्ञाय यः मन्त्रान् भजते जड़। सिद्धिर्न जायते तस्य कल्पकोटिशतैरपि।।)

दोष निवृत्ति के उपाय–

मंत्र सर्वशक्तिमान् देवता का स्वरूप है, ऐसा अनुभव कर एक-एक मंत्र के उच्चारण में परमानंद का अनुभव करते हुए मंत्र का जप करने से मंत्राधिष्ठातृ देव प्रसन्न हो जाते हैं, तब उसमें भक्ति का उदय होता है भक्ति उदित होने पर शीघ्र सिद्धि मिल जाती है। अभक्ति दोष को दूर करने का यह उपाय है।

अक्षरभ्रान्ति, लुप्त, छिन्न, ह्रस्व, दीर्घ आदि दोषों की निवृत्ति के लिए मंत्र की पुन: गुरुमुख से दीक्षा लेनी चाहिए, तथा शेष दोषों की निवृत्ति के लिए मंत्र के 10 संस्कार करने चाहिए। इन संस्कारों के नाम इस प्रकार हैं–

1. जनन	6. विमलीकरण
2. दीपन	7. जीवन
3. बोधन	8. तर्पण
4. ताड़न	9. गोपन
5. अभिषेक	10. आप्यायन

1. **जनन**–भोजपत्र पर लाल चंदन एवं गोरोचन से ''जननयंत्र'' लिखकर उसमें विधिवत् मातृका देवी का आवाहन एवं पूजन करके एक अन्य भोजपत्र पर अपने मंत्र के एक-एक वर्ण का उद्धार करना चाहिए। इस प्रक्रिया को जनन संस्कार कहते हैं।
2. **दीपन**–हंस: मंत्र से सम्पुटित कर मूल मंत्र का एक हजार जप करना दीपन संस्कार कहलाता है। उदारहणार्थ ''रामाय नम:'' का दीपन संस्कार करने के लिए 'हंस: रामाय नम: सोऽहं' का एक हजार जप करना चाहिए।
3. **बोधन**–''हूं'' बीज से सम्पुटित मंत्र का पाँच हजार जप करना ताड़न कहलाता है। यथा ''हूं रामाय नम: हूं''।
4. **ताड़न**–''फट्'' से सम्पुटित मंत्र का एक हजार बार जप करना ताड़न कहलाता है। यथा ''फट् रामाय नम: फट्''।
5. **अभिषेक**–भोजपत्र पर अपना मंत्र लिखकर ''ऐं हंस ओं'' मंत्र से एक हजार बार अभिमन्त्रित जल से इसी मंत्र के द्वारा अपने मंत्र का अभिषेक संस्कार कहलाता है।
6. **विमलीकरण**–''ओं त्रों वषट्'' मंत्र का एक हजार जप करना विमलीकरण कहलाता है। यथा ''ओं त्रों'' वषट् रामाय नम: वषट् त्रों ओं।
7. **जीवन**–''स्वधा वषट्'' से सम्पुटित अपने मंत्र का एक हजार जप करना जीवन कहलाता है। यथा ''स्वधा वषट् रामाय नम: स्वधा वषट्''।
8. **तर्पण**–दूध, घी, शहद या जल से मूलमंत्र से 100 बार तर्पण करना ही तर्पण संस्कार कहलाता है। यथा 'रामाय नम:' मंत्र का तर्पण करने के लिए इस मंत्र को गोरोचन आदि से ताड़पत्र पर लिखकर दूध, घी एवं जल से इसी मंत्र से इसका सौ बार तर्पण करना चाहिए।
9. **गोपन**–माया बीज से (ह्रीं) सम्पुटित अपने मूल मंत्र का एक हजार जप करना गोपन कहलाता है। यथा ''ह्रीं रामाय नम: ह्रीं''।

10. **आप्यायन**–"हंस:" बीज से सम्पुटित करके इस मंत्र का एक हजार जप करना आप्यायन कहलाता है। यथा हंसौः रामाय नमः हंसौः।

इस प्रकार से संस्कारित मंत्र शीघ्र सिद्धि देने वाला हो जाता है।

> *1. मंत्रों के दोष एवं उसकी निवृत्ति के उपाय पर प्रकाश डालिए?*
>
> *2. विमलीकरण एवं तर्पण में क्या अंतर है?*
>
> *3. अक्षर भ्रान्ति एवं छिन्न दोष में क्या अंतर है, स्पष्ट करें।*

मंत्र विद्या के तीन भेद–

आगमवेत्ता विद्वानों ने बीज मंत्र, मंत्र तथा मालामंत्र ये मंत्रों के तीन भेद बतलाए हैं। इस अक्षरों तक के मंत्र 'बीज मंत्र', ग्यारह से बीस अक्षरों तक के मंत्र 'मंत्र', तथा बीस अक्षरों वाले 'माला मंत्र' कहलाते हैं।

विविध अवस्थाओं में सिद्धिदायक मंत्र–

उपासक की बाल्यावस्था में बीज मंत्र सिद्ध होते हैं। युवावस्था में 'मंत्र' सिद्ध होते हैं। तथा वृद्धावस्था में माला मंत्र सिद्ध होते हैं। उक्त अवस्थाओं से भिन्न अवस्था में अपने अभीष्ट की सिद्धि के लिए साधक को बीज मंत्र आदि मंत्रों का द्विगुणित जप करना चाहिए।

पुरुष-स्त्री व नपुंसक मंत्रों की परीक्षा–

विद्वानों ने पुरुष, स्त्री व नपुंसक इस तरह तीन प्रकार के मंत्र बतलाए हैं। जिन मंत्रों के अंत में "वषट्" या "फट्" होता है वे पुरुष कहलाते हैं। 'वषट्' एवं 'स्वाहा' अंत वाले मंत्र स्त्री तथा "हूं" एवं 'नमः' अंत वाले मंत्र नपुंसक कहलाते हैं।

वश्य उच्चाटन एवं स्तम्भन में पुरुष मंत्र सिद्धि दायक होते हैं। क्षुद्रकर्म एवं रोगों के नाश में स्त्रीमंत्र शीघ्र सिद्धि देते हैं। अभिचार में नपुंसक मंत्र (सिद्धिदायक) कहे गए हैं। इस प्रकार सभी मंत्र तीन प्रकार के होते हैं।

मंत्र दोष मुक्ति का विशेष उपाय–

यदि अनेक बार शोधन करने पर भी शुद्ध मंत्र न मिलता हो तो मंत्र के पहिले माया (ह्रीं) कसम (क्लीं) तथा श्री (श्रीं) बीज लगाना चाहिए। अथवा दोष युक्त मंत्र को प्रणव से संपुटित कर, जपने से यह सिद्ध हो जाता है। अथवा क्रम एवं व्युत्क्रम वर्णमाला से जप करने पर मंत्र सिद्ध हो जाता है। जिस व्यक्ति की, जिस मंत्र में विशेष भक्ति व

श्रद्धा हो वह मंत्र (उसके लिए) श्रेष्ठतम होता है। ऐसा मंत्र अरिवर्ग का होने पर भी उसे सिद्धिदायक होता है।

मंत्र सिद्धि के लक्षण–

मन का प्रसन्न व सन्तुष्ट होना, दुन्दुभि, गीत व ताल का शब्द सुनना, गन्धर्वों को देखना, अपने तेज को सूर्य के समान देखना, निद्रा, क्षुधा एवं जप में आनन्द की अनुभूति होना, स्वस्थ एवं गम्भीर होना, क्रोध एवं लोभ का अभाव होना, मंत्रवेत्ता साधक को जब ये चिह्न दिखलाई दें तब मंत्र की सिद्धि तथा देवता की प्रसन्नता की जानी चाहिए।

सिद्धि प्राप्त करने के बाद मंत्र का अधिक जप तथा ज्ञान प्राप्ति के लिए अधिक प्रयत्न करते हुए स्वार्थ को त्याग कर परोपकार की भावना रखनी चाहिए। मुक्त हस्त से दान देना चाहिए। गौ–ब्राह्मणों का सत्कार व अतिथि का पूजन करना चाहिए।

1. *पुरुष मंत्र किसे कहते हैं एवं स्त्री मंत्र क्या होता है?*
2. *नपुंसक मंत्रों की क्या पहचान है?*
3. *अनेक बार शोधन करने पर भी यदि मंत्र सिद्ध न होता हो तो क्या करना चाहिए?*
4. *अमुक व्यक्ति को मंत्र सिद्ध हो गया है? इसकी क्या पहचान है, स्पष्ट करे?*

मंत्र सिद्ध क्यों नहीं होते

एक वयोवृद्ध 70 वर्ष के भगवावेशधारी महात्मा हमारे कार्यालय पधारे। आने के पूर्व उन्होंने किसी मंत्री महोदय से फोन कराया कि महात्मा जी को विशेष समय दे तथा उनकी समस्या का समाधान विशेष कप से करावें। मैं भी थोड़ा विस्मित हुआ कि एक वीतराग संन्यासी को क्या समस्या हो सकती है? एकान्त में मिले। औपचारिक वार्तालाप के बाद महात्मा जी ने समस्या की ओर ध्यान आकर्षित करते हुए मुझसे पूछा–"गायत्री मंत्र काम क्यों नहीं करता? मेरा सत्तर वर्ष का अनुभव यह बताता है कि गायत्री मंत्र बकवास है? मैंने गायत्री मंत्र के 24 अक्षरों के हिसाब से 24 लाख मंत्रों का जाप करके पुरश्चरण किया है। पर वेद पुराणों में बताई गई महिमा के अनुसार मुझे कोई लाभ नहीं हुआ? कोई चमत्कार नहीं दिखाई दिया? आखिर ऐसा क्यों? मुझे इसका प्रत्युत्तर आप जैसे मंत्र सिद्ध विद्वान् के श्रीमुख से चाहिए, इसलिए खासकर के मैं आपके पास आया हूं क्योंकि मुझे विश्वास है कि मेरी जिज्ञासा का समाधान केवल मात्र आप ही कर पाएंगे।"

मैंने महात्मा जी की ओर गौर से देखा। अंतर्दृष्टि से उनकी मनःस्थिति का भेदन किया। मुझे वे मंत्रचोर नजर आए। मेरे सामने ये पहले महात्मा थे। जिन्होंने गायत्री मंत्र की निंदा की। मैंने उनसे प्रतिप्रश्न किया–"गायत्री मंत्र की दीक्षा आपने किससे ली? कब ली? और गायत्री पुरश्चरण की साधना किससे आज्ञा लेकर प्रारंभ की? कृपाकर विस्तार से बतावें।

महात्मा जी आर्यसमाजी थे। उन्होंने कहा कि दीक्षा–विक्षा तो नहीं ली। वेदों की किताब में से गायत्री मंत्र उठाया और मन में इच्छा हुई तो गायत्री महामंत्र का जाप व पुरश्चरण पुस्तक में बताई गई विधि के अनुसार करना प्रारंभ कर दिया। किसी की आज्ञा लेने की क्या जरूरत? वो ही काम किया जो मेरे मन–मस्तिष्क ने कहा। स्पष्ट था महात्मा जी ने किसी को भी गुरु नहीं बनाया। दीक्षा नहीं ली। गुरुमुख से मंत्र नहीं लिया तथा न ही गुरु की आज्ञा या निर्देशन में मंत्र–साधना प्रारंभ की। पुस्तकों में लिखे गए सभी मंत्र कीलित होते हैं। जिस प्रकार से हलवाई की दुकान के शो–केस में रखी हुई सभी प्रकार की मिठाइयां कीलित (locked) होती हैं। आप वांछित दाम देकर मन अनुसार मिठाई खरीद सकते हैं पर यदि दिना दाम दिए मिठाई में हाथ डालोगे तो चोर कहलाओगे। ठीक उसी प्रकार से पुस्तकों में लिखे गए मंत्रों को बिना गुरु को दक्षिणा

दिए, बिना गुरु से आज्ञा लेकर जो प्रयोग में लाता है वह 'नुगुरा' कहलाता है तथा उसको कोई भी मंत्र सिद्ध नहीं होता। और फिर गायत्री जैसा महामंत्र तो शुभमुहूर्त, शुभलग्न में यज्ञोपवीत संस्कार करके बड़े भारी आयोजन एवं विधि-विधान के द्वारा घर-परिवार इष्ट-मित्रों के सान्निध्य में गुरुमुख में ग्रहण किया जाता है तथा जीवन पर्यन्त गुरु की आज्ञा में रहने की प्रतिज्ञा की जाती है। जब किसी बिल्डिंग की नींव ही विधि-विधान से नहीं रखी गई हो तो उस पर इमारत क्या बनेगी? यह गम्भीर बात है? जिस पर कोई साधक सोचता नहीं? मंत्र-तंत्र और मंत्र विद्या के बारे में हमारे द्वारा लिखी गई पुस्तकों को पढ़ने के बाद। अनेक पाठकों के फोन व समझाते है कि हमने आपकी पुस्तक के पृष्ठ संख्या अमुक पर प्रकाशित अमुक मंत्र का जाप कर साधना की परन्तु वांछित फल नहीं मिला। अब उन्हें क्या जवाब दूं?

पुस्तकें ज्ञान वर्धन में सहायक हो सकती हैं पर साधना क्षेत्र में प्रवेश मंत्र-दीक्षा बिना, गुरु कृपा बिना, गुरु के सान्निध्य, सहयोग व मार्गदर्शन बिना सम्भव नहीं। इसलिए मंत्र सिद्ध नहीं होते। मंत्र साधना में प्रवेश करने वाले साधक के निम्न लक्षण शास्त्रकारों ने कहे हैं।

मन्त्र साधना की दृष्टि से **'अन्तरराष्ट्रीय ज्योतिष, आयुर्वेद, योग, वास्तु एवं पौरोहितय प्रशिक्षण ट्रष्ट'** की स्थापना उम्मेदनगर तह-ओसिया जिला जोधपुर में हो चुकी है। जहां रहकर साधक स्वयं अपनी साधना योग्य गुरु के मार्गदर्शन में सिद्ध कर सकता है।

मंत्र साधना में प्रवेश करने वाले साधक के लक्षण

निर्जित मदनाटोपः प्रशमित कोपो विमुक्त विकथालापः।
देव्यर्चनानुरक्तो गुरु भक्तौ भवेन्मंत्री।।

जिसने कामदेव को जीता है, और जिनके क्रोधादि कषायें शान्त हैं, जो विकथाओं से दूर रहने वाला है, देवी–देवताओं की पूजा करने में जिसका चित्त अनुरक्त है, और समर्थ गुरु के चरण कमलों की भक्ति करने वाला है, वह मंत्री हो सकता है यानी मंत्र साधन करने वाला सिद्ध साधक हो सकता है।

मंत्राराधन शूरः पाप विदूरो गुणेन गम्भीरः।
मौनी महाभिमानी मंत्री स्यानीदृशः पुरुषः।।

जो मंत्राराधना करने में शूरवीर है, पाप क्रियाओं से दूर रहने वाला है, गुणों में गम्भीर है, मौनी है, महान स्वाभिमानी है, ऐसा पुरुष ही मंत्र वादी हो सकता है।

गुरुजन हितोपदेशो गततन्द्रो निद्र्यापरित्यक्ताः।
परिमित भोजनशीलः स स्यादाराधको मंत्रा।।

जिसने सिद्ध गुरुजनों से उपदेश को प्राप्त किया है, तन्द्रा जिसकी खत्म हो चुकी है और जिसने निद्रा लेना छोड़ दिया है, जो परिमित संयमित भोजन करने वाला है, वही मंत्रों का आराधक हो सकता है।

निर्जित विषय कषायोधर्मामृत जनित हर्षगत कायः।
गुरुतर गुण सम्पूर्णः समवेदाराधको देव्या (मंत्रा)।।

जिसने सम्पूर्ण विषय कषायों को जीत लिया है, धर्मामृत का सेवन करने से जिसकी काया हर्षयुक्त है, जो उत्तम गुणों से संयुक्त है, ऐसा पुरुष ही मंत्राराधना कर सकता है।

शुचिः प्रसन्नोगुरुदेव भक्तो दृढ व्रतः सत्य दया समेतः।
दक्षः पटुर्बीज पदावधारी मंत्री भवेदीदृश एवलोके।।
एते गुणस्य न सन्ति पुंसः क्वचित् कदाचिन्न भवेत् स मंत्री।
करोति चेद्दर्प वशात् स जापं प्राप्नोत्यनर्थफणिशेखरायाः।।

जिसका बाह्य और आभ्यन्तर से चित्त शुद्ध है, प्रसन्न है, देव शास्त्र गुरु का भक्त है, व्रतों को दृढ़ता से पालन करने वाला है, सत्य बोलने वाला है, दया से युक्त है, चतुर

है, मंत्रों के बीज रूप पदों को धारण करने वाला है ऐसा व्यक्ति ही लोक में मंत्राराधना कर सकता है।

उपरोक्त गुणों से जो जिज्ञासु युक्त नहीं है, वह मंत्र साधना का अधिकारी किसी भी हालत में नहीं होता है। अगर अभिमान से संयुक्त होकर मंत्र साधना कोई करता है तो व मंत्रों के अधिष्ठाता देवों के द्वारा अनर्थ को प्राप्त होता है।

❑❑❑

मंत्र साधन की विधि

1. जो साधक मंत्र साधन के लिए जिस किसी स्थान में जावे, प्रथम उस क्षेत्र के रक्षक देव से प्रार्थना करे कि मैं इस स्थान में, इतने काल तक ठहरूंगा, तब तक के लिए आज्ञा प्रदान करो, और किसी प्रकार का उपसर्ग होवे तो निवारियो–क्योंकि हमारे जैन मुनि भी जब कहीं किसी स्थान में जाकर ठहरते हैं तो उसके रक्षक देव को कहते हैं कि इतने दिन तक तेरे स्थान में ठहरेंगे तू क्षमा भाव रखियो। इस वास्ते गृहस्थियों को अवश्य ही उपरोक्तानुसार रक्षक देव से आज्ञा लेनी चाहिए।
2. जब मंत्र साधन करने के वास्ते जावे तब जहां तक हो ऐसे स्थान में मंत्र सिद्ध करो जहां मनुष्यों का आवागमन न हो जैसे निर्जन तीर्थ, मांगी तुङ्गीजी, सिद्ध वर कूट, रेवा नदी के तट पर या सोनागिरी जी या और जो अपने पवित्र तीर्थ एकान्त स्थान में हैं, या बगीचों के मकानों में, पहाड़ों में तथा नदी के किनारे पर या निर्जन स्थान में, ऐसे स्थानों में मंत्र सिद्ध करने को जाना चाहिए। जब उस स्थान में प्रवेश करो, वहां ठहरो तो मन, वचन, कार्य से उस स्थान का जो रक्षक देव या यक्ष आदि हैं उसका योग्य विनय मुख से यह उच्चारण करते हुए कहें हे इस स्थान के रक्षक देव मैं, अपने इस कार्य की सिद्धि के वास्ते तेरे स्थान में रहने के लिए आया हूं, तेरी रक्षा का आश्रय लिया है, इतने दिनों तक मैं तेरे स्थान में रहने के लिए आया हूं, तेरी रक्षा का आश्रय लिया है, इतने दिनों तक निवास के लिए आज्ञा प्रदान कीजिए। अगर मेरे ऊपर किसी तरह का संकट, उपद्रव या भय आवे तो उसे निवारण कीजिए।
3. जब मंत्र साधन करने जावो तो एक सेवक या शिष्य साथ ले जाओ, जो रसोई की वस्तु लाकर, रसोई बनाकर तुमको भोजन कर दिया करे। तुम्हारा धोती–दुपट्टा धो दिया करे, जब तुम मंत्र साधन करने बैठो, तब तुम्हारे सामान की चौकसी रखे।
4. जो मंत्र साधन करना हो पहले विधि पूर्वक जितना–जितना हर दिन जप सके उतना हर दिन जप कर सवा लाख पूरा कर मंत्र साधना करे, फिर जहां काम पड़े उसका जाप जितना कर सके 108 बार या 21 बार या जैसा मंत्र में लिखा हो, उतनी बार जपने से कार्य सिद्ध होवे। मंत्र शुद्ध अवस्था में जपे। शुद्ध भोजन खाए। और मंत्र में जिस शब्द के दो–दो का अंक हो उस शब्द का दो बार उच्चारण करे।

5. जब मंत्र जपने बैठे, पहले रक्षा-मंत्र सकलीकरण कर अपनी रक्षा कर लिया करे, ताकि कोई उपद्रव अपने जाप में विघ्न न डाल सके। अगर रक्षा-मंत्र जप कर मंत्र जपने बैठें तो सांप, बिच्छू, भेड़िया, रीछ, शेर, बकरा उसके बदन को न छू सके, दूर ही रुके। मंत्र पूर्ण होने पर जो देव-देवी सांप वगैरह बनकर उसको डराने आवे तो जो रक्षा मंत्र जप कर जाप करने बैठे उसके अंग को वह छू नहीं सके, सामने से ही डरा सके। जब मंत्र पूर्ण होने को आवे तब देव पूर्ण देवी प्रक्रिया से सांप वगैरा डराने आवे तो डरे नहीं। चाहे प्राण जावे तो भी डरे नहीं, तो मंत्र सिद्ध होय! मनोकामना पूर्ण होय। यदि बिना मंत्र रक्षा के (रक्षा-मंत्र के) जपने बैठे तो पागल हो जावे। इस वास्ते पहले रक्षा-मंत्र जप कर, तत्पश्चात् दूसरा मंत्र जपना चाहिए।

6. मंत्र जहां तक हो सके ग्रीष्म ऋतु में सिद्ध करना चाहिए ताकि धोती दुपट्टा में सर्दी न लगे। मंत्र सिद्ध करने में धोती दुपट्टा दो ही कपड़े रखे। वे कपड़े शुद्ध हों, उनको पहने हुए पाखाने नहीं जावे, खाना नहीं खावे, पेशाब नहीं जावे, सोवे नहीं, जब जप कर चुके तो उन्हें अलग उतार कर रख देवे, दूसरे वस्त्र पहन लिया करे। पूजा के वस्त्र नित्य हर दिन स्नान कर वदन पोंछ कर पहना करे। यह वस्त्र सूत के पवित्र वस्तु के हों। ऊन, रेशम वगैरह के भी हो सकते है। स्त्री सेवन न करे। गृह कार्य छोड़कर एकान्त में मंत्र जप सिद्ध करे।

7. मंत्र में जिस रंग की माला लिखी हो उसी रंग का आसन यानी बिस्तर आदि। धोती दुपट्टा भी उसी रंग का हो तो और भी श्रेष्ठ है, यदि माला उसी रंग की न होवे तो सूत की माला उस रंग की रंग लेवे। जब मंत्र जपने बैठे तो इतनी बातों का ध्यान रखे।

8. पहले सब काम ठीक करके मंत्र जपे।

9. आसन सबसे अच्छा डाभ (Non-conductor of electricity) का लिखा है, या सफेद या पीला या लाल-जैसा जिस मंत्र में चंहिए वैसा बिछावे।

10. ओढ़ने की धोती-दुपट्टा सफेद उम्दा हो या जिस रंग का जिस मंत्र में चाहिए। वैसा हो।

11. शरीर की शुद्धि करके परिणाम ठीक करके धीरे-धीरे तसल्ली के साथ जाप करे, अक्षर शुद्ध पढ़ें।

12. मंत्र पद्मासन में बैठकर जपें। जिस प्रकार हमारी बैठी हुई प्रतिमाओं का आसन होता है, बायां हाथ गोद में रखकर दाहिने हाथ में जपें। जो मंत्र बाएं हाथ में जपना लिखा हो तो, वहां दाहिना हाथ (गोद) में रखकर बाएं हाथ में जपे।

13. जहां स्वाहा लिखा हो वहां धूप के साथ जपे यानी धूप आगे रखें।

14. जहां दीपक लिखा हो, वहां घी का दीपक आगे जलाना चाहिए।

15. जिस-जिस उंगली से जाप लिखा हो उसी उंगली और अंगूठे से जाप जपें। अंगुलियों के नाम आगे लिखे हैं–

अंगुलियों के नाम

अंगूठे को अंगुष्ठ (Thumb) कहते हैं।

अंगूठे के साथ की उंगली को तर्जनी (Index finger) कहते हैं।

तीसरी बीच की उंगली को मध्यमा (Middle finger) कहते हैं।

चौथी अर्थात् मध्यमा के पास की उंगली को (अंगुष्ठ से चौथी को) अनामिका (Ring fingers) कहते हैं।

पांचवीं सबसे छोटी उंगली को कनिष्ठिका (Little finger) कहते हैं।

अंगुष्ठेन तु मोक्षार्थ धर्मार्थ तर्जनी भवेत्।
मध्यमा शान्तिवङ ज्ञेया, सिद्धित अनामिका।।1।।

जाप विधि में मोक्ष तथा धर्म के वास्ते अंगुष्ठ के साथ तर्जनी से, शांति के लिए मध्यमा तथा सिद्धि के लिए अनामिका उंगली से जाप करें।

कनिष्ठा सर्व सिद्धार्थ, एतत् सयाज्जाप्य लक्षणाम्।
असंख्यातं च यज्जप्तं तत् सर्वं निष्फलं भवेत्।।2।।

कनिष्ठिका सर्व सिद्धि के वास्ते श्रेष्ठ है, ये जाप के लक्षण जाने बिना मर्यादा किया हुआ सब जाप निष्फल होता है अर्थात् किसी मंत्र का 21 बार जाप लिखा है तो वहां 21 से कम या अधिक जाप नहीं करना, ऐसा करने से वह निष्फल होता है। मंत्र सिद्ध नहीं होता।

अंगुल्यग्रेण यज्जप्तं, यज्जप्तं मेरुलंघने।
व्यप्रचितेन यज्जप्तं, तत् सर्वं निष्फलं भवेत्।।3।।

उंगली के अग्र भाग से जो जाप किए जाएं तथा माला के ऊपर जो तीन दाने मेरू के हैं, उनको उल्लंघन करके जो जाप किया जाए तथा व्याकुल चित्त से जो जाप किया जाए वह सब निष्फल होता है।

माला सुपंचवर्णानां, शुभदा सर्व कार्यदा।
स्तम्भने दुष्टसंत्रासे जपेत् प्रस्तरकर्कशान्।।4।।

सब कार्यों में पाँचों वर्णों के फूलों की माला श्रेष्ठ है, परन्तु दुष्टों को डराने में तथा स्तम्भन करने व कीलने में कठोर (सख्त) वस्तु के मणियों की माला से जाप करें।

धर्मार्थी काममोक्षार्थी, जपेद वै पुत्र जीविकाम्।
शान्तये पुत्र लाभाय, जपे दुत्तममालिकाम्।।5।।

मंत्र साधन करने वाला धर्म के लिए तथा काया और मोक्ष के लिए तथा शांति के लिए और पुत्र प्राप्ति के वास्ते मोती आदि की उत्तम माला से जाप करें। शांति से यह तात्पर्य है कि जैसे रोगी आदि के लिए रोग की शांति करना या दैवी वगैरह ऊपरी हवा का उपद्रव हो उसकी शांति करना। अन्य कामों में नीवापोता की माला से जाप करें।

शांति अर्द्धरात्रि वारुणि दिक् ज्ञानमुद्रापंकजासन।
मौक्तिकमालिका स्वच्छे स्वेते पू. चं. क्रां.।।6।।

शांति के प्रयोग में मंत्र जाप करने वाला आधी रात के समय पश्चिम दिशा की ओर मुख करके ज्ञान-मुद्रा सहित कमलासन युक्त मोतियों की माला से स्वच्छ श्वेत बाएं योग पूरक इष्टदेव का उच्चारण करता हुआ जाप करें।

स्तम्भनं पूर्वाह्ने वज्रसने पूर्वदिक् शंभुमुद्रा।
स्वर्णमणिमालिका पीताम्बर वर्ण ठः ठः।।7।।

स्तम्भन (रोकना तथा कीलन) के प्रयोग में पूर्वाह्न अर्थात् दोपहर से पहले काल में वज्रासनयुक्त पूर्व दिशा की तरफ मुख करके स्वर्ण के मणियों की माला से पीले रंग के वस्त्र पहने हुए ठः ठः पल्लव उच्चारण करता हुआ जाप करे।

शत्रुच्चाटने च रुद्राक्षा विद्वेषारिष्टजंप्नजा।
स्फटिकी सूत्रजामाला मोक्षार्थीनां तू निर्मला।।8।।

दुश्मन का उच्चाटन करने के लिए रुद्राक्ष की माला, वैर में जिया पोते की माला, मोक्षाभिलाषियों को स्फटिक मणि की तथा सूत्र की माला श्रेष्ठ है।

उच्चाटनं वायव्यदिक् अपराह्नकाल कुक्कुटासन।
प्रवालमालिका धूम्रा च फटित् तर्जन्यगुष्ठयोगेन।।9।।

उच्चाटन इसके प्रयोग में वायव्य कोण (पश्चिम और उत्तर के बीच में) की तरफ मुख करके अपराह्न (दोपहर के बाद) में कुक्कुटासनयुक्त मूंगे की माला से धुंएं के रंग व फट् पल्लव लगाकर अंगूठा और तर्जनी से जाप करे।

वशीकरणे पूर्वाह्ले स्वस्तिकासन उत्तरदिक् कमलमुद्रा।
विद्रुममालिका जपा कुसुम वर्ण वषट्।।10।।

वशीकरण अर्थात् वश में करना (अपना अधीन करना) इसके प्रयोग में पूर्वाह्न, दोपहर के पहले काल में स्वस्तिकासन युक्तं उत्तर दिशा की तरफ मुख करके कमल मुद्रा सहित मूंगे की माला से जपें। कुसुमवर्ण वषट्पल्लव उच्चारण करता हुआ जाप करें।

आसन डाब रक्त वर्ण यन्त्रोद्धार! रक्त पुष्प वाम हस्तने डाब के आसन पर बैठ कर लाल कपड़े सहित यंत्रोद्धार.........लाल फूल रखता हुआ बाएं हाथ से जाप करें।

आकृष्टि पूर्वाह्न दण्डासनं अंकुश मुद्रा दक्षिणदिक्।
प्रवालमाला उदयार्कवर्ण वौषट् स्फुट अंगुष्टमध्यमाभ्यंतु।।

आकृष्टि–बुलाना इसके प्रयोग में पूर्वाह्न (दोपहर से पहले) काल में दण्डासनयुक्त अंकुश मुद्रा–सहित दक्षिण दिशा की तरफ मुख करके मूंगे की माला से उदयार्कवर्ण ....वौषट् उच्चारण करता हुआ अंगूठे और बीच की उंगली से जाप करें।

निषिद्धसन्ध्यासमय भद्र पीठासन ईशानदिक् वज्रमुद्रा।
जीवापोतामालिका धूम्र बहुभिः कनिष्ठांगुष्ठयोगेन।।

निषिद्ध कर्म या मारण कर्म समय में भद्र पीठासन युक्त ईशान (उत्तर ओर पूर्व दिशा के बीच) की तरफ मुख करके वज्र–मुद्रा युक्त जीवापोता माला से धूप खेता हुआ या होम करता हुआ अंगूठे और कनिष्ठिका से जाप करें।

नोटः जो बगैर रक्षा–मंत्र जप के मंत्र साधन करते हैं अक्सर व्यन्तरों से डराए जाकर अधबीच में मंत्र साधन छोड़ देने से पागल हो जाते हैं इसलिए जब कोई मंत्र सिद्ध करने बैंठे तो मंत्र जपना आरम्भ करने से पूर्व इनमें से कोई रक्षा–मंत्र जरूर जप लेना चाहिए। और अपने गुरु के हाथ से रक्षा–सूत्र बंधवा लेना चाहिए। इससे मंत्र साधन करने में कोई उपद्रव नहीं हो सकेगा। और कोई व्यन्तर वगैरह रूप बदल कर ध्यान में विघ्न नहीं डाल सकेगा। कुंडली के अन्दर आ नहीं सकेगा।

इन मंत्रों का जाप भगवान् की वेदी के सामने करना चाहिए या देव स्थान में जाप करना चाहिए या घर में एकान्त स्थान में जाप करें। किन्तु घर में होम और पुण्याह वाचन करके इष्टदेव का चित्र और गुरु का चित्र, दीप और धूपदानी समक्ष रखकर, आसन पर बैठकर और शुद्ध वस्त्र पहनकर जाप करें। उस स्थान पर बच्चों आदि का उपद्रव या शोर नहीं होना चाहिए। मंत्र की जाप अत्यन्त शुद्ध, भक्ति के साथ करनी चाहिए। मंत्र में किसी प्रकार की आकुलता, चिन्ता, दुःख, शोक आदि भावनाएं नहीं रहनी चाहिए। जाप करते समय मन को स्थिर रखना चाहिए पूर्व या उत्तर दिशा की ओर मुख करके जाप करनी चाहिए। जाप में बैठने से पहले समय की मर्यादा कर लेनी चाहिए। पद्मासन में बैठना चहिए, मौन रखना चाहिए। जितने दिन जाप करें, उतने दिन एकाशन, किसी रस का त्याग, वस्त्र आदि का परिमाण करें। जमीन, चटाई या तख्ते पर सोवें, जाप समाप्त होने तक ब्रह्मचर्य व्रत रखें मंत्र की जाप पुष्य हस्त और मल आदि शुभ नक्षत्रों में आरम्भ करना चाहिए। सुबह दोपहर और शाम की जाप करें। सुबह 5 बजे उठकर स्नानादि से निवृत्त होकर शुद्ध वस्त्र पहन कर जाप करें। श्वेत वस्त्र पहने। यदि घर में जाप करनी हो तो भगवान् का दर्शन–पूजन करने के अर्थात् करनी चाहिए। दोपहर को शुद्ध वस्त्र पहनकर तथा संध्या को मंदिर में दर्शन करने के अर्थात् शुद्ध वस्त्र पहनकर जाप करे।

जाप तीन प्रकार का होता है

मानसिक, वाचिक (उपांशुक) और कायिक।

मानसिक जापः मन में मंत्र का जप करना यह कार्य सिद्धि के लिए होता है।

वाचिक जाप: उच्च स्वर में मंत्र पढ़ना, यह पुत्र प्राप्ति के लिए होता है।

कायिक जाप: बिना बोले मंत्र पढ़ना, जिसमें होंठ हिलते रहें। यह धन प्राप्ति के लिए होता है या किया जाता है।

इन तीनों जापों में मानसिक जाप श्रेष्ठ है जाप उंगलियों पर या माला द्वारा करना चाहिए। माला चाहे सूत की हो या स्फटिक, सोना, चांदी या मोती आदि की हो सकती है।

विश्व शांति के लिए आठ करोड़ आठ लाख आठ हजार आठ सौ आठ जाप करें। कम से कम सात लाख जाप करें। यह जाप नियमबद्ध होकर निरन्तर करें, सूतक पातक में भी छोड़े नहीं। विश्व शांति जाप के लिए दिनों का प्रमाण कर लेना चाहिए।

पुत्र प्राप्ति, नवग्रह शांति, रोग-निवारण आदि कार्यों के लिए एक लाख जाप करें। आत्मिक शांति के लिए सदा जाप करें। दिनों का कोई नियम नहीं है, स्त्रियों को रजस्वला होने पर भी जाप करते रहना चाहिए, स्नान करने के अर्थात् मंत्र का जाप मन में करे, जोर से नहीं बोले और माला भी काम में न लें।

जप पूर्ण होने पर भगवान् का अभिषेक करके यथा शक्ति अनुसार दान पुण्य ब्राह्मण-भोजन करें।

शाबर मंत्र-जाप का क्रमानुसार महत्त्व

गृहे जपफलं प्रोक्त, वने शत गुणं भवेत्।
पुण्यारामे तथारण्ये सहस्त्रं गुणितं मतम्।
पर्वते दश सहस्त्रं च, नद्यां लक्ष मुदाहृतम्।
कोटि देवालये प्राहुरनन्तं गुरु सन्निधौ।।

अर्थात् घर में जो जाप का फल होता है उससे सौ गुना फल वन में जाप करने से होता है। पुण्य क्षेत्र तथा जंगल में जाप करने से हजार गुणा फल होता है। पर्वत पर जाप करने से दस हजार गुणा, नदी के किनारे जाप करने से एक लाख गुणा, देवालय (मन्दिर) में जाप करने से करोड़ गुणा और गुरु के सान्निध्य में जाप करने से अनन्त गुणा फल मिलता है।

शाबर मंत्र सिद्धि की परीक्षा

मन का प्रसन्न एवं सन्तुष्ट होना, दुन्दुभि, गीत एवं ताल का शब्द सुनना, गन्धर्वों को देखना, अपने तेज को सूर्य के समान देखना, निद्रा क्षुधा एवं जप में आनन्द की अनुभूति होना, स्वस्थ एवं गम्भीर होना, मंत्रवेत्ता साधक को जब ये चिह्न दिखलाई दें, तब मंत्र की सिद्धि तथा देवता की प्रसन्नता जाननी चाहिए। सिद्धि प्राप्त करने के बाद मंत्र का अधिक जप तथा ज्ञान प्राप्ति के लिए अधिक प्रयत्न करना चाहिए।

मंत्र सिद्ध होने पर–

विषयों के आसक्त चित्त वाले मनुष्यों के संतोष के लिए प्राचीन आचार्यों ने काम्य प्रयोग बतलाए हैं। किन्तु ये हितकर नहीं होते। काम्य कर्मों को करने वालों को केवल उतना ही फल होता है। किन्तु निष्काम भाव से उपासना करने वालों को समस्त सिद्धियां मिलती हैं।

सुख प्राप्ति के लिए प्रत्येक मंत्र के जो काम्य प्रयोग में बतलाए गए हैं, उनकी आसक्ति को छोड़कर निष्काम भाव से देवता की उपासना करनी चाहिए।

मंत्र साधना में आसन का महत्त्व

बिना आसन के कोई भी मंत्र सिद्ध नहीं होता। हिन्दू सनातन धर्म में किसी भी प्रकार के पूजा-पाठ को प्रारंभ करने के लिए आसन जरूरी है। शास्त्रों में कहा गया है नंगी भूमि पर बैठ कर जाप करने से अनन्त दुःखों की प्राप्ति होती है। परन्तु इसका वैज्ञानिक

कारण यह है कि यंत्र साधना किंवा व मंत्र-जाप करते समय साधक को विशेष आध्यात्मिक ऊर्जा (दिव्य तेज) की प्राप्ति होती है। मंत्र-ऊर्जा (Electricity) साधक के शरीर में ही रहनी चाहिए इसलिए साधक को आसन के रूप में विद्युत का कुचालक (Non Conductor of Electricity) अपने शरीर के नीचे रखना चाहिए ताकि दिव्य ऊर्जा का Earthing न हो सके, वह ऊर्जा सीधी भूमि में न चली जाए। इसलिए ही प्राचीन ऋषिगण लकड़ी की खड़ाऊं (पादुका) पहनते थे ताकि संध्या वन्दना द्वारा प्राप्त सूर्य की ऊर्जा पैरों के द्वारा पृथ्वी में न समा जाए। खड़ाऊं विद्युत का सर्वश्रेष्ठ कुचालक तत्त्व माना गया है।

आसन-विधान का शास्त्रीय पक्ष

निष्काम कर्म, संध्यावन्दन में दर्भ-आसन उत्तम माना गया है। पर बांस की चटाई पर बैठकर जाप करने से दरिद्रता आती है। पाषाण खंड पर बैठकर जाप करने से व्यक्ति शीघ्र ही व्याधि-पीड़ित हो जाएगा। भूमि पर जाप निष्फल जाता है। लकड़ी के पट्टे पर बैठकर जाप करने से दुर्भाग्य की प्राप्ति होती है। इसमें बबूल, नीम वर्जित है। घास व तुष की चटाई पर बैठकर जाप करने में अपयश मिलता है। पत्तों के आसन पर बैठकर जाप करने से व्यक्ति भ्रमित हो जाता है। ऊनका आसन सर्वशुद्ध माना गया है।

मृगचर्म पर जाप करने से लक्ष्मी शीघ्र प्रसन्न होती हैं। सिंह-चर्म पर मंत्र जाप करने से उच्च राजपद व प्रतिष्ठा की प्राप्ति होती है और आकर्षण बढ़ता है। भैंस के चर्म पर बैठकर मारण कर्म होता है। कम्बल पर बैठकर जाप करने से मान-भंग होता है।

आसन लोम रहित होना चाहिए

लोम्नि चैव यदासीनस्तदा सर्व विनश्यति।
लोम संस्पर्श मात्रेण सिद्धिहानिः प्रजायते।।

लोम युक्त आसन पर बैठने से सारा अनुष्ठान नष्ट हो जाता है, क्योंकि लोम के स्पर्श मात्र से सिद्धि की हानि होती है।

आसन में रंगो का महत्त्व

काले या नीले रंग के आसन पर बैठ कर जाप करने से दुःख या मृत्यु की प्राप्ति होती है। हरे रंग के आसन पर मंत्र-जाप करने से मन भंग हो जाता है। श्वेत रंग के आसन पर मंत्र-जाप करने से यश की प्राप्ति होती है। शांति कर्म प्रयोगों में श्वेत रंग का आसन काम में लेना चाहिए। पीले रंग के आसन पर बैठकर जाप करने से हर्ष की प्राप्ति होती है। पीताम्बरी साधना में पीला आसन ही चाहिए। लाल रंग के आसन से आकर्षण बढ़ता है। शक्ति की प्राप्ति होती है। दुर्गा-उपासना व हनुमत् उपासना में लाल रंग का ही आसन चाहिए। भगवा आसन में वैराग्य की प्राप्ति होती है। रंग-बिरंगे चितकबरे आसन से दुःस्वप्न आते हैं। सर्वधर्म कार्य सिद्धि में दुर्बासन 'डाब का आसन' ही सर्वोत्तम है।

ध्यान रहे आसन हमेशा परमपवित्र व शुद्ध रहना चाहिए। आसन पर बैठकर कभी भी भोजन-जलपान न करें। आसन पर अपान वायु आने पर या आसन जूठा होने पर तुरन्त उसे धो देना चाहिए। पूजा या मंत्र-जाप पूरा होने पर आसन को समेट कर शुद्ध स्थान पर ऊंचा रख देना चाहिए। पूजा प्रारंभ करने के पूर्व निम्न मंत्र से आसन को जल के छींटे, अभिमन्त्रित चावल या पुष्प की पंखुड़ियों द्वारा मंत्रपूत करना चहिए।

ॐ पृथ्वी त्वया धृता लोका देवि त्वं विष्णुना धृता।
त्वं च धारय माम देवी, पवित्रं कुरु चासनम्।।
समुद्र वसने देवी, पर्वतस्तन मण्डले।
विष्णुपत्नि क्षमां देवी, पादस्पर्शं क्षमस्व मे।।

मंत्र-साधना में वस्त्र धारण का महत्त्व

आसन की ही तरह मंत्र-साधना करते समय पवित्र वस्त्रों का ध्यान रखना चाहिए। पूजा-पाठ में नित्य धुला हुआ सूती वस्त्र या रेशमी पीताम्बर पहनना चाहिए। मंत्र-साधना में हमेशा लंगोट धारण करनी चाहिए। मंत्र-साधना में लाँग वाली धोती या पीताम्बर पहनना चाहिए। कभी तैमल या बिना लाग की धोती न पहने, अन्यथा मंत्र सिद्ध नहीं होंगे।

गायत्री महामंत्र की साधना में भगवे वस्त्र, बगला मुखी साधन में, लक्ष्मी साधना में, शत्रुनाश में पीला वस्त्र, मारण, उच्चाटन, प्रेतसाधना में काला, नीला या बैंगनी रंग का वस्त्र, शांति या यश कामना में श्वेतरंग का रेशमी वस्त्र पहनना चाहिए।

शास्त्रकार कहते हैं-

कार्पासं कटि निमुक्तं,
कौशवेऽय च भोजनं,
ऊर्ण वस्त्रं महाशुद्ध,
ऊर्ण वातेन शुद्धयति।।

कटि (कमर) में बांधकर एक बार खुल जाने से सूतीवस्त्र अशुद्ध हो जाता है। मंत्र साधना या पूजा पाठ हेतु बैठने के लिए उसे पुनः धोकर ही पहने। रेशमी वस्त्र, पीताम्बर वगैरा भोजन करने पर अशुद्ध हो जाते हैं। अर्थात् उन्हें पहनकर भोजन करने की अवस्था में उन्हें पुनः धोकर वापस पहनना चाहिए परन्तु ऊनी वस्त्र शुद्ध होते है। ऊनी वस्त्र वायु के स्पर्श से शुद्ध हो जाते हैं। और भी कहा है-शांति एवं वश्य में सोने के पात्र में, स्तम्भन में मिट्टी के पात्र में तथा मारण में मुर्गी के अण्डे में तर्पण करना चाहिए। मृदु आसन पर बैठकर शांति एवं वश्य में तर्पण करना चाहिए, स्तम्भन में घुटनों से उठकर तथा विद्वेषण आदि में एक पैर से खड़ा होकर तर्पण करना चाहिए।

शांति वश्य में हल्दी मिलाकर, स्तम्भन एवं मारण में मिर्च मिला गुनगुना जल, तथा विद्वेषण में एवं उच्चाटन में भेड़ का खून मिला हुआ जल दर्पण द्रव्य कहा जाता है।

शाबर प्रयोगों में षट्कर्मों का महत्त्व

1. शांति, 2. वश्य, 3. स्तम्भन, 4. विद्वेषण, 5. उच्चाटन एवं 6. मारण–ये षट्कर्म कहलाते हैं। रोग आदि के नाश को शांति, कथनानुसार करने को वश्य, वृत्तियों के निरोध को स्तम्भन, मित्रों में शत्रुता को विद्वेषण, स्थान से हटाने को उच्चाटन तथा प्राणों को हरण के मारण कहते हैं। षट्कर्मों का ही प्रारूप है।

षड्कर्मों देवता एवं उनके वर्ण–

रति, वाणी, रमा, ज्येष्ठा, दुर्गा एवं काली (यथाक्रमेण शांति आदि षट्कर्म को) देवता होते हैं। तथा श्वेत, अरुणा, हल्दी (पीला), मिश्रित, श्यामल (काला) एवं घूसर–ये उक्त देवताओं के वर्ण होते हैं। प्रत्येक कर्म के प्रारंभ में उसके रंग के अनुरूप पुष्पों से पूजन करना चाहिए।

षड्कर्मों की दिशाएं–

ईशान, उत्तर, पूर्व, नैऋत्य, वायव्य, एवं आग्नेय–ये क्रमश: शांति आदि कर्मों की दिशाएं मानी गई हैं। शांति आदि कर्मों में उनकी दिशा को ओर मुख करके जप करना चाहिए।

षड्कर्मों के दिन–

शुक्ल पक्ष की द्वितीया, तृतीया, पंचमी एवं सप्तमी को बुध एवं बृहस्पतिवार होने पर शांति कर्म करने चाहिए। वंशीकरण कर्म में (शुक्ल पक्ष की) चर्तुथी, षष्ठी, नवमी एवं त्रयोदशी को सोमवार एवं बृहस्पतिवार होना प्रशस्त माना गया है। विद्वेषण में अष्टमी, नवमी, दशमी एवं एकादशी को शुक्र या शनिवार हो तो शुभ कहा गया है। यदि कृष्ण पक्ष की अष्टमी एवं चतुर्दशी को शनिवार हो तो फलसिद्धि के लिए उच्चाटन करना चाहिए। कृष्ण पक्ष की अष्टमी, चतुर्दशी एवं अमावस्या तथा शुक्ल पक्ष की प्रतिपदा को रवि, मंगल या शनिवार हो तो यह स्तम्भन एवं मारण में शुभ होता है।

षट्कर्मों की लोममुद्रा–

मृगी, हंसी एवं सूकरी–ये तीनों होम की मुद्राएं कहलाती है। मध्यमा, अनामिका एवं अंगूठे के योग से 'मृगीमुद्रा' बनती है। कनिष्ठिका को छोड़कर शेष सब अंगुलियों को मिलाने से 'हंसीमुद्रा' बनती है। हाथ के संकोच से 'सूकरीमुद्रा' बनती है। इस प्रकार इन तीनों मुद्राओं के लक्षण बतलाए गए हैं। शांति में मृगी, वश्य में हंसी तथा स्तम्भनादि अन्य कर्मों में सूकरी मुद्रा का उपयोग किया जाता है।

षड्कर्मों की समिधाएं–

शांति कर्म में गाय का घी मिलाकर दूर्वा की समिधा से, वश्य में बकरी का घी मिलाकर अनार की समिधा से, स्तम्भन में भेड़ का घी मिलाकर अमलतास की समिधा से, विद्वेषण में अलसी का तेल मिलाकर धतूरे की समिधा से, उच्चाटन में सरसों का तेल मिलाकर धतूरे की समिधा से, तथा सरसों का तेल मिलाकर आम की समिधा से एवं मारण में कटु-तैल मिलाकर खैर की समिधा से होम करना प्रशस्त माना गया है।

अग्नि प्रज्वलित करने की लकड़ियां–

शुभ कर्मों में बेल, आक्, एवं दूधवाले वृक्षों की लकड़ियों से तथा अशुभ कर्म में कुचिला, बहेड़ा नींबू, धतूरा एवं लिसोड़े की लकड़ियों से मान्त्रिक को अग्नि प्रज्वलित करनी चाहिए।

षट्कर्मों के लेखन द्रव्य व लेखनाधार व लेखनी–

शांति आदि षट्कर्मों में चंदन, गोरोचन हल्दी, गृहधूम, चिता का अंगार तथा विषाष्टक यंत्र लिखने के द्रव्य होते हैं (यंत्र तरंग में) पूर्वोक्त लेखन द्रव्यों के भी तत्तद कामना से लेना चाहिए। पीपल, मिर्च, सोठ, बाज की बीट, अण्डी, गृहधूम, धतूरे का रस तथा लवण इन 8 वस्तुओं को विषाष्टक कहते हैं। शांति एवं वश्य में भोजपत्र पर, स्तम्भन में बाघाम्बर पर, विद्वेषण में गदहे की खाल पर उच्चाटन में ध्वजा के वस्त्र पर, तथा मारण में मनुष्य की हड्डी पर मान्त्रिक को यंत्र लिखना चाहिए।

लेखनी–

शांति में सोने की, चांदी की या चमेली की, वश्य में दूध की, स्तम्भन में अगस्त्य वृक्ष की या अमलतास की, विद्वेषण में करज की, उच्चाटन में बहेड़े की तथा मारण में मनुष्य की हड्डी को लेखनी बनानी चाहिए।

शुभ कर्मों में साधक को शुभ मुहूर्त में लेखनी बनानी चाहिए। तथा अशुभ कार्य में रिक्ता, चर्तुथी, नवमी एवं चतुर्दशी (तिथि मंगलवार एवं विशिष्टीकरण में उसे बनाना चाहिए।

मंत्र साधना में माला का महत्त्व

मानसिक अशांति, क्लेश, दुस्वप्नों को दूर करने के लिए शुद्ध मोतियों की माला धारण करनी चाहिए। चंद्र ग्रह की शांति एवं प्रसन्नता के लिए मोती की माला पहननी चाहिए।

स्फटिक की माला पहनने से आकर्षण बढ़ता है। रुद्राक्ष की माला पहनने से मानसिक शांति, लोककल्याण की भावना बढ़ती है। शिवजी के प्रति भक्ति बढ़ती है तथा ब्लडप्रेशर व हृदयरोग में आराम मिलता है।

लक्ष्मी की प्राप्ति एवं धन की बरक्कत हेतु मूंगे की माला पहननी चाहिए। मंगल ग्रह को बलवान व अनुकूल करना हो तो मूंगे की माला पहननी चाहिए।

बगलामुखी साधना एवं शत्रुनाश के प्रयोग हेतु हल्दी के गांठिए की माला या पीले स्फटिक या पीले 'जेड स्टोन' की माला पहननी चाहिए।

तुलसी की माला पहनने से भगवान् विष्णु के प्रति भक्ति बढ़ती है। कमलगट्टे की माला पहनने से श्रीकृष्ण प्रसन्न होते हैं। नवग्रहों को अनुकूल करने के लिए लोग नवरत्नों की माला भी धारण करते हैं।

शांति आदि षड्कर्मों में क्रमशः शंख की, कमलगट्टा की, नीबू की, नीम की, घोड़े के दांत की तथा गधे के दांत की जपमाला बनानी चाहिए। शांति, वश्य, पुष्टि, भोग एवं मोक्ष के लिए जप करते समय मध्यमा उंगली में स्थित माला को अंगूठे से घुमाना चाहिए। स्तम्भनादि में साधक को अनामिका एवं अंगूठे से जप करना चाहिए। विद्वेषण एवं उच्चाटन में तर्जनी एवं अंगूठे से जप करना चाहिए। विद्वेषण एवं उच्चाटन में तर्जनी एवं अंगूठे से जप करना चाहिए तथा मारण में साधक को कनिष्ठिका एवं अंगूठे से जप करना चाहिए। शुभ कार्यों में माला की मणियों की संख्या 108, 54 तथा 27 होती है। तथा अभिचार 15 मणियों की माला होती है।

ध्यान रहे, रातदिन पहनने वाली माला से मंत्रजाप नहीं होता। मंत्रजाप की माला गोमुखी में ही पूजास्थल पर रहनी चाहिए और जाप पूरा करने के बाद पुनः गोमुखी में ही माला रख देनी चाहिए। जप-माला को हमेशा पवित्र अवस्था में रखे। माला हमेशा दाहिने हाथ में फेरी जाती है। जाप करते समय तर्जनी उंगली का स्पर्श माला को नहीं होना चाहिए तथा सुमेरु का स्पर्श माला को नहीं होना चाहिए तथा सुमेरू का उल्लंघन भी जप काल में नहीं करना चाहिए।

माला-जाप में उंगली का महत्त्व

अंगुष्ठ जपो मोक्षाय उपचारे तु तर्जनी।
मध्यमा धन सौख्याय शान्त्यर्थं तु अनामिका।।
तर्जनी शत्रु नाशाय कनिष्ठिका सर्व सिद्धिदा।

मोक्ष की इच्छा के लिए अंगूठे से मंत्र जाप करे, उपचार (उच्चाटन) के लिए तर्जनी से, धन और सुख के लिए मध्यमा उंगली से, शांति के लिए अनामिका से और सब कार्यों की सिद्धि के लिए कनिष्ठिका से जाप करे। पाठान्तर से शत्रुनाश के लिए तर्जनी उंगली से भी जाप करने का निर्देश है।

पूजा-जप में पवित्रीधारण

जपे होमे तथा दाने स्वाध्याये पितृतर्पणे।
अशून्यं तु करं कुर्यात्सुवर्णरजतैः कुशैः।।

जप, होम, दान, स्वाध्याय और पितृतर्पण के समय सुवर्ण, रजत और कुश—ये तीनों अथवा इनमें से अन्यतम किसी एक को हाथ में अवश्य धारण करें। हाथ को इनसे सूना न रखें।

पूजा के बिना जप नहीं करना चाहिए

एकदा वा भवेत्पूजा न जपेत् पूजनं विना।
जपान्ते वा भवेत्पूजा पूजान्ते वा ज्ञपेन्मुनिम्।।

जप के अनुष्ठान में प्रतिदिन एक बार देवता का पूजन अवश्य होना चाहिए। बिना पूजन के जप कदापि न करे। जप के अंत में पूजन हो या पूजन के अंत में जप किया जाए—यह साधक की इच्छा पर निर्भर है।

जपकाल में ध्यान रखे

आलस्यं जृम्भणं निद्रां शुतं निष्टीवनं अमम्।
नीचाङ्ग स्पर्शनं कोपं, जपकाले विवर्ज्रयेत्।।
व्यग्रता ऽऽ लस्य निष्ठी च क्रोध पाद प्रसारणम्।
अन्यभाषां मृषा चैव जपकाले त्यजेत्सुधीः।।

विद्वान को चाहिए जपकाल में आलस्य, जम्भाई, निद्रां, छिकना, थूकना, भय, गुह्य अंग का स्पर्श करना, क्रोध करना, पांव फैलाना, दूसरों से बात करना, मिथ्या बोलना यदि का विशेष कप से परित्याग कर दे।

षट्कर्मों में प्रयुक्त व स्रुची–

शांति आदि षट्कर्मों में क्रमशः वृत्तकाकार, पद्माकार, चतुरत्न, त्रिकोण षट्कोण एवं अर्धचंद्राकार कुंड पश्चिम, उत्तर पूर्व, नैऋत्य, वायव्य एवं दक्षिण दिशा में बनाने चाहिए। शांति में सुवर्ण के तथा वश्य में यज्ञवृक्ष के स्रुवा एवं सूची बनाने चाहिए। स्तम्भन आदि कर्मों में लोहे के बनाने चाहिए।

भक्ष्य वस्तुएं–

शांति एवं वश्य कर्म करते समय हविष्यान्न स्तम्भन करते समय खीर, विद्वेषण करते समय उड़द एवं मूंग, उच्चाटन करते समय गेंहू तथा मारण करते समय मान्त्रिक को मसूर एवं काली बकरी के दूध की खीर बनानी चाहिए।

मंत्रों में ओंकार का महत्त्व

सृष्टि रचने के पहले सृष्टि–उत्पत्ति के निमित्त जब ईश्वर में इच्छा उठती है तो एक बड़ा घोर शब्द अर्थरहित गूंज के साथ निकलता है, जैसे किसी निर्जन स्थान में इंजन की सीटी में होती है और उसकी गूंज बड़ी देर तक रहती है। उस शब्द को सुनकर जो जीवनमुक्त ऋषि होते हैं, वे 'ॐ' अथवा 'अ, उ, म्' में उसका आरोप कर लेते हैं। और जब शब्द फट जाता है, तब उसमें से आकाश, वायु अग्नि, जल और पृथिवी तत्त्व सूक्ष्मरूप से निकल आते हैं। फिर वह शब्द शांत होकर लुप्त हो जाता है। इन आकाशादि पाँच तत्त्वों द्वारा संपूर्ण सृष्टि की उत्पत्ति होती है। इसलिए जो कुछ सृष्टि है, सब 'ओंकार' रूप ही है। इस कारण ॐ कार की उपासना अति श्रेष्ठ है। यह ईश्वर का प्रथम नाम है। जो इन तीन अ–उ–म् अक्षरों के अर्थ को समझकर और इन्हीं में विश्व, तैजस प्राज्ञ, जाग्रत, स्वप्न, सुषुप्ति, जीव, हिरण्यगर्भ, ईश्वर का आरोप करके भजता है, वह ब्रह्मलोक को प्राप्त होता है और आवागमन से रहित हो जाता है।

॥ ॐ ॥

वेदों में जो ऋचाओं के पहले या पीछे ॐ का प्रयोग किया जाता है, वह यह बताता है कि 'जो कुछ ॐ शब्द के पश्चात कहा जाएगा या पीछे कहा गया है, वह सब 'ॐकार' रूप ही है। उससे पृथक कोई वस्तु नहीं है।'

ओऽम् स्मर।।1।। यह यजुर्वेद के चालीसवें अध्याय के 15वें मंत्र का अंश है, जिसका यह आशय है कि परमात्मा सर्वरक्षक होने से सबका परम गुरु है।

तैत्तिरीयोपनिषद् में प्रणव की व्याख्या इस प्रकार उपलब्ध होती है–

ओमिति ब्रह्म। ओमितीदं सर्वम् (1/7)

प्रणव (ॐ) यह ब्रह्म है। ॐकार ही यह सम्पूर्ण जगत हैं। माण्डूक्योपनिषद् प्रणव को अक्षर (अविनाशी ब्रह्म) बताती है यथा–

शांतं शिवमद्वैतं चतुर्थं मन्यन्ते स आत्मा।

(माण्डूक्य 7)

–इस मंत्र के अनुसार 'प्रणवरूप परमात्मा के चतुर्थ पाद को ही शांत, शिव, अद्वैत ब्रह्म कहा गया है।'

गीता में प्रणव के महत्त्व को समझाते हुए भगवान् श्रीकृष्ण कहते हैं– 'योग–धारणा का आश्रय ले प्राण को मस्तक में स्थापित कर प्रणव–जपपूर्वक देह–त्याग करने से परम मुक्ति प्राप्त होती है।' (गीता 7/ 12–13)

''गंधर्वतंत्र'' के अनुसार

अर्थात् 'वटवृक्ष के बीज के समान वेदत्रयी से वेदसाररूप वेदबीज प्रणव बना।'

कहा भी है– **ओंकारः पूर्वमुच्चार्यस्ततो वेदमधीयते यथा ओंकारः स्वर्गद्वार तद्ब्रह्म अहयेण्यमाण** अर्थात् ओंकार को पहले उच्चारित करके फिर वेद मंत्रों को पढ़ना चाहिए। यह ओंकार ही स्वर्ग का द्वार है

उपासना में प्रधानता मंत्र की है। किसी सभी देवता के नामाक्षरों के पहले 'ॐ' और पीछे 'नमः' लगा देने से उस देवता का मंत्र बन जाता है; जैसे – 'ॐ गणपतये नमः', ॐ विष्णवे नमः' इत्यादि– इन्हीं नाम–मंत्रों से इन देवों की पूजा होती है; जैसे– अमुकदेवाय नमः, गंधं समर्पयामि आदि–आदि। इन्हीं देवताओं के नाम मंत्रों का जप करने से सिद्धि प्राप्त होती है। नमः–मंत्र की महिमा गोस्वामी तुलसीदासजी ने रामचरितमानस में विस्तारपूर्वक बताई है। साथ ही यह भी लिखा है कि 'मंत्र दीखने में बहुत छोटा दिखाई देता है, किंतु प्रभाव में बहुत बड़ा होता है।' मंत्रों से देवता प्रसन्न होते हैं, रोगनाश होता है और सभी प्रकार की सिद्धियां प्राप्त होती हैं। हमारे पूर्वज ऋषि–महर्षियों ने मंत्र के बलपर बड़े–बड़े चक्रवर्ती सम्राट उनके चरणों में सिर झुकाते थे। उनके मुख से निकले हुए बचन का सत्य होना और अष्टसिद्धि–नवनिधि को प्राप्त करना आदि–आदि मंत्र सिद्धि का ही चमत्कार था।

प्रणवोपासना का फल

1. प्रणवोपासक के सभी कर्म प्रबलतर होते हैं। (छान्दोग्य. 1/1/10)
2. इस उपासना में लीन साधक की इहलौकिक और पारलौकिक दोनों प्रकार की कामनाएं शीघ्र ही पूर्ण हो जाती हैं।

   (छान्दोग्य. 1/2/1, 4; 1/1/7; 1/3/12; कठ 1/2/16)
3. प्रणवोपासक का कोई भी अहित नहीं कर सकता। जो भी उसके अहित की कामना करता है, वह उसी प्रकार नष्ट हो जाता है, जिस प्रकार अभेद्य पत्थर से टकराकर मिट्टी का ढेला चूर-चूर हो जाता है। (छान्दोग्य. 1/, 2/, 7)
4. प्रणवोपासक मृत्यु से मुक्त हो जाता है और उसे परमात्मा की प्राप्ति हो जाती है। (छान्दोग्य. 1/4/5; प्रश्न 5/7)
5. प्रणवोपासक को परमानन्द की प्राप्ति होती है; क्योंकि प्रणव रसों का रस है। (छान्दोग्य. 1/1/2-3)//
6. प्रणवोपासक ब्रह्मलोक को प्राप्त कर महिमा से युक्त होता है। (कठ. 1/2/17)

प्रणव कहां लगाना है

प्रणवाद्यं गृहस्थानां तच्छून्यं निष्फलं भवेत्।
आद्यन्तयोर्वनस्थानां यतीनां महतामपि।।

गृहस्थों को चाहिए कि मंत्र के आदि में प्रणव ॐकार लगावें, उसके बिना उनका जप निष्फल होता है। वानप्रस्थी तथा संन्यासी महापुरुषों को जपनीय मंत्र के आदि और अंत में भी प्रणव अर्थात् ॐकार लगाना चाहिए।

किन बीजों के पहले ऊँकार नहीं लगाया जाता है

वाक चैव कामः शक्तिश्च प्रणवः श्रीश्च कथ्यते।
तदापेषु च मंत्रेषु प्रणवं नैब योजयेत् ।।

वागबीज (ऐं), कामबीज (क्लीं), शक्तिबीज (ह्रीं) एवं श्रीबीज (श्रीं) को 'प्रणव' कहते हैं।

इसलिए जिन मंत्रों के आदि में ये बीज ही उनमें प्रणव नहीं लगाना चाहिए।

किस देवता के ॐकार लगाना

वैष्णवे प्रणवं दद्याच्छैवे शक्तिं नियोजयेत्।
शक्तौ कामं गणेशे च रमाबीजं न्यसेत्पुरः।।

डॉ. द्विवेदी कृत मन्त्र जाप करने की विधि का कोष्टक

1.	शान्ति कर्म	पौष्टिक कर्म	वश्य कर्म	आकर्षकृण कर्म	स्तम्भन कर्म	मारण कर्म	विद्वेषण कर्म	उच्चाटन कर्म
2.	पश्चिम वरुण दिशा	नैऋत्य दिशा	कुवेर दिशा	दक्षिण यम दिशा	पूर्वाभिमुख	ईशानदिक्	आग्नेय दिक्	वायव्य दिक्
3.	अर्द्ध रात्रि	प्रभात काल	पूर्वान्ह काल	पूर्वान्ह काल	पूर्वान्ह काल	सन्ध्या काल	मध्यान्ह काल	अपरान्ह काल
4.	ज्ञान मुद्रा	ज्ञान मुद्रा	सरोज मुद्रा	अंकुश मुद्रा	शंख मुद्रा	वज्र मुद्रा	प्रवाल मुद्रा (पल्लव)	प्रवाल मुद्रा (पल्लव)
5.	पर्यङ्कासन	पंकजासन	स्वस्तिकासन	दण्डासन	वज्रासन	भद्रासन	कुर्कुटासन	कुर्कुटासन
6.	स्वाहा पल्लव	स्वधापल्लव	वषट् पल्लव	वौषट् पल्लव	ठ ठ पल्लव	घे घे पल्लव	हूँ पल्लव	फट् पल्लव
7.	श्वेत वस्त्र	श्वेत वस्त्र	अरुण पुष्प	उदयार्क वस्त्र	पीत वस्त्र	कृष्ण वस्त्र	धूम्र वस्त्र	धूम्र वस्त्र
8.	श्वेत पुष्प	श्वेत पुष्प	रक्त वर्ण	अरुण पुष्प	पीत पुष्प	कृष्ण पुष्प	धूम्र वर्ण	धूम्र वर्ण
9.	श्वेत वर्ण	श्वेत वर्ण	रक्त वस्त्र	उदयार्क वर्ण	पीत वर्ण	कृष्ण वर्ण	धूम्र वर्ण	धूम्र वर्ण
10.	पूरक योग	पूरक योग	पूरक योग	पूरक योग	कुम्भक योग	रेचक योग	रेचक योग	रेचक योग
11.	दीपन आदि नाम	दीपन आदि नाम	सम्पुट आदि मध्य नाम	ग्रन्थन वरुणां तरित नाम	विदर्भाक्षर मध्य नाम	रोधक आदि मध्य नाम	पल्लवांत नाम	पल्लवान्त नाम

12.	स्फाटिक मणि	मुक्ता मणि	प्रवाल मणि	प्रवाल मणि	स्वर्ण मणि	पुत्रजीवा मणि	पुत्रजीवा मणि	पुत्रजीवा मणि
13.	मध्यमांगुली	मध्यमांगुली	अनामिका	कनिष्टका	कनिष्टका	तर्जन्यंगुली	तर्जन्यंगुली	तर्जन्यंगुली
14.	दक्षिण हस्त	दक्षिण हस्त	वाम हस्त	वाम हस्त	दक्षिण हस्त	दक्षिण हस्त	दक्षिण हस्त	दक्षिण हस्त
15.	वाम वायु	वाम वायु	वाम वायु	वाम वायु	दक्षिण वायु	दक्षिण वायु	दक्षिण वायु	दक्षिण वायु
16.	शरद ऋतु	हेमन्त ऋतु	वसन्त ऋतु	वसन्त ऋतु	वसन्त ऋतु	शिशिर ऋतु	ग्रीष्म ऋतु	प्रावृद् ऋतु
17.	जल मण्डल मध्य	जल मण्डल	जल मण्डल	अग्नि मण्डल	पृथ्वी मण्डल	वायु मण्डल	वायु मण्डल	वायु मण्डल
18.	अर्द्ध रात्रि	प्रभात काल	पूर्वान्ह काल	पूर्वान्ह काल	पूर्वान्ह काल	संध्या काल	मध्यान्ह काल	अपरान्ह काल

वैष्णव-मंत्रों में पहले प्रणव, शिव-मंत्रों में शक्ति बीज, शक्तिमंत्रों में कामबीज एवं गणेशजी के मंत्रों में रमाबीज लगाना चाहिए। सूर्य तथा अन्य देवताओं के मंत्रों में तीसरा अर्थात् शक्तिबीज लगाना चाहिए। प्राचीन शास्त्रों में कहा गया है–

अष्टाक्षरश्च यो मंत्रः प्रशस्तः शूद्रयोषितोः।
प्रणवादिश्च यो मंत्रो व स्त्रीशूद्रेषु शस्यते॥

अर्थात् स्त्री और शूद्रों के लिए ॐकार रहित आठ अक्षरों वाला मंत्र सिद्धि देने वाला होता है।

❑❑❑

गायत्री उपासना में प्रयुक्त वैदिक मुद्राएं

मोदनात्सर्वदेवानां द्रावणात्पापसंहतेः।
तस्मान्मुद्रेति सा ख्याता सर्वकामार्थसाधिनी॥

'समस्त देवताओं का मोद होता है, सारे पापों का नाश होता है और समस्त काम तथा अर्थ की सिद्धि होती है, इसलिए इसे मुद्रा कहते हैं।'

देवताओं की प्रसन्नता, चित्त की शुद्धि और विविध रोगों के नाश में मुद्राओं से बड़ी सहायता मिलती है। मुद्रा तत्त्व को समझकर इनका साधन करना चाहिए।

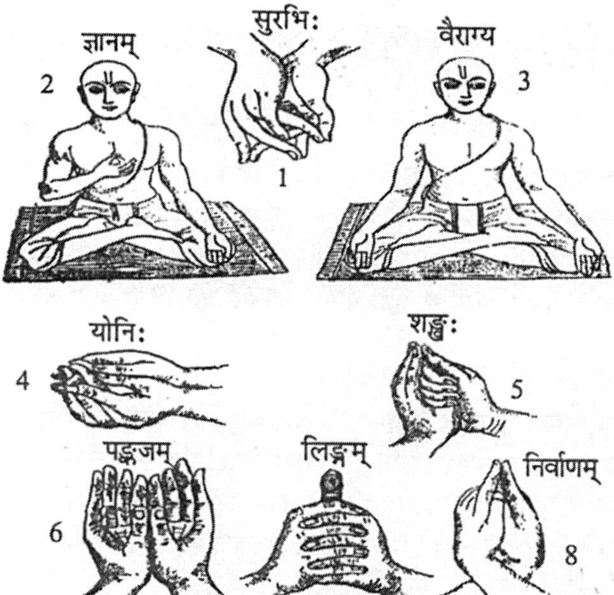

जप आदि के अंत में निम्नलिखित आठ मुद्राएं दिखाई जाती हैं—
सुरभि, ज्ञान, वैराग्य, योनि, शंख, पंकज, लिंग और निर्वाण।

आठ मुद्राओं का विवरण

1. **सुरभि**– दोनों हाथों की अंगुलियां गूंथकर बाएं हाथ की तर्जनी से दाहिने हाथ की मध्यमा, दाहिने हाथ की तर्जनी से बाएं हाथ की मध्यमा, इसी प्रकार बाएं हाथ की अनामिका से दाहिने हाथ की कनिष्ठिका और बाएं हाथ की कनिष्ठि से दाहिने हाथ की अनामिका अंगुली मिला लें।
2. **ज्ञानम्**– दाहिने हाथ की तर्जनी से अंगूठा मिलाकर हृदय में तथा इसी प्रकार बायां हाथ बांएं घुटने पर सीधा रखें।
3. **वैराग्यम्**– दोनों तर्जनियों से अंगूठा मिलाकर घुटनों पर सीधा रखें।
4. **योनि**– दोनों मध्यमाओं के नीचे से बायीं तर्जनी के ऊपर दाहिनी अनामिका और दाहिनी तर्जनी पर बायीं अनामिका रख दोनों तर्जनियों से बांध दोनों मध्यमा ऊपर रखें।
5. **शंख**– बायें अंगूठे को दाहिनी मुट्ठी से बांध दाहिने अंगूठे से बायीं अंगुलियों को मिलावें।
6. **पंकजम्**– दोनों हाथों के अंगूठे तथा अंगुलियों को मिलाकर ऊपर की ओर करें।
7. **लिंगम्**–दाहिने अंगूठे को सीधा रखते हुए दोनों हाथों की अंगुलियों को गूंथकर बायां अंगूठा दाहिने अंगूठे की जड़ के ऊपर रखे।
8. **निर्वाणम्**– उलटे बाएं हाथ पर दाहिना हाथ सीधा रख, अंगुलियों को परस्पर गूंथ, दोनों हाथ अपनी तरफ से घुमा दोनों तर्जनियों को सीधी कान के समीप करें।

चौबीस मुद्राओं का विवरण

सुमुख, सम्पुट, वितत, विस्तृत, द्विमुख, त्रिमुख, चतुर्मुख, पंचमुख, षण्मुख, अधोमुख, व्यापकाञ्जलि, शकट, यमपाश, ग्रथित, सन्मुखोन्मुख, प्रलम्ब, मुष्टिक, मत्स्य, कूर्म, वराह, सिंहाक्रान्त, महाक्रान्त, मुद्गर और पल्लव–ये 24 मुद्राएं हैं, जो गायत्री आदि के जप के आदि में दिखलाई जाती है। इनके दिखाए बिना जपादि का व्यर्थ होना कहा गया है–

चतुर्विंशतिमुद्राश्च गायत्र्यादौ प्रदर्शयेत्।
वृथा मंत्रजपश्चैव ज्ञानं भोजनमेव च।।
षङ्गश्च निष्फलस्तेषां होमो देवार्चनं वुथा।
तस्मान्मुद्रा सदा ज्ञेया विद्वद्भिर्वंवमास्थितैः (गा.प.)।।

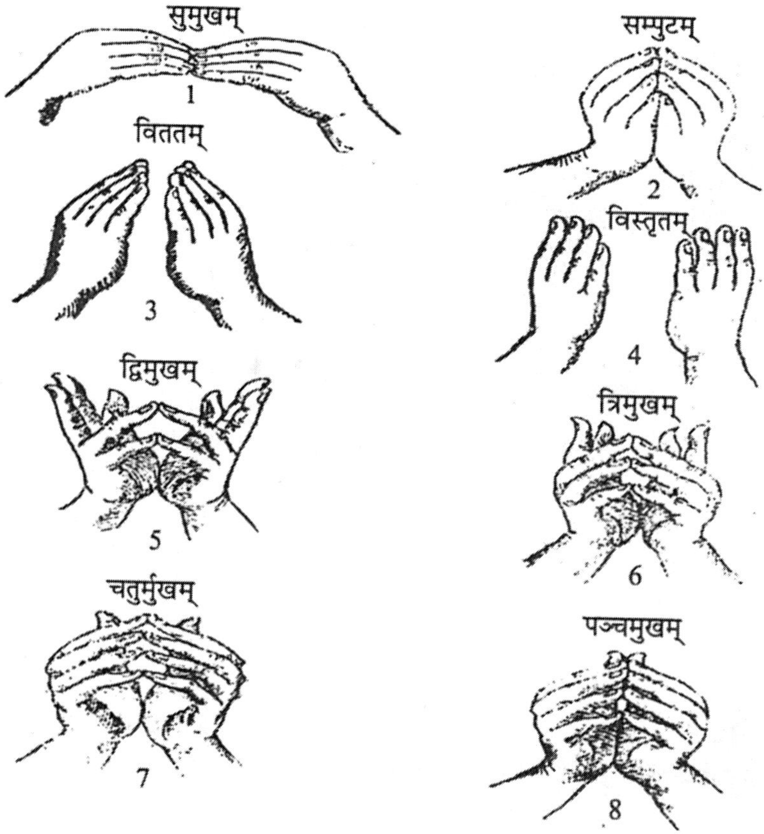

1. **सुमुखम्–** दोनों हाथों की अंगुलियों को मोड़कर परस्पर मिलावें।
2. **सम्पुटम्–** दोनों हाथों को फुलाकर मिलावें।
3. **विततम्–** दोनों हाथों की हथेली परस्पर सामने करें।
4. **विस्तृतम्–** दोनों हाथों अंगुलियां खोलकर हाथों को कुछ अधिक अलग करें।
5. **द्विमुखम्–** दोनों हाथों की कनिष्ठिका से कनिष्ठिका तथा अनामिका से अनामिका मिलावें।
6. **त्रिमुखम्–** दोनों मध्यमाओं को भी और मिलावें।
7. **चतुर्मुखम्–** दोनों तर्जनियां और मिलावें।
8. **पंचमुखम्–** दोनों अंगूठे और मिलावें।

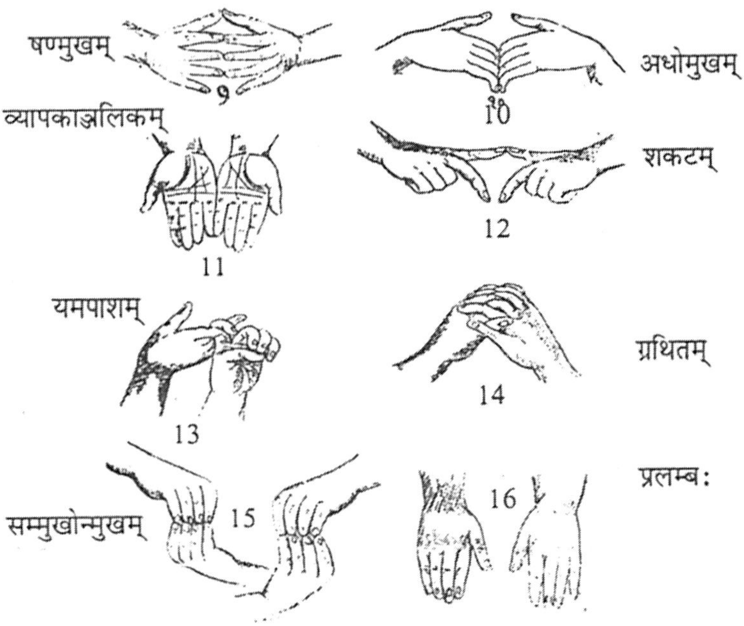

9. षण्मुखम्– हाथ वैसे ही रखे हुए दोनों कनिष्ठिकाएं खोलें।

10. अधोमुखम्– उलटे हाथों की अंगुलियों को भीड़ तथा मिलाकर नीचे की ओर करें।

11. व्यापकांजलिकम्– वैसे ही मिले हुए हाथों को शरीर की तरफ से घुमाकर सीधा करें।

12. शकटम्– दोनों हाथों को उलटा कर अंगूठे से अंगूठा मिला तर्जनियों को सीधी रखते हुए मुट्ठी बांधे।

13. यमपाशम्– तर्जनी से तर्जनी बांधकर, दोनों मुट्ठी बांधें।

14. ग्रथितम्– दोनों हाथों की अंगुलियों को परस्पर गूंथें।

15. सन्मुखोन्मुखम्– हाथों की पाँचों अंगुलियों को मिलाकर प्रथम बाएं पर दाहिना, फिर दाहिने पर बायां हाथ रखें।

16. प्रलम्ब– अंगुलियों को कुछ मोड़ दोनों हाथों को उलटा कर नीचे की ओर करें।

17. मुष्टिक– दोनों अंगूठे ऊपर रखते हुए दोनों मुट्ठियां बांधकर मिलावें।

18. **मत्स्यः**– दाहिने हाथ की पीठ पर बायां हाथ उलटा रखकर दोनों अंगूठे अलग करें।

19. **कूर्म**– सीधे बाएं हाथ की मध्यमा, अनामिका तथा कनिष्ठिका मोड़कर उलटे दाहिने हाथ की मध्यमा-अनामिकाओं को उन तीनों अंगुलियों के नीचे देकर बायीं तर्जनी पर दाहिनी कनिष्ठिका और बाएं अंगूठे पर दाहिनी तर्जनी रखें।

20. **वराहक**– दाहिनी तर्जनी को बाएं अंगूठे से मिला, दोनों हाथों की अंगुलियों को परस्पर बांधें।

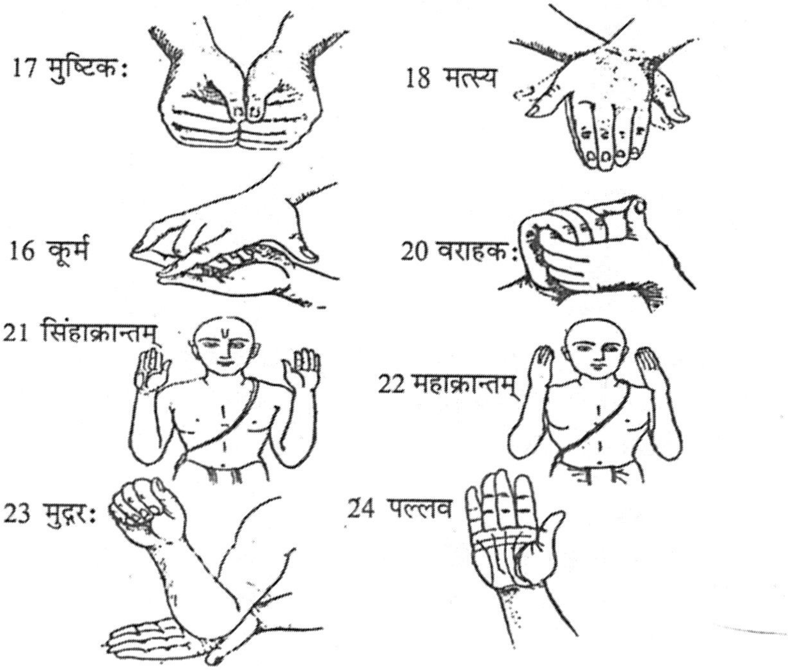

21. **सिंहाक्रान्तम्**– दोनों हाथों को कानों के समीप करें।

22. **महाक्रान्तम्**– दोनों हाथों की अंगुलियों को कानों के समीप करें।

23. **मुद्गर**– मुट्ठी बांध, दाहिनी कोहनी बांयीं हथेली पर रखें।

24. **पल्लव**– दाहिने हाथ की अंगुलियों को मुख के सम्मुख हिलावें।

दिगम्बरी जैन सम्प्रदाय के अनुसार मंत्र-साधना हेतु विभिन्न मुद्राएं

लघुविद्यानुवाद से साभार

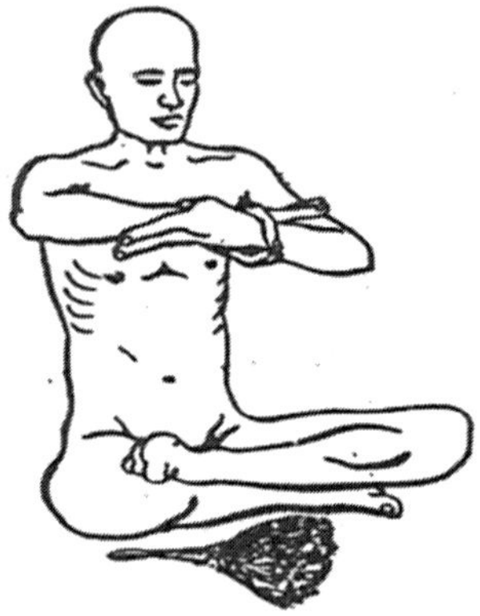

वज्र मुद्रा (चित्र सं० 1)

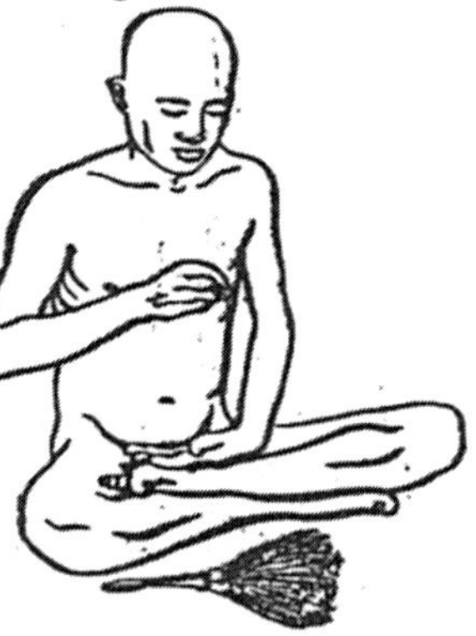

शङ्ख मुद्रा (चित्र सं० 2)

(1) वाम हस्तयोपरिदक्षिण्करं कृत्वा कनिष्ठिकांगुष्ठाभ्यां मणिबंधं वेष्ट्य शेषांगुलिना विस्फारित वज्रमुद्रा। (चित्र सं० 1)

पाश मुद्रा (चित्र सं० 3)

(3) अंगुष्ठे तर्जनी संयोज्य शेषांगुली: प्रसारणेन 'पाशमुद्रा'। (चित्र सं० 3)

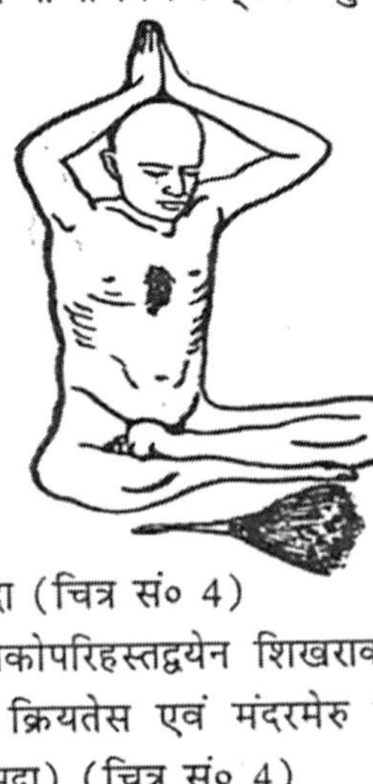

पंचमेरु मुद्रा (चित्र सं० 4)

(4) मस्तकोपरिहस्तद्वयेन शिखराकार: कुड्मल: क्रियतेस एवं मंदरमेरु मुद्रा (पंचमेरु मुद्रा) (चित्र सं० 4)

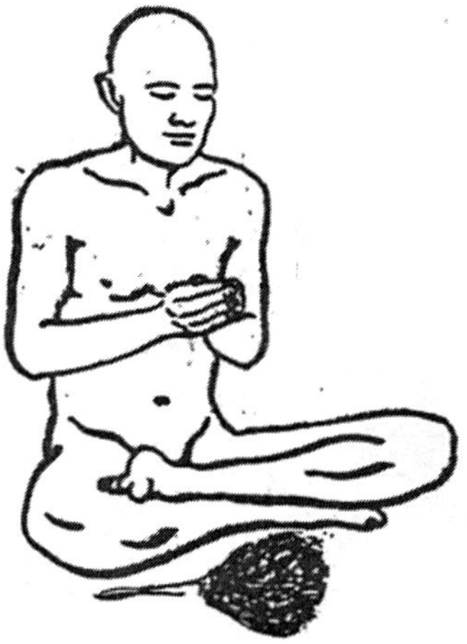

सरोज मुद्रा (चित्र सं० 5)

(5) पद्माकारो कृत्वा मध्ये अंगुष्ठौ कर्णिकारो विन्यस्येदिति 'पद्ममुद्रा' (चित्र सं० 5)

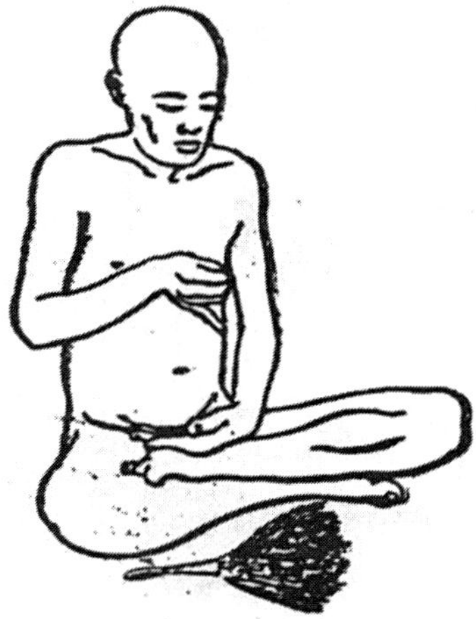

अंकुश मुद्रा (चित्र सं० 6)

(6) दक्षिणहतस्य तर्जनी प्रसार्य मध्यमा ईष्द्क्रीकरणो अंकुस मुद्रा। (चित्र सं० 6)

चक्र मुद्रा (चित्र सं० 7)

(7) वामहस्ततले दक्षिणा हस्तमूलं निवेश्य कर शाखा विरलीकृत्य प्रसारयेदिति 'चक्रमुद्रा' (चित्र सं० 7)

(चित्र सं० 8)

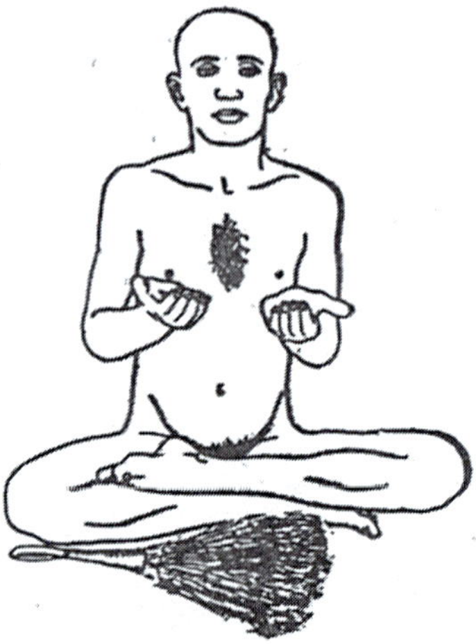

आवाहन मुद्रा (पल्लव मुद्रा) (चित्र सं० 8)

(8) उत्तानो किंचिदा कुंचित कर शाखौ पाणी विधाया धारये दिति 'अञ्जुलि मुद्रा'। अथवा पल्लव मुद्रा'। (चित्र सं० 8)

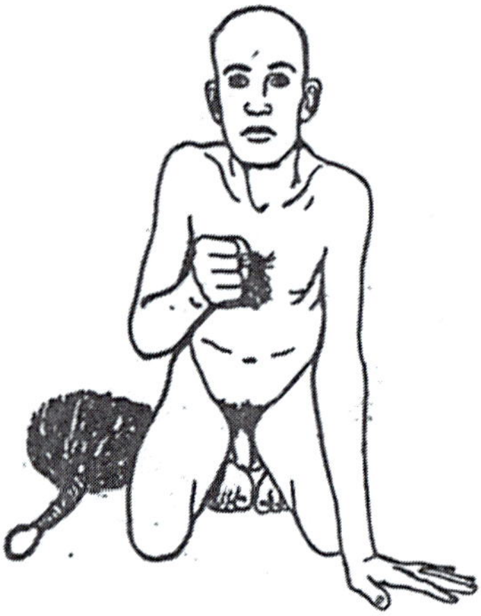

स्तंभन मुद्रा (शंख मुद्रा) द्वितीय (चित्र सं० 9)

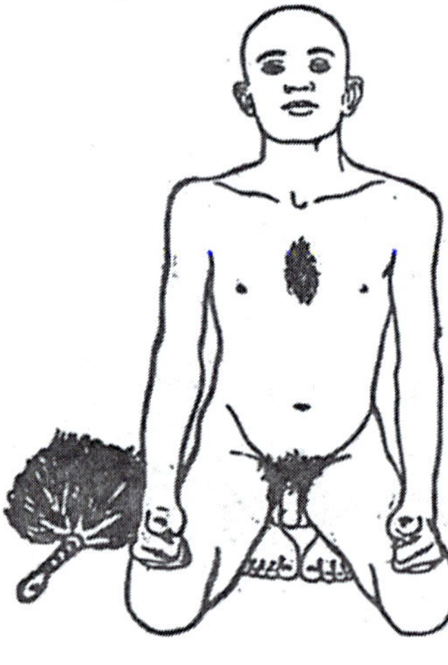

स्थानपन मुद्रा सुखासन (चित्र सं० 10)

(10) इयमेवाधोमुखी 'स्थापनी मुद्रा'। (चित्र सं० 10)

असंनीधिकरण मुद्रा (चित्र सं० 11)

(11) संलग्नमुष्ट्युछितांगुष्ठौ करौ 'सन्निधानी मुद्रा'। (चित्र सं० 11)

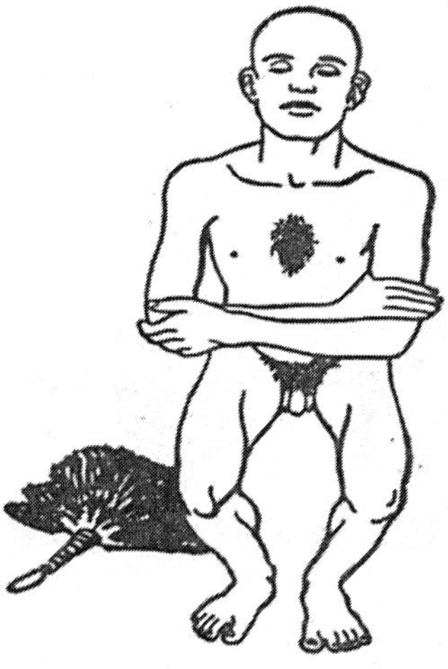

(चित्र सं० 12)

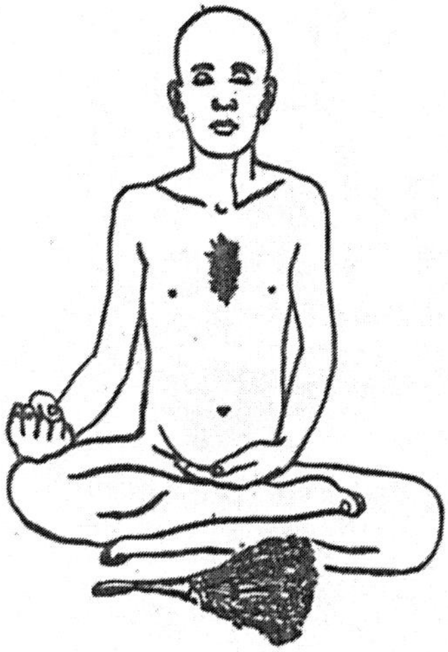

अस्त्र मुद्रा, सिद्धासुखासन (चित्र सं० 13)

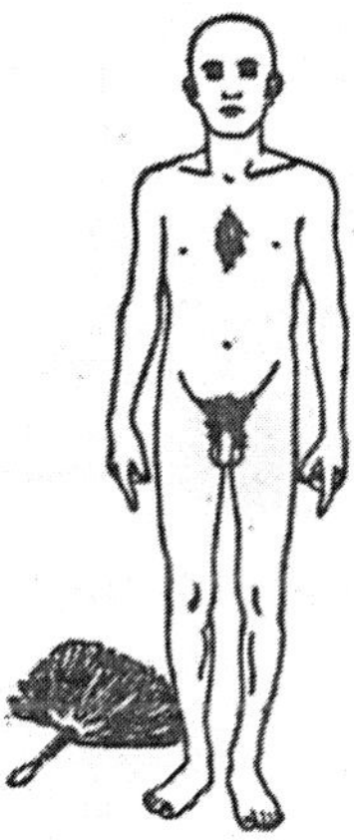

कायोत्सर्ग, अस्त्र मुद्रा (चित्र सं० 14)

परमेष्ठी मुद्रा (पंचगुरुमुद्रा) (चित्र सं. 15)

(15) यद्वा करांगुली अर्द्धीकृत्य मध्यमा मध्यकुर्यादिति 'द्वितीया परमेष्ठी मुद्रा'। (चित्र सं० 15)

(15) उत्तानहस्तद्वयेन वेणीबंध विधाया गुष्टाभ्यां कनिष्ठ तर्जनीभ्यां मध्ये संगृह्य अनामिवेः समीकुर्यातामिति 'परमेष्ठीमुद्रा'।

हृदयमुद्रा (चित्र सं० 16)
(16) बद्धमुष्टयोः करयोः संलग्न मुखांगुष्ठयो हृदय मुद्रा। (चित्र सं० 16)

द्वितीय अंकुश मुद्रा सुखासन उलटा (चित्र सं० 17)

और भी अन्य मुद्रा (चित्र सं० 18)

ज्ञानमुद्रा (चित्र सं० 19)

(धेनु) सुरभि मुद्रा, गोस्थानाकार मुद्रा (चित्र सं. 20)

मंत्र-शास्त्र में दीक्षा का महत्त्व

जब जीव अनेक योनियों में परिभ्रमण करता हुआ अत्यन्त दुर्लभ मानव-देह प्राप्त करता है, किन्तु कर्म-विपाक के कारण वह निरन्तर दु:खों को सहन करता है, इतने पर भी उसे परलोक में शांति नहीं मिलती, तब दु:खों की निवृत्ति के लिए वह सहज उपायों के अन्वेषण में लग जाता है। उसे अब सद्गुरु की शरणागति में ही अपने लक्ष्यपूर्ति का साधन दिखलाई देता है।

गुरुजी शिष्य की एक वर्ष पर्यन्त परीक्षा लेने के अर्थात मंत्रों में श्रेष्ठ व अनुकूल मंत्र का विधिपूर्वक उसे उपदेश देते हैं। दीक्षामंत्र सर्वश्रेष्ठ होने के कारण मोक्ष का मुख्य साधन हैं। इस मंत्र के द्वारा दु:खों का निराकरण होता है और सम्पूर्ण इच्छाओं की पूर्ति होती है। मंत्र के दस संस्कार आवश्यक हैं, किन्तु दीक्षामंत्र में इन संस्कारों की अपेक्षा नहीं की गई है।

दिव्यं ज्ञानं यतो दद्यात् कुर्यात् पापस्य संक्षयम्।
तस्माददीक्षेति सा प्रोक्ता देशिकैरतत्त्वकोविदै:।।

जिस अनुष्ठान के द्वारा दिव्य ज्ञान की प्राप्ति और पापों का नाश होता है, उसको तत्त्ववेत्ता दीक्षा कहते हैं। जिस प्रकार रसायन प्रक्रिया द्वारा काँसा स्वर्ण के रूप में परिवर्तित हो जाता है, उसी प्रकार संस्कारों द्वारा दीक्षित व्यक्ति द्विजत्व प्राप्त कर लेता है। दीक्षा ग्रहण के अर्थात मनुष्य को सदाचार की आवश्यकता होती है। सदाचार के बिना कोई भी कार्य सिद्ध नहीं होता। आचारहीन मनुष्य को कभी भी सुख की प्राप्ति नहीं होती। दोषरहित सज्जन व्यक्ति ही सदाचारी कहलाता है और उसका आचरण ही सदाचार है। सदाचार से ही धर्म की उत्पत्ति है और सदाचार से विहीन व्यक्ति सदा अपवित्र होता है।

गुरु बिनु भवनिधि तरई न कोई।
जो बिरंचि संकर सम होई।।

अर्थात संसार रूपी सागर से कोई अपने आप तैर नहीं सकता। चाहे ब्रह्माजी जैसे सृष्टिकर्ता हों अथवा शिवजी जैसे संहारकर्ता, फिर भी अपने मन की चाल से, अपनी मान्यताओं के जंगल से निकलने के लिए पगडंडी दिखाने वाले सद्गुरु अवश्य चाहिए।

गुरु शब्द में 'गु' अंधकार का संकेत है और 'रु' प्रकाश का। गुरु वह है जो अज्ञान के अंधकार को दूर कर स्व-ज्ञान का प्रकाश फैलता है। गुरु वह है जो अपने शिष्यों को

अंतिम सत्य और स्व के अमर स्वरूप के प्रति जाग्रत करते हैं। एक कहावत है, कि जब शिष्य तैयार होते हैं, तो गुरु स्वतः ही प्रकट हो जाते हैं। इसी प्रकार आध्यात्मिक जीवन में भी जब किसी को स्व-ज्ञान की अतिशय अभिलाषा होती है, तो उसे कोई संत या साधु मिल जाते हैं। गुरु एक ईश्वरीय अनुभूत आत्मा हैं। ये वो हैं जो स्व-अनुभूत होते हैं। ये स्व को जानते हैं, मात्र बौद्धिक स्तर पर ही नहीं, बल्कि प्रत्यक्ष अनुभव के स्तर पर भी। इनकी जागरुकता ईश्वरीय चेतना के प्रकाश में स्थायी रूप से स्थापित हो जाती है और परिणामस्वरूप ये दूसरों तक इस दैवीय ज्ञान के संचार की क्षमता प्राप्त कर लेते हैं। गुरु की आवश्यकता क्यों? ''संत की तुलना उस वृक्ष से की जा सकती है, जो ऊपर की ओर खड़े होते हैं लेकिन सभी को छाया और आश्रय प्रदान करते हैं।''

जब किसी खोजकर्ता को कोई पथ प्रदर्शक मिल जाते हैं, तो वह उसके जीवन का सबसे महत्त्वपूर्ण मोड़ होता है। क्यों? क्योंकि दिव्य ज्ञान का मार्ग सदैव ही ऊबड़-खाबड़ होता है। स्व अनुभूति के प्रकाश में जाने के लिए कई बाधाओं का सामना करना पड़ता है। यह मार्गहीन मार्ग है, क्योंकि सत्य यह है कि कहीं जाने लायक कुछ भी नहीं है।

संत की तुलना उस वृक्ष से की जा सकती है, जो ऊपर की ओर खड़े होते हैं लेकिन सभी को छाया और आश्रय प्रदान करते हैं।' गुरु और गुरु-तत्त्व की महत्ता के प्रसंग में शिव पार्वती से कहते हैं–

गुरु भक्ति-विहीनस्य तपो विद्या व्रतं कुलम्।
निष्फलं हि महेशानि केवलं लोक रंजनम्।।

अर्थात शिव पार्वती से कहते हैं, हे देवी! कोई मनुष्य बड़ा तपस्वी, विद्वान, कुलीन, सब कुछ हो, किन्तु यदि गुरु और गुरु भक्ति से रहित हो, तो उसका विद्वान आदि होना निरर्थक है। अतः उसकी विद्या, उसकी कुलीनता, उसका तप लोकरंजन अवश्य कर सकता है, किन्तु फल उसका कोई प्राप्त नहीं होता। गुरु भक्ति रूपी अग्नि से जिसने अपने पाप रूपी काष्ठों को भष्म कर दिया है, वह चांडाल भी संसार में आदरणीय हैं, किन्तु विद्वान होते हुए भी गुरु देवता को न मानने वाला नास्तिक मनुष्य आदरणीय नहीं होता।

अर्थात् माता-पिता शरीर को अवश्य जन्म देते हैं, किन्तु वास्तविक जन्म गुरु से होता है, जिसे शास्त्रकारों ने श्रेष्ठ जन्म कहा है। लेकिन ऐसे श्रेष्ठ जन्म के माध्यम वैसे गुरु हमें मिलें कैसे?

''विद्वान् होते हुए भी गुरु देवता को न मानने वाला नास्तिक मनुष्य आदरणीय नहीं होता।''

जब एक बार कोई गुरु के साथ आंतरिक रूप से संबद्ध हो जाता है, तो यह बिल्कुल आवश्यक नहीं है कि वह मार्गदर्शन व आशीर्वाद प्राप्त करने के लिए सदैव

सशरीर गुरु के संपर्क में रहे। गुरु ही ब्रह्मा, विष्णु, महेश का स्वरूप हैं। गुरु ही साक्षात् परमेश्वर है। ऐसे गुरु को बारंबार नमन है। देवता, ब्राह्मण, गुरु और ज्ञानीजनों का पूजन, पवित्रता, सरलता, ब्रह्मचर्य और अहिंसा ये शरीर संबंधी तप कहलाते हैं। जो मनुष्य ज्ञान दे और ब्रह्म की ओर ले जाए उसे गुरु कहते हैं। गुरु उसी को जानिए जो ज्ञान को समझा सके और उसका प्रमाण भी दे सके। बिना गुरु के दिव्य ज्ञान प्राप्त कर लेने वाले रमण महर्षि के अनुसार, 'ईश्वर गुरु का रूप लेकर आते हैं ओर शिष्यों के समझ प्रकट होते हैं। उसको सत्य की शिक्षा देते हैं और उनके मस्तिष्क को शुद्धता प्रदान करते हैं। भक्त के मस्तिष्क को शक्ति प्राप्त होती है और तब वो अंदर की ओर मुड़ने में सक्षम हो जाते हैं। ध्यान द्वारा तब यह आगे शुद्ध होता है और स्थिर हो जाता है। वह शांति ही स्व है।

''गुरु के प्रति समर्पण, ईश्वर के प्रति समर्पण है और ईश्वर के प्रति समर्पण स्व के प्रति समर्पण है।'' अत: मंत्र-शास्त्र की सफलता में दीक्षा की आवश्यकता अनिवार्य है। इसके बिना सफलता सम्भव नहीं। दीक्षा, गुरु से समय व आज्ञा निश्चित करके सुविधापूर्वक लेनी चाहिए।

शाबर मंत्र के कुछ सिद्ध एवं अनुभवगम्य प्रयोग

दुश्मन तथा भूत निवारण मंत्र

ॐ ह्रीं सर्वदुष्टानाम् स्तम्भय-स्तम्भय मोहय-मोहय अन्धय-अन्धय मूकत्वकारय कुरु कुरु ह्रीं दुष्टान् स्वाहा।

यदि किसी बालका या स्त्री को कोई भूत, प्रेत, पिशाच, चुड़ैल, डायन या कोई भय सतावे तो यह मंत्र का एक सौ आठ बार जाप करने पर भूतादि समस्या से भयभीत नहीं होता। इस मंत्र का 108 बार झाड़ा देने पर भी चमत्कारिक परिणाम देखे गए हैं।

इस मंत्र को अष्टगंध की स्याही व अनार की कलम से भोजपत्र पर लिखे, जिससे घर पर किया गया कामण-टुमण नष्ट हो जाएगा व शत्रु लाख चाहने पर भी उस व्यक्ति का कुछ नहीं बिगाड़ पाएंगे। यदि जाप करते हुए माला का प्रयोग करना चाहे तो हल्दी की माला सुनैला की माला या पीले स्फटिक की माला पर उक्त प्रयोग कर सकते हैं।

निद्रा स्तम्भन मंत्र

(निद्रा को रोकने का मंत्र)

अलक बांधू, पलक बांधू, सारा खलक बांधू
गुरु मत्स्येन्द्र की दुहाई, मेरी निद्रा दे भगाई
निद्रा छू छू छू।

इस मंत्र को ग्रहण काल में सरिता के अंदर कमर तक पानी में खड़े होकर 10 माला का जाप करे, इससे यह मंत्र सिद्ध हो जाएगा। जब प्रयोग करना हो तो काजल को यह मंत्र पाँच बार बोलते हुए आँखों में लगावे, इससे नींद छू मंतर हो जाएगी।

चोरी गया धन निकलवाने का मंत्र

ॐ नमो हनुमान वीर, चलते तेग में तेरा सीर बहता, चलता थामे नीर, सोये अपने लागे तीर ज्यों ज्यों चाले हनुमान वीर, चित्त चोर का धरै न धीर, चोर का हाथ कांपे, सिर कांपे, छाती थर्रावै, जहां धरै चुराया धन, तहा सु हटन पावै दुहाई गुरु गोरखनाथ की, दुहाई चौरासी

सिद्धि की, दुहाई वीर हनुमान की। शब्द साँचा, पिण्ड काचा, फुरो मंत्र ईश्वरी वाचा, मेरी भक्ति गुरु की शक्ति सत्य नाम आदेश गुरु को

इस मंत्र को एकादशी अमावस्या या पूर्णमासी को किसी नदी के किनारे या पीपल, वट वृक्ष के नीचे बैठकर पाँच हजार बार जपकर सिद्ध कर ले। प्रयोग के समय पूर्व दिशा या उत्तर दिशा की ओर मुख करके एक कांसे या ताम्बे की कटोरी सामने रख कर उसमें मंत्र पढ़ते हुए चावल मारे, इससे चोर को भय लगेगा, हृदय परिवर्तन होगा अथवा उसकी तबीयत खराब हो जाएगी जिससे वह चुराया गया धन वापस चुपके से आपके घर में छोड़कर चला जाएगा।

आकस्मिक धन प्राप्ति का मंत्र

ॐ ह्रीं श्रीं क्लीं नमः ध्वः ध्वः स्वाहा।

व्याघ्र चर्म, मृग चर्म अथवा किसी भी चर्मासन पर आसित होकर किसी नदी या जलाशय के तट पर स्थित पर वत वृक्ष के नीचे बैठकर इस मंत्र की साधना करने के साधक को अनायास धन प्राप्त होता है। साधना 21 दिन में एक लाख मंत्र जाप द्वारा ही सम्पन्न की जा सकती है। परंतु मंत्र सिद्ध होने पर अकस्मात् धन प्राप्त होता है। यह निश्चित है।

बैरी विनाशक मंत्र

ॐ नमो हनुमंत हठीले, बलवंत माता अंजनी के लाल, हल हलंत आओ चढ़त आओ, गढ़ किला जीतन्त आओ, लंका जाकर बाल जाल भस्माकरि आओ, ले लांगू लंगूर ते लंपटाय सुमिरते पटका ओ चन्दी चन्द्रावली भवानी, मिल गावे मंगलाचार, जीते राम लक्ष्मण जी हनुमान जी आओ, तुम आओ सात पान का बीड़ा चावल, मस्तक पर सिंदूर चढ़ावो, आओ रावण के सिंहासन डुलता आओ यहां आओ हनुमान माया जागते, नृसिंह माया आगे, भैरू किल्किलाय ऊपर, हनुमंत गाजे दुर्जभ को डार, मेरे शत्रु दुष्ट को मार सहार राजा हमारे सत्तगुरु, हम सत्तगुरु के बालक मेरी भक्ति गुरु की शक्ति फुरो मंत्र हनुमेत वाचा।

मंत्र साधना की विधि– मंगलवार के दिन सात लड्डू और सात पान का बीड़ा, किसी भी हनुमान के मंदिर में जाकर, दस हजार बार मंत्र का जाप कर, हनुमान जी को लड्डू व पान का बीड़ा अर्पित करे, भोग लगावे। जाप की समाप्ति पर धूप, दीप, नैवेद्य आदि से हनुमान जी की पूजा करे। सिंदूर हनुमान जी को अर्पित करे, उसी सिंदूर में से कुछ सिंदूर प्रसाद स्वरूप स्वयं ग्रहण करे। हनुमान जी को प्रसाद स्वरूप ग्रहण किया गया सिंदूर का तिलक लगाने पर मंत्र सिद्ध हो जाएगा।

मंत्र जब सिद्ध करना हो तो शत्रु का फोटो या चित्र सामने होना चाहिए, एवं एक जौ के आटे का आदमी का पुतला बना देवे ऐसा ध्यान करे कि यह शत्रु ही है व उस शत्रु का चित्र उस पुतले में ध्यान करे। सात बार उक्त मंत्र पढ़कर शत्रु को जूते लगावे। सिर में सात बार जूते मारने पर उसकी बुद्धि भ्रष्ट हो जाएगी। वह पागल हो जाएगा, व उसके सिर, पेट आदि में सुइएं चुभावे, जिससे वह शीघ्र ही बीमार हो जाएगा या मृत्यु को प्राप्त होगा।

नीम को मीठा करने की तरकीब

अजवाइन को खायकर, पीछे नीम चबाय।
फिर कडुवा लागै नहीं, है यह सहज उपाय॥

अजवाईन को खाकर बाद में नीम चबाने पर उसका स्वाद कड़वा नहीं लगेगा। वह मीठा ही प्रतीत होगा।

सर्वजन सम्मोहन (वशीकरण) मंत्र

ॐ नमो भगवते कामदेवाय यस्य यस्य दृश्यो भवामि यश्च यश्च मम मुखम् पश्यन्ति तं तं मोहयतु स्वाहा॥

इस मंत्र का 1000 बार जाप करने पर यह मंत्र सिद्ध हो जाता है। फिर इस मंत्र के निम्न प्रयोग हैं।

1. सफेद आक (श्वेतार्क) की जड़ को सफेद चंदन के साथ घिसकर सात बार इस मंत्र का जाप कर मस्तक पर तिलक लगाने पर जो भी व्यक्ति आपके मुख को देखेगा, वह स्वतः ही सम्मोहित हो जाएगा।
2. इस मंत्र को सिद्ध करने के उपरांत कामणिया सिंदूर लावे, उसे रक्त चंदन के साथ पीसकर उक्त मंत्र का 11 बार जाप कर मस्तक पर तिलक लगाने से सभी सम्मोहित हो जाते हैं। यह प्रयोग अनुभूत है।

डायन की नजर झाड़ने का मंत्र

कई बार बच्चों को नजर आदि लगने की समस्या उत्पन्न हो जाती है। जिससे बच्चा बीमार हो जाता हैं, उलटी, दस्त, बुखार, जुकाम आदि समस्या उत्पन्न हो जाती है। निम्न मंत्र से 21 बार झाड़ा देने पर नजर झड़ (उतर) जाती है।

हरि हरि स्मरिके हय मन करुं स्थिर
चाउर आदि फेक के पाथर आडिवीर

डायन दूतिन दानवी देवी के आहार
बालक गण पहिरे, हाड़ गला हार
राम लखण दूनो भाई, धनुष लिए हाथ
देखि डायनी भागत छोड़ शिशु माय
गई पराय सब डायनी, योगिनी
सात समुद्र पार में खावे खारी पानी
आदेश हाड़ी दासी चण्डी माई
आदेश नैना योगिनी के दोहाई।

उपरोक्त मंत्र को 21 बार पीड़ित व्यक्ति (जो नजर या टोकार आदि से पीड़ित हो) के सामने पढ़े। पढ़ते समय अगरबत्ती अवश्य ही लगा लेवे।

लकवा ठीक करने का मंत्र

"ॐ नमो गुरुदेवाय नमः, ॐ नमो महादेवाय नमः, ॐ नमो उस्ताद गुरु कूं, ॐ नमो आदेश गुरु कूं, आदेश जमीन आसमान कूं, आदेश पवन पाणी कूं आदेश चंद्र सूरज कूं, आदेश नवनाथ चोरासी सिद्ध कूं, आदेश गूंगी देवी, बहरी देवी, लूली देवी, पांगुली देवी, आकाश देवी, पाताल देवी, उलूझणी देवी, पूकंनी देवी, टकंटुकी देवी, आरीदेवी, चद्रगेहली देवी, हनुमान जति अंजनी का पूत, पवन का व्याती, वज्र का कांच, वर्ज का लंगोटा ज्यू चले, ज्यू चल, हनुमान जति की गदा चले ज्यू चल, राजा रामचंद्र का बाण चले ज्यू चल, गंगा, जमना का नीर चले ज्यू चल, दिल्ली आगरा का गैलो चले, ज्यू चल, कुम्हार का चाक चले ज्यू चल, गुरु की शक्ति हमारी भक्ति, चलो मंत्र ईश्वरी वाचा।"

विधि– चदंन का धूप लगाकर, मोरपंख से दिन में तीन बार (सुबह, दोपहर, शाम) झाड़ा देना, प्रत्येक झाड़े में मंत्र को सात बार बोलना 21 दिन तक लगातार यह प्रयोग करने से लकवा ठीक हो जाता है। परंतु 21 दिन तक नित्य तीन बार खेजड़ी सींचनी जरूरी हैं। व्यक्ति के ठीक हो जाने पर 'उतारा' करना भी जरूरी है।

उतारा करने की विधि

झाड़ा प्रारंम्भ करने से पूर्व एक दिन पहले 'शनिवार' को उतारा (टोटका) करे। तथा रविवार से झाड़ा देना शुरू करे। सात पाव आटे का चुरमा बनावे, उसमें आवश्यकता के अनुसार शुद्ध घी, गुड़ व मावा मिलाकर चुरमे को घी से तर कर दे। इसमें से सबसे पहले हनुमान जी को सवासेर का रोठ चढ़ाना। सात कोरी ठिकरिया (मिट्टी के दिए) लेनी। ठिकरी में सबसे पहले सात काजल व सात कुमकुम की टीकियां देनी चाहिए। उसके बाद वह चुरमा सातो ठिकरियों में भर दे, प्रत्येक देरी पर एक-एक खारक, सुपारी,

काजलपुड़ी, कुमकुम की पुड़ी इलायची, लौंग, चरचडीला की पुड़ी रख देनी। धूप आशापुरी (राल) का धुंआ देना। इंकोलियों का पालना बनाकर मौली से बांधे। उतारा (टोटका) खेजड़ी के नीचे रख देना। खेजड़ी का जल सींचने के लिए नई मटकी लावे, उसी से हमेशा खेजड़ी को सींचे आते जाते समय किसी से बोले नहीं। सींचने के बाद मटकी वापस लाकर जतन से रखे, ताकि फूटे नहीं। उतारा करने से पहले एक नारियल माता जी या किसी भी देवी मंदिर में जरूर चढ़ावे। नारियल भी गिरीयां बच्चों में तुरंत बाट देवे। इस विधि से काम करने पर लकवा (पक्षघात) ऊपरी हवा (भूत, प्रेतादि) का दोष तुरंत ठीक हो जाता है।

बिना आग के पानी को उबालना

ग्लास लीजे दो मंगवाय। पानी दीजे उसमें भरवाय।।
एक ग्लास में सोडा नाखै। दूजे में नीबू सत राखै।।
दोनों पानी लेवे मिलाई। पानी उबलन लागै उबलन लागै भाई।।

दो पानी के गिलास मंगवाकर, उन दोनों में पानी भरकर एक गिलास में सोडा डालें, जबकि दूसरे में नींबू का सत मिलावें। अब दोनों पानी को मिलाने से पानी उबलने लगेगा।

नजर दोष दूर करने के लिए

शाबरी मंत्र

ॐ नमो नजर जहां पर पीर न जानी।
बोले छल सों अमृत बानी।।
कहाँ नजर कहां ते आई?
यहां की ठौरि तोहि कौन बताई?
कौन जात तेरी, कहां ठाम?
किसकी बेटी क्या तेरो नाम?
कहां से उड़ी, कहां की जाया?
अब ही बस कर दे तेरी माया?
मेरी जात सुनो चितलाय।
जैसी होय सुनाऊं आय।
तेलन, तमोलन, चुहड़ी, चमारी।
कामथनी, खातरानी, कुम्हारी।।
महतरानी, राजा की रानी।
जाको दोष, ताहि सिर पड़े।
हनुमन्त वीर नजर से रक्षा करें।
मेरी भक्ति गुरु की शक्ति।
फुरो मंत्र ईश्वरी वाचा।।

विधि–इस मंत्र को पढ़ते हुए रोगी को सिर से पैर की तरफ झाड़ा करें तो दृष्टि का दोष (नजर लगना) समाप्त हो जाता है। सूर्य-चंद्र ग्रहण के समय जप करके इस मंत्र सिद्ध कर लेना चाहिए। बालकों को नजर लग जाने पर मोर के पंख 11 बार झाड़ दें। उपस्थित व्यक्ति को राहत, सुख व शांति होगी।

नजर नाशक सिद्ध यंत्र

6	13	2	7
6	3	10	9
12	7	8	1
4	5	8	11

विधि—सोमवार वाले दिन कनेर की कलम से रोली की स्याही के द्वारा पीपल के पत्ते के ऊपर इस यंत्र को लिखकर धारण करवा देने से नजर का दोष समाप्त हो जाता है।

सिद्ध तंत्र प्रयोग

एक नींबू लेकर दृष्टि दोष से पीड़ित व्यक्ति के ऊपर से सात बार उतारा करके किसी चाकू से उसके दो टुकड़े करके पूर्व-पश्चिम दिशा की तरफ फेंक दें तो दृष्टि दोष समाप्त हो जाता है।

किए-कराए का दोष दूर करने के लिए मंत्र

ॐ नमो आदेश गुरु को। अपर कोष। बिगड़ कोष। प्रह्लद राख।

पाताल राख। पांव दे बीज। जंघा देवे कालिका। मस्तक राखे महादेव। जो कोई इस। पिण्ड-प्राण को छेद-छेद। देव-देवता। भूत-प्रेत। डाकिनी, शाकिनी। कंठमाला, तिजारी। एक पहर। दोपहर। साझ सवेरे को। किए कराए को स्वाहा पड़े। इसकी रक्षा नरसिंह जी करें।।

विधि: इस मंत्र का 2100 जप ग्रहण या दीपावली के दिन करें तो यह सिद्ध होगा, फिर इस मंत्र का जाप करते हुए रोगी का 21 बार झाड़ा करें तथा सिर से पांव तक धागा नापकर इस मंत्र का उच्चारण करते हुए 21 गांठ लगाकर और गुग्गुल की धूनी देकर

रोगी के कंठ में पहना दें। इस प्रकार उपाय करने से किए कराए का सभी दोष समाप्त होकर उलटे टोना करवाने की हानि होती है।

किए-कराए का दोष दूर करने के लिए यंत्र

ॐ	ह्रीं	श्रीं	क्लीं	क्लीं
लखाह	10	4	6 ह	ह्रीं
वसा	2	7	11-21	ह्रां
अ	8	9	3 कल	ह्रं
आ	स्त्र	नमः	आं	ऐं

विध—इस यंत्र को सिद्ध करके भोजपत्र पर केशर की स्याही से तथा अनार की कलम से लिखकर काले कपड़े में लपेट कर किए कराए वाले रोगी को धारण करा दें तो सभी दोष दूर होंगे।

तंत्र प्रयोग

किए-कराए का दोष दूर करने के लिए धूप, गंधक, गुग्गुल, लाख, लोबान, धूप बत्तीसा हाथी दांत, सांप की केंचुली, व्यक्ति के मस्तक के बाल लेकर, इन सबको मिलाकर पीसकर किए कराए वाले रोगी के पास जलावें और इसका धुआं दें तो किए-कराए का दोष दूर होगा।

स्वप्न में देखी बात सच हो

वन में तलाश उल्लू की कीजै। बैठा देख जो फेरासात जो लीजै। वाको उगय वृक्ष लकड़ी लाना, धूप, दीप, देखे वाको अग्नि लगाना। घर ल्याय के सूख टाको कीजै। सिरहाने राखि वाकौ परचो लीजें। स्वप्न की बात साची होई। बात जो विचार निश्चय देखी सोई।।

वन में उल्लू की तालाश करे, उसे बैठा देखकर उसकी सात बार परिक्रमा कर लेवे, जिस पेड़ पर वह बैठा हो उस पेड़ की लकड़ी घर ले आवे। वृक्ष की लकड़ी को धूप, दीप करे, उसका पूजन करे उसी के अर्थात उस लकड़ी को अग्नि लगावे, लकड़ी का कोयला हो जाने पर उसे सोते वक्त सिरहाने रख लेवे। इससे आप स्वप्न में जो बात देखेंगे व सच हो जाएगी। यह चमत्कार करके देखें।

गुड़ वशीकरण मंत्र

ॐ नमो गुड़-गुड़ रे तू गुड़-गुड़ तामग मशान केलि करता जा उसका देश उमा सब हर्षे हमारी आस खसम को देखें नले बलै हमको देवै सकि सचलै चालि चालिरे कालिके के पूत जोगी जंगम और अवधूत सोती होंय जगाय लाव बैठी होय उठाय लाव न लावै तो माता कलिका की शय्या पर पांव धरै। शब्द सांचा पिंड काचा, फुरो मंत्र ईश्वरो वाचा, सत्य नाम आदेश का।

विधी–रविवार के दिन 5 रु. का सफेद गुड़ लाकर तेल में भिगोकर उक्त मंत्र का।। बार जाप करे, जिस भी व्यक्ति को यह मंत्रपूरित गुड़ खिलाएंगे वह वश में हो जाएगा।

बिच्छू का विष उतारने का मंत्र

ॐ नमो सुरह पर्वत पर जाप हरी दूव खाती फिरे, ताल-तलैय्या पानी पीएं, सुरह गाय ने गोबर किया, जा में उपजे बिच्छू सात काले पीले, धौले लाल रंग बिरंगे और हराल उतर रे उतर बिच्छू का जाया नहीं तो गरुड़ जी डडके आया, सत्य नाम आदेश गुरु का, शब्द सांचा पिण्ड कांचा फुरो मंत्र ईश्वरी वाचा।।

उपर्युक्त मंत्र का झाड़ा मोर पंख से पीड़ित व्यक्ति को 21 बार देने पर बिच्छू का विष उत्तर जाता है।

स्त्री वशीकरण मंत्र

ॐ नमो धूली धूलेश्वरी मातु परमेश्वरी चंचती जाय जयकार इनारन चोप भरे छार छारते में हरे देता घर बार मरे तो मशान लौटे जीवे तो पांव लोटे वचन बांधौ अमुकी को धाई लाव मतु धुलैश्वरी फुरो ईश्वरो वाचा छः छः ॐ स्वाहा।।

इस मंत्र को रोज 27 बार 27 दिन तक जपे, इससे यह मंत्र सिद्ध हो जाएगा। इसके अर्थात किसी भी स्त्री के सन्मुख जाकर 5 बार इस मंत्र का मन ही मन उच्चारण करे। इससे यह मंत्र अपना चमत्कार दिखलाएगा, व स्त्री सहज ही में आपके वशीभूत हो जाएगी, परंतु भूलकर भी इस मंत्र का गलत इस्तेमाल नहीं करे अन्यथा यह मंत्र उलटा पड़कर आपका अहित भी कर सकता है।

शत्रु नाशक मंत्र

ॐ ऐं ह्रीं महा विकराल, कराल, कपाल, महाकाल भैरव ज्वलत्याय मम शत्रु दह-दह-हन-हन-पच-पच, उन्मूल, उन्मूल ॐ ह्रीं ॐ फट्।।

उक्त मंत्र श्माशान जाकर भैंस चर्म के पास चित्ता भस्म घर बैठकर, ऊन की माला या लाल स्फटिक की माला लेकर इस मंत्र को जपे, साथ ही साथ सरसों का हवन करे, यह प्रयोग रात्रि में ही करें। निशाकाल या अर्धरात्री में इस प्रयोग के कई चमत्कार देखे गए हैं।

वशीकरण के लिए मंत्र

ॐ नमो आदेश कामाख्या देवी को।
जल मोहूं। थल मोहूं।।
जगल की हिरणी मोहूं। बाट चलता बटोही मोहूं।।
दरबार बैठा राजा मोहूं। पलंग बैठी रानी मोहूं।।
मोहिनी मेरा नाम। मोहूं जगत संसार।।
तारा तरीला तोतला। तीनों बसे कपाल।।
सिर चढ़े मातु वे। दुश्मन करुं कमाल।।
मात मोहिनी देवी की दुहाई।।
पुरे मंत्र खुदाई।।

विधि—इस मंत्र को सिद्ध करके, मिठाई को इस मंत्र से अभिमंत्रित करके जिसे खिलाओ उसे अपना पाओगे।

सुपारी वशीकरण के लिए मंत्र

पीर मैं नाथ। प्रीत मैं साथ।।
जिसे खिलाऊँ। वह मेरे साथ।।
पुरे मंत्र। ईश्वरो वाच।।

विधि—एक अखण्डित सुपारी लेकर पर्व (ग्रहण) काल में नदी में डाल दे। उसे 108 बार इस मन्त्र में अभिमन्त्रित करके इच्छित व्यक्ति को टुकड़े करके खिलावे वश में होगा।

महान चमत्कारी पन्द्रहे का मंत्र

ॐ ह्रीं श्रीं श्रीं क्लीं चामुण्डा देवी स्वाहा।

यह मंत्र महान चमत्कारी मंत्र है, इस मंत्र से भयंकर से भयंकर शत्रु भी आपके सहज ही वशीभूत हो जाता है। शरीरिक व्याधि व शारीरिक कष्ट दूर होता है, मनुष्य आरोग्यता को प्राप्त करता है, धर्मपत्नी का कष्ट दूर होता है, मनुष्य वैवाहिक सुख को प्राप्त करता है, चोरी गई हुई या खोई डुई वस्तु मिल जाती है, आपका कोई स्वजन विदेश या परदेश में हो तो शीघ्र लौट आता है, बन्धन से मुक्ति मिलती है, बन्दी व्यक्ति छूट जाता है।

मंत्र साधन करने की विधि—केले के पत्ते पर पन्द्रह के मंत्र को पन्द्रह दिन तक दक्षिण में मुख करके लिखें, बाद में

मनोकामना सिद्धि

आप अपनी मनोकामना को पूरी करने के लिए ध्यान पूर्वक निम्न मंत्र का जाप करें, इस मंत्र से आपकी मनोकामना आवश्यक रूप से पूर्ण होगी।

मंत्र

॥ ॐ ह्रीं नमः ॥

इस मंत्र का जाप करते समय इस मंत्र को किसी लाल अथवा पीले रंग के कागज पर अष्टगंध की स्याही से लिखे। सिद्धेश्वरी देवी की पूजा व ध्यान करके, उक्त मंत्र का 1008 जाप करे, इससे यह मंत्र सिद्ध हो जाएगा। फिर इस मंत्र का हर वक्त जाप करते रहने या किसी समय विशेष पर जाप करने से मनोकामना अवश्य ही पूरी हो जाती है।

किसी कार्य विशेष, कोर्ट, केस, शादी, विवाह, नौकरी आदि पर जाते समय मंत्र का मन में जाप करते हुए जाए इससे आपका काम अवश्य ही पूर्णता को प्राप्त होगा।

इस मंत्र के एक लाख जाप कर 10,000 मंत्रों से हवन करने पर काली मां की विशेष कृपा प्राप्त होती है।

आत्म रक्षा का मंत्र

ॐ नमो बज्र की चौकी वन में वास, भरे भूत जो लेवे सांस, पिण्ड छोड़ी घटता पैसे, ब्रह्मा कुंची, महेश्वर ताला, इस पिण्ड का गुरु गोरख रखवाला।

यह मंत्र 7 बार बोलकर चोटी (शिखा) को गांठ लगावें। चोटी नहीं होवे तो पगड़ी या अगोंछे में गांठ लगावे, ऐसा करने से सामने वाले को लगा हुआ भूत-प्रेत या पिशाच आपके शरीर में प्रवेश नहीं कर पाएगा।

लक्ष्मी प्रसन्न रहेगी।

लक्ष्मी की एक ऐसी तस्वीर घर लाए जिसमें कमल पर लक्ष्मी पूर्णरूप से विराजमान हों, लक्ष्मी के पांव (पैर) बाहर नहीं हों, स्वर्ण कलशों से हाथियों द्वारा स्नान कराई जाती हुई हो, एक हाथ में कमल एक हाथ से धन वर्षा करती हुई। ऐसी लक्ष्मी को तस्वीर का नित्य पूजन करे। तस्वीर को साफ करके कमल युक्त चंदन (अष्टगंध मिश्रित) का लक्ष्मी जी को टिक्की लगावे, इससे लक्ष्मी जी आपके घर में सर्वदा विराजमान होकर धन वर्षा करती रहेगी।

धन प्राप्ति का मंत्र

ॐ सरस्वती ईश्वरी भगवती माता क्रां क्लीं, श्रीं श्रीं मम धन देहि फट् स्वाहा।

धन की प्राप्ति में यदि बराबर रुकावट आ रही हो, तो इस मंत्र का एक सौ आठ (108) जाप 40 दिन तक करे। लक्ष्मी जी प्रसन्न होकर धन देगी, यदि किसी की

उधारी बाकी हो, व्यक्ति की नियत रुपया वापस नहीं देनी की हो, तो इस मंत्र के जाप द्वारा व्यक्ति की बुद्धि निर्मल व शुद्ध हो जाती है तथा आपका रुका हुआ रुपया मंत्र बल से मिलने लगता है।

भूमि में गढ़ा हुआ धन दिखे

जिस जगह पृथ्वी में धन होने का अंदेशा हो, वहां पर चमेली के पुष्पों को दही में भिगोकर रख दे, प्रात: यदि उसी दही का रंग पीला या काला हो जाए तो वहां पर धन आवश्यक रूप से है ऐसा निश्चय जाने। इसी प्रकार हल्दी व दूध लेकर छींटना, दूसरे रंग बदला हुआ मिले तो वहां धन जानना

धन वृद्धि के लिए तंत्र प्रयोग

1. असली गोरोचन को धन स्थान पर रखने से धन की वृद्धि होती है।
2. आप ऐसे बरगद का वृक्ष ढूंढ़ें जिसके नीचे एक छोटा-सा बरगद का पौधा उगा हो। उसको सिद्ध योग में प्राप्त करके घर में लाकर विधि सहित धूप-दीप कर घर में स्थापित करें तो अन्न-धन बहुत होगा।

तह कुष्ठ इलाही का बान, कुडूय की पित्ती चिरावत भाग गुरु अस्त्र से भूत मारुं, धुनवान कृष्ण वर पूत आज्ञा कामरूकामाख्या हाड़ी दासी चण्डी की दुहाई-इस मंत्र का ग्यारह बार जाप कर मुट्ठी खोलकर उस मिट्टी को उस प्रेत पर डाल दिया और देखते-देखते वहां कुछ चीखों के साथ राख का ढेर लग गया। मैंने अपने पैरों व साइकल की ओर देखा वहां कीचड़ का नामोनिशान नहीं था। साइकल मिट्ठी की बनी हुई उस कच्ची सड़क पर पड़ी हुई थी। जगदीश ने मुझसे कहा ''महाराज पधार जावो, घबराने की जरूरत कौनी। संकट टल ग्यौ''। फिर बातों ही बातों में जगदीश ने मुझे बताया कि गांव मैं इस प्रकार की घटनाएं आम हैं, तथा यह मंत्र भूत भगाने में अमोघास्त्र है, माता बगलामुखी का यंत्र उसके गले में होने के कारण आजतक उसे कोई दुरात्मा, भूत-प्रेत आदि स्पर्श भी नहीं कर पाया है।

भूत भय नाशन मंत्र

ॐ नमः श्मशान वासिने भूतादीनां पलायनं
कुरु-कुरु स्वाहा।

मंत्र प्रयोग करने की विधि—दीपावली की रात्रि को 1008 बार मंत्र का जाप कर मंत्र को सिद्ध कर ले, फिर जब प्रयोग करना हो तो रविवार को कुत्ता, बिल्ली और चूहा का मल (विष्ठा) ऊंट के बाल, गंधक, गोवर कड़वातेल, लाकर सबका मिश्रण तैयार

कर उक्त मंत्र के 108 मंत्रों से हवन करने से भूत-प्रेत-वैताल राक्षस, डाकिनी, शाकिनी, प्रेतनी आदि समस्त बाधाएं स्वत: ही दूर हो जाती है।

दन्त शूल नाशक चमत्कारिक मंत्र

अग्नि बांधौ अनिश्वर बांधौ सौलाल विकराल, बांधौ लोहा लुहार बांधौ वज्र के निहाय वज्र घन दांत विहाय तो महादेव की आन।

इस मंत्र को नौ दिन तक रात्रि में नित्य 2100 बार जाप करके सिद्धि कर ले, जप प्रयोग करना हो तो तर्जनी उंगूली से 21 बार मंत्र पढ़कर जार देने से दांत का दद्र दूर हो जाता है। दांत वज्र के समान मजबूत हो जाते हैं।

पूर्व स्नानादि से पवित्र होकर करे। साधना करते समय एक समय भोजन करे तो साधना शीघ्र ही फलीभूत होती है।

आगिया वेताल को बांधने का मंत्र

ॐ नमो आगी थम्बो, आगरणी थम्बो, राजा शरीरी प्रजा थम्बो, ईश्वर ब्रह्मा यो भई आगी, सूर्य राय दीवार ईसाख।

सूर्य के सामने इक्कीस बार उक्त मंत्र को बोलकर, पानी मंत्र कर फेंके, आग बुझ जाएगी।

नजर बंद का मंत्र

ॐ नमो काला भेरू, घुंघरुवाला च हाथ में खडग फूलों की माला चौसठ योगिनी संग में चाला, देखो खोली नजर का ताला च राजा प्रजा ध्यावै, सब तौहि, सबकी दृष्टि बांधि दे मौही मैं पूजा तुमको नियमित ध्यायै, राजा प्रजा मेरे पाय लगाय, भरी अथाई, सुमिरौ तोहि, तेरा किया सब कुछ होय। देखू भैरौ तेरी मंत्र की शक्ति, चलो मंत्र ईश्वरोवाचा।

विधि–रविवार के दिन श्मशान की राख (चिता भस्म) लाकर 51 बार इस मंत्र को जपे, मन ही मन भेरू का ध्यान करे। धूप, अगरबत्ती, नैवेद्य, फल आदि से भगवान् भेरूनाथ को प्रसन्न कर भरी सभा या जहां भी नजरबंद करना हो वहां इस अभियन्त्रित भस्मी को फूंक से डगवे, सभा में कोई आपकी बात टालने की हिम्मत या साहस नहीं कर पाएगा। तथा आप सभी से अपना मनचाहा काम करवाने में सक्षम रहेंगे।

और देखते ही देखते भूत भस्म हो गया

बात गर्मियों की छुट्टियों की है सन् 1999 में मैं एक बार अपने मूल गांव धुंध ड़ा में गया। उस मैं शाम को खाना खाकर गांव के बाहर तक टहलते-टहलते निकल गया, किसी गम्भीर विषय पर विचार करते हुए मैं गांव से लगभग 5-6 किलोमीटर दूर

तक आ गया था। चांदनी रात थी, चंद्रमा अपनी धवल चांदनी बिखेर रहा था, इससे लाइट न होने पर भी रास्ता देखने में कोई समस्या नहीं हो रही थी, चारों ओर सन्नाटा पसरा हुआ था, सामने ही लूणी नदी थी, जो कि खाली ही थी, इतने में मैंने देखा कि ठीक मेरे सामने विपरित दिशा से साइकिल पर एक लड़का चला आ रहा हैं, उस एकान्त उजाड़ स्थान पर उसने मुझे देखकर अपनी साईकल रोक दी, और मुझसे पूछा ''कोई सा उठै किकर खड़ा हो'' मैं पैदल चल कर थक चुका था व वापस गांव जाकर विश्राम करना चाहता था मैंने उससे कहा ''धुंधाड़ा जाणौ है भाई'' उसने कहा'' लारै बैठ जाओ'' मैं लड़के के पीछे साईकल पर बैठकर धुंधाड़ा गांव की ओर चल पड़ा। रास्ते में मैंने उससे उसका परिचय पूछा तो उसने बताया कि उसका नाम जगदीश हैं तथा धुंघाड़ा का ही मूल निवासी है प्राइवेट बारहवीं कक्षा की परीक्षा दे रहा है, जीवन व्यापन के लिए झांड-फूंक, नजर हवा आदि का उतारा करने का काम करता हैं, सहसा ही हमने देखा कि साइकल कीचड़ में फंस गई है, जबकि मैं उस रास्ते से गया तो वहां कीचड़ पहले नहीं था, मैंने जगदीश से कहा ओ कादो (मारवाड़ी में कीचड़ को कादा कहा जाता हैं) कठैऊ आयों, मैं गयो जरै तो कौनी हो इस पर जगदीश ने स्थिति को भांपते हुए मुझे व साइकल को वही कीचड़ पर छोड़कर आगे साफ जमीन की ओर बढ़ा। उसने जमीन से मुठ्ठी भर मिट्टी उठाई और देवी कवच'' का पाठ करने लगा। उसने अपने गले में स्थित बगलामुखी यंत्र उतारा और मिट्टी के साथ ही अपनी मुठ्ठी में बंद कर दिया। जैसे ही बगलामुखी यंत्र मुठ्ठी में बंद किया वैसे ही सफेद वस्त्र धारण किए हुए करीब आठ फुट लम्बा एक आदमी हमारे सन्मुख आ गया, छाती विशाल हृष्ट-पुष्ट देखने में किसी पहलवान से कम नहीं, देखते ही मैंने भी देवी कवच का पाठ आरम्भ किया तथा जगदीश ने निम्न मंत्र का जाप आरम्भ किया। नजदीक प्रेत प्रकट हो गया पूरा जंगल जंगली जानवरों से भरा हुआ था। भयंकर काली रात में तीतर की आवाज जंगल का सन्नाटा तोड़ रही थी, कपालिक धीरेन्द्रनाथ कई दिनों से साधना में लगा हुआ था, जंगल के ही एक कोने में धीरेन्द्रनाथ की कुटीया बनी हुई थी, कुटिया में चारों ओर सामान बिखरा हुआ पड़ा था, झोंपड़ीनुमा कुटिया के बाहर एक हवनकुंड बना हुआ था, जिसमें से हवन की खुशबू धीरे-धीरे कर वातावरण में घुल रही थी। हवनकुंड के पास एक खोपड़ी पड़ी हुई थी जिसके मस्तक पर कुमकुम से लाल तिलक लगा हुआ था।

पास में पूजा की थाली में कुमकुम, चावल, लोबान आदि पड़ा हुआ था। थोड़ी ही देर में कापालिक बाबा धीरेन्द्रनाथ पहुंचते हैं, बाबा धीरेन्द्रनाथ की दाढ़ी बढ़ी हुई है, उम्र लगभग 42 वर्ष के आसपास। चेहरा देखने से लगता है, जैसे बाबा साधना के दौरान भूखे ही रहे। शरीर भूख से सूख चुका था। बाबा धीरेन्द्रनाथ कपाल को अपने हाथ में लेकर मंत्र जाप करते हैं,

ॐ काली कपालिनी, डाकिनी, शाकिनी, भूत-प्रेत आदि आह्वय, आह्वय, ह्रीं ॐ फट् स्वाहा।

ज्ञात-अज्ञात समस्त भूत-प्रेत आह्वय, आह्वय, मम कार्य सिद्धि कुरु-कुरु स्वाहा।

बाबा धीरेन्द्रनाथ हाथ में लोबान लेकर हवन कुंड में डालते हैं, जिससे धूप की आवाज के साथ हवन कुंड में अग्नि प्रज्ज्वलित हो उठती है, अग्नि के प्रतिबिम्ब से बाबा की आँखें लाल होकर चमकने लगती हैं, धीरे आँखें फैलने लगती हैं, मंत्र जाप सम्पूर्ण वातावरण को रहस्यमय तथा भयानक बना देता है, जंगली जानवर भी मानो मौन होकर बाबा के इस कृत्य को विस्फारित से देखते हैं। बाबा का मंत्र जाप और तेज हो जाता है। नरमुण्ड को बाबा हवनकुंड के सामने रख देते हैं, अब बाबा गरदन को हिलाते हुए बहुत जोर-जोर से मंत्र जाप करने लगते हैं। यह प्रक्रिया लगभग 1½ घण्टे तक चलती है, रात के सन्नाटे को चीरती हुई बाबा की ध्वनि डरावनी लगने लगती है।

बाबा पूजा की थाली से कुमकुम लेकर कपाल (नरमुण्ड) को तिलक लगाते हैं। करीब 10 मिनट अर्थात सहसा नरमुण्ड अपने आप हिलने लगता है। बाबा धीरेन्द्रनाथ कपाल में हलचल को देखकर खामोश हो जाते हैं। नरमुण्ड (कपाल) बाबा धीरेन्द्रनाथ के सामने मुंह करके अपने मुख से बोलता है।

''बच्चा धीरेन्द्र क्या बात है, मुझे तुने क्यों बुलाया मैं एक सौ बीस वर्ष से जंगल के इस वीराने में सो रहा था। 21 दिनों तक चली तेरी इस साधना के कारण मैं सो नहीं पाया और मुझे आना पड़ा।''

धीरेन्द्रनाथ उस नरमुण्ड को संबोधित करते हुए बोलते हैं– आज मेरी तपस्या व साधना पूर्ण हुई, और इसका फल मेरे सन्मुख तेरे रूप में उपस्थित है, हे भटकती हुई प्रेतात्मा! मैंने आज अपनी तपस्या व साधना से तुझे वशीभूत किया है, और तुझ पर विजय प्राप्त की है, जिस कारण तुझे विवश होकर यहां आना पड़ा, तू मेरी गुलाम है जा मेरे समस्त शत्रुओं का सफाया कर दे, उन्हें समूल नष्ट कर दे।

बाबा धीरेन्द्रनाथ से आज्ञा पाकर एक जोरदार झटके के साथ खोपड़ी (नरमुण्ड) हिलती है, तेज हवा का अनुभव होता है, अर्थात पुनः जंगल में सन्नाटा छा जाता है।

धन प्राप्ति का अमोघ मंत्र

ॐ ह्रीं श्रीं क्लीं महालक्ष्मी, महासरस्वती ममगृहे आगच्छ-आगच्छ ह्रीं नमः।

इस मंत्र को दीपावली की रात्रि को कुमकुम या अष्टगंध से थाली पर लिखें तथा उसी रात्रि को 1800 या यथेष्ट जप करें। तो उस वर्ष में साधक बहुत अधिक दौलत या ऋद्धि सिद्धि को प्राप्त करता है, यह अनुभूत प्रयोग है।

प्रेमिका (पत्नी) को वशीभूत करने का मंत्र

ॐ शिवे भगवे भगे-भगे भंग, क्षोभय-क्षोभय, मोहय, मोहय, छादय-छादय, क्लेदय क्लेदय क्लीं शरीर ॐ फट् स्वाहा।

यह मंत्र एकांत में जिस किसी भी स्त्री की फोटो के सामने 108 बार पढ़ा जाएगा, वह युवती काम से वशीभूत होकर दौड़ी चली आएगी यदि 7 दिन तक सोते समय बराबर प्रयोग किया जाए तो अभीष्ट स्त्री कामातुर होकर रात्रि में सेज पर आवेगी, ध्यान रहे, सावधान। इस मंत्र का गलत प्रयोग न करे। मंत्र से गलत कार्य न करे, वरना जातक का भयंकर अहित हो सकता है।

लोहे का तांबा बनाना

नीला थोथा पीसकर लोहे पर मलदेय।
अपना रंग छोड़कर, ताम्बा का रंग लेय।।

नीला थोथा को पीसकर यदि लोहे पर लगा देवे, तो लोहा अपना रंग छोड़कर, ताम्बे के रंग जैसा हो जाएगा।

भूतग्रह निवारण

ॐ काला भैरव कपिली जटा, रात-दिन खेले चौपटा। काला भस्म मुसाण, जेहि मांगू तेहि पकड़ो आण, डंकिनी शंखिणी पट्ट सिहारी, जरख चढ़ती गोरख मारी। छोड़ि-छोड़ि रे पापिणी बालक पराया, गोरखानाथ का पखाना आया।

हनुमान जी के मंदिर में तेल का दीपक जलाकर 12,500 जप करने पर यह मंत्र सिद्ध हो जाता हैं, फिर किसी तरह की प्रेत बाधा होने पर इस मंत्र के मोर पंख से 108 बार झाड़ा देने पर प्रेत बाधा दूर होगी।

(साक्षात्कार) इन्टरव्यू में सफलता का मंत्र

सिद्ध अभिमंत्रित स्फटिक की माला लेकर पीले आसन पर बैठकर अपने सामने अगरबत्ती व गाय के घी (गौघृत) का दीपक जला लेवे। फिर ग्यारह दिन तक लगातार इस मंत्र के 21 जाप प्रतिदिन करे।

ॐ ह्रीं महामाये भगवती मम कार्य सिद्धिं कुरु-कुरु फट् स्वाहा।

इस प्रकार जप करने से सिद्ध हो जाएगी। इंटरव्यू व साक्षात्कार में जाए तो कपड़ों के नीचे इस माला को पहन कर जाने से चमत्कार मिलेगा। यदि खाली समय में भी उक्त मंत्र का जाप करे, तो और भी अच्छा।

अक्षय धन का भंडार प्राप्त करने का मंत्र

ॐ यक्षाय कुबेराय वैश्रवणाय, धन धन्याधिपतये धन धान्य समृद्धि मे देहि दापय स्वाहा।

यह देवताओं के कोषाध्यक्ष कुबेर का अमोघ मंत्र है। इस मंत्र के तीन माह तक रोज 108 बार जाप करे, जाप करते समय एक कौड़ी (धनलक्ष्मी कौड़ी) अपने सन्मुख अवश्य ही रखे। तीन माह बाद प्रयोग पूरा होने पर उस कौड़ी को आप अपनी तिजोरी, गल्ले या लॉकर में स्थापित कर दे। आपका धन का भण्डार हमेशा भरा हुआ रहेगा।

बवासीर (खूनी) दूर करने का मंत्र

ॐ नमो हनुमंत, मेरी पीड़ा तेरी पीड़ा हर ले हनुमंत मेरी पीड़ा, बवासीर को ठीक कर, तुझे शपथ लक्ष्मण भाई की, तुझे शपथ सीता माई की।

इस मंत्र के 1,000 जाप करने पर खूनी बावासीर बंद हो जाएगा। जब भी बवासीर की तकलीफ बढ़ने लगे तो इस मंत्र का जाप आपको निश्चित रूप से लाभ प्रदान करेगा। जब तकलीफ बढ़ जाए तो 21 बार मंत्र जाप करते हुए एक मौली पीड़ित व्यक्ति के हाथ में बांध दे। खूनी बावासीर बंद हो जाएगा।

मूठ मारने का मंत्र

ॐ नमो काला भैरौ, मसान वाला, चौसठ योगिनी करे तमासा, रक्त बाण चलि रे भैरौ, कचिया मसान, मैं कहूं तोसों समझाय, सवा पहर में धूनी दिखाय, मूवा

मुर्दा मरघट बास, भाग घोड़े पुत्र की आस, जलती लकड़ी धू के मसान, भैरो मेरा वैरी तेरा खान, सेली सिंगी रुद्रबाण, मेरे वैरी को नहीं मारो तो राजा रामचंद्र लक्ष्मण की आन।

किसी मुर्दे को श्मशान में जलते देखकर, एक हांडी लेकर मसाण की अग्नि में लाल करे, फिर हांडी को उतार कर उसमें एक मुट्ठी उड़द डाले, जो उड़द जल जाए, उन्हें अलग करे तथा जो उड़द फुल जावे, उन्हें अलग कर लेवे। जले उड़द पर 21 बार उपरोक्त मंत्र पढ़कर, सुबह बासी मुंह जिस किसी व्यक्ति को भी जले हुए उड़द मारेंगे, वह व्यक्ति खून की उलटी करके तड़पने लगेगा।

शत्रुनाश के लिए अमोघ मंत्र

ॐ नमो काल भेरू, कवंली जटा, रात दिन खेले जवटा, हाथे भाखर, कांधे मडा, यू दैखू ज्यू भैरव खडा, मारो वैरी यारों, भख काटी मुंडी, कलेजा काड़, पकड़ी, पछाड़ी, काड़ी कटी गल, (अमुका) को मारी-मारी, भैरव भूचाल न मारे तो सगी बहिन भाणजी के सेज चढ़े, कुकर्म करे तो पाप तेरे सिर चढ़े, गुरु की शक्ति, मेरी भक्ति, फुरो मंत्र ईश्वरो वाचा।

अरेठा की माला लेकर (45 अरेठा की) दिन में दो बार करना, कुल 21 माला का जप होने पर काम सिद्ध होगा। शत्रु नाश के लिए यह प्रयोग अमोघ है।

शत्रु के लिए विशेष उच्चाटन

ॐ नमो मातेश्वरी भगवती अमुकस्य हन हन स्वाहा।

विधि—इस मंत्र के इक्कीस हजार जाप करे, एवं 2100 मंत्रों की आहुति सरसों के तेल में कणेर के पुष्प मिलाकर दें, तो शत्रु निश्चय मृत्यु को प्राप्त होता है।

भूत-प्रेत आदि को वश में करने की विधि

आत्माएं दो प्रकार की होती हैं, सात्विक व दुष्ट। साधु संत पीर फकीर की आत्भाएं सात्विक प्रवृत्ति की हैं, तो डाकिनी, शाकिनी आदि दुष्ट आत्माएं हैं।

भूत, प्रेत, चुड़ैल, डाकिनी आदि को वश में करके मुश्किल से मुश्किल काम करवाया जा सकता है, परंतु इसमें आदमी दुस्साहसी, निडर व निर्भीक होना चाहिए।

किसी खुले स्थान पर शौच के लिए जाए और शौच से निवृत्त होने के बाद लोटे में बचा हुआ पानी मूल नक्षत्र से प्रारंभ करके बबूल के वृक्ष में रोज डाले। और उसी वृक्ष के नीचे बैठकर 108 बार इस मंत्र का जाप करे।

ॐ श्रीं ह्रीं वं वं भुं भुतेश्वरी मम
वश्यं वुरु वुरु ॐ स्वाहा।।

इस प्रकार लगभग तीन माह तक यह प्रयोग रोज करे। फिर एक दिन केवल उक्त मंत्र को ही पढ़ें, जल नहीं डाले, तो उस पेड़ से कई भूत बाहर आकर आपसे पानी मांगने लगेंगे उस समय उनसे यह वचन ले लेवे कि मुझे किसी प्रकार की तकलीफ नहीं देगे व मेरी रक्षा करेंगे। याद करने पर मेरे द्वारा कहा हुआ काम करेंगे। तथा यदि मैं कोई असम्भव काम भी कहू तो करेंगे। ऐसा वचन मिलने के बाद उन्हें पानी दे देवे। जिससे भूत आपकी सेवा में रहेंगे तथा आपके याद करने पर आकर वह आपका काम कर देंगे।

स्थायी लक्ष्मी के लिए इसे करें

बैंक किताब, चैक बुक, बहीखाता व अन्य धन संबंधी पेपर के पास श्रीयंत्र कनक धारा यंत्र व कुबेर यंत्र आवश्यक रूप से रखे, इससे लक्ष्मी स्थायी बनी रहेगी, व पैसा या चैक जमा कराते समय मन ही मन निम्न मंत्र का जाप भी किया करे।

॥ ॐ ह्रीं महालक्ष्म्यै नमः ॥

नजर उतारने (झाड़ने) का मंत्र

मोर का पंख या मोर पंख का झाडू लेकर बालक के सिर से पांव तक झार दे और झारते हुई इस मंत्र को पढ़ते जाए।

ॐ नमो सत्य नाम आदेश गुरु का, ॐ नमो हनुमंत वीर नजर को बांधे, बावन वीर कहुरे, नजर कहां से आई। यहां की राह तोहे कौन बताई। क्या है जाति तेरा क्या है नाम किस तरह की लड़की, कहां है तेरा धाम, कहां से आई कहां तक जाए, अबहि बस करले तेरी माय। मेरी जाति सुनो चितलाय। जैसी सुनाऊ आए॥ तेलिन, तमोलिन, चुड़ि चमारिन, कायथिन, कथरानी, कुम्हारीन्, मेहतरानी, राजा रानी, जिसकी नजरे उसी के जाए पड़े, प्रत्यक्ष देव दृष्टि रक्षा करे।

उक्त मंत्र का झारा लगाने से नजर उतर जाएगी। यदि मोर पंख नहीं हो तो जलती हुई अगरबत्ती और चाकू से भी झारा उतारा जा सकता हैं।

विवाद जीतने का मंत्र

नीली-नीली, महानीली (शत्रु / प्रतिपक्षी / जज का नाम) जीभी तालु सर्व खिली, सही खिलो तत्क्षणाय स्वाहा।

इस मंत्र को सिद्ध करके विवाद के समय 21 बार मन में बोले, तो व्यक्ति विवाद / मुकदमा / शास्त्रार्थ जीत कर आवे।

मारण तंत्र

अमावस्या व बुधवार, बुधवारी अमावस्या के दिन श्मशान में रात्रि बारह बजे से 1:30 बजे के मध्य जाकर चिता भस्म लेकर आवे, उसमें अर्थात विष मिलाकर, धतुरा, को पीसकर मिश्रित कर लेवे, अंदर आक का दूध भी मिलाकर उसका चूर्ण या पाऊडर बना देवे।

उस चूर्ण में नमक तथा कुछ मात्रा शक्कर की भी मिश्रित करे, तथा उल्लू की विष्ठा (मल) को भी उसमें मिश्रित कर चूर्ण के सन्मुख निम्न मंत्र की पाँच माला का जाप करे।

मंत्रः ॐ नमो गुरुदेवाय, ब्रह्मदेवाय, कुलदेवाय आदेश पवन, पानी कूं आदेश सूरज चंद्रमा को, आदेश गुरु गोरखनाथ कूं, पातालदेवी, उल्लूकणी देवी, पूकणीदेवी, शत्रु का संहार कर, शत्रु को तू भस्म कर, चल उसके घर में चल राजा रामचन्द्र के बाण की तरह चल बुद्धि का विनाशकर धन का तू नाश कर अग्नि की तरह तू भस्म कर भस्म कर तोहे राम दुहाई, नहीं तो गुरु का कोप सह। अग्नि की तरह भस्म, भस्म, भस्म कर। मेरी भक्ति की शक्ति फुरो मंत्र ईश्वरो वाचा।

इस मंत्र के जाप करने के बाद उक्त भस्म अभिमन्त्रित हो जाएगी, शत्रु जिस पर मारण प्रयोग करना हो, उसका ध्यान अपने मन में करे तथा ध्यान करते समय भस्म यदि युक्त पूर्ण को अपने हाथ में लेवे तथा शत्रु के घर में उसे यहां वहां बिखेर देवे। इससे शत्रु एक माह के भीतर-भीतर ही मृत्यु को प्राप्त हो जायेगा।

विशेषः यदि शत्रु के घर में भस्मी को नहीं बिखेर सके तो किसी एकान्त स्थान पर उक्त भस्मी से शत्रु का नाम जमीन (धरती) पर लिखे तथा शत्रु की फोटो पर उक्त भस्मी को छिड़कने से भी कार्य सिद्धि (मारण प्रयोग) सफल हो जाता है।

हैजा उतारने व चढ़ाने की विधि

हैजा चढ़ाने की विधिः ॐ नमो वासुदेवलक्ष्मी फट् स्वाहा।।

इस मंत्र के दस हजार जाप करके, जप से अभिमन्त्रित जल जिस भी व्यक्ति को पिलायेंगे, उसे हैजा हो जायेगा।।

हैजा उतारने की विधिः ॐ नमो वासुदेवलक्ष्मी विघ्न शांतिः।

इस मंत्र के एक हजार जाप से अभिमन्त्रित जल पिला देने से हैजा ठीक हो जाता है, उतर जाता है।

मोहन मंत्र

तेलसों में तेल राजा, पिरजा पाव मेलि, उछल पानी, मसक ल्याय छसै योनि मेरे, पाय निगाय हाथ खड, फूलों की माला जानि बिजाने, गोरख जाने मेरी गति को,

कहे न कोय हाथ पछालौ मुख धौऊ सुमिरौ निरंजन देव, हनुमंत जति, हमारी पति, राखै मोहिनी, दोहिनी दोनों बहिन, आव मौहिनी रावल चालै मुख बोलै जिहा में हूँ, आस मौहूँ, पास मौहूँ, संसार में निसरू, टीका देय लिलाट। शब्द सॉचा, फूरो मंत्र ईश्वरो वाचा।

विधिः दीपावली की राज को काले तिल लाकर उलटी घाणी से उन तिलों को तेल निकलवा देवे। उस तेल के सन्मुख 51 बार इस मंत्र को पढ़कर तेल में फूंकमार कर, छू शब्द का उच्चारण करे। फिर इस तेल का तिलक या टिका जिस भी व्यक्ति को लगायेंगे, वह आप पर मोहित हो जायेगा, वशीभूत हो जायेगा।

शत्रु की देह गले

उत्तराषाढा नक्षत्र के दिन शत्रु की फोटो लाकर उसकी पीडंली में सात कीलें चुभो दे, इससे शत्रु की देह दिन प्रतिदिन गलती चली जायेगी, यह अनुभूत है-

उत्तराषाढा जो लीजिए, कीजै यही विचार, सात शूल ले गाडिये
पेडूलां के माही, ज्यो तन छीजे शत्रु को, ज्यो पेड़ गल जाई।

सकल वशीकरण मंत्र

ॐ जल कंपै जलधर कंपै सौ पुत्र सौ चण्डिका कंपै, राजा रूणे कहा करै सिंहासन छाड़ि बैठे, जब लघई चंदन तब गीत्र भुवन पांव पहाऊ ह्रीं फट् स्वाहा।

विधि–इस मंत्र से चंदन को 18 बार मन्त्रित कर लेवे, फिर उसका चंदन मस्तक पर लगाने से जो कोई मस्तक पर लगे उस चंदन को देखे, राजा, प्रजा सभी वशीभूत होवे।

पीड़ा निवारण मंत्र

थल बांधौ, हथौड़ा बांधौ, अहरन माही, चार खूंट कडाही बांधौ, कांधौ आज्ञा माही, तीन शबद मेरे गुरु के चालियो चड़ियौ लहरस वांही ऊनी बांधौ, सुई बांधौ, बांधो सारा लोहा निकलियो न लहू, पकियो न घाव, रक्षा करे गुरु गोरखनाथ।

इस मंत्र को तीन बार पढ़कर नाक, कान छिदवाते हैं, सुई इंजैक्शन या टांके आदि लगवाते हैं, तो पीड़ा नहीं होगी, खून भी बहुत कम निकलेगा तथा घाव पकेगा नहीं।

उच्चारण व कामण उतारने का मंत्र

करकर लोहा वज्र किवाड़, वज्रे बंदी दशमे द्वार, जहां थी आयो तिहा जाये, जिण कख आयो, लगायो ताही खाय, चर पटंत सधान सोखत रक्त, इस पिण्ड जो वेदन करे, बिका पान करे, श्री महंत मादल की आज्ञा फुरे, उल्टन्ती वेध, परटन्त बांध, इस पिण्ढ की मूढ़ी, सूढ़ी, टूणा कामण, वीर वेताल की आज्ञा पर आज्ञा, जो इस पिण्ड कुं कुछ करे, तो ईश्वर महादेव की आज्ञा उलटे।

नेत्र दर्द (वेदना) नाशक मन्त्र

नमो रामजी धनी लक्ष्मण के बान। आँख दर्द करे तो लक्ष्मण कँवर की आन। मेरी भक्ति गुरु की शक्ति फुरो मंत्र ईश्वरो वाचा, सत्य नाम आदेश गुरु का।

इस मंत्र का जाप किसी शुभ मुहूर्त (पुष्य नक्षत्र, रवियोग, अमृत सिद्ध) योग के समय आरंभ करके 21 दिवस तक 10000 जाप रोज करके, धूप, दीप और नैवेध आदि से पूरे मन से लक्ष्मण जी की पूजा करे तो यह मंत्र सिद्ध हो जाता है। प्रयोग की आवश्यकता पड़ने पर केवल 108 बार मंत्र पढ़कर जार देने से कैसा भी नेत्ररोग या नेत्र सम्बन्धी पीड़ा दूर हो जाती है।

कर्ण पिशाचिनी देवी को सिद्ध करने का मंत्र

ॐ ह्रीं कर्ण पिशाचिनी अमोघ सत्यवादिनी मम कर्णे अवरत-अवरत, सत्यम् कथय कथय अतीत अनागत, वर्तमानं दर्शय-दर्शय एत्ये एत्ये ह्रीं कर्ण पिशाचिनी नमः स्वाहा

मृग चर्म या व्याघ्र चर्मासन पर बैठकर श्मशान में रात्रि (मध्यरात्रि) में जाकर उक्त मंत्र के रोज एक हजार जाप करे। जाप करने से पूर्व शुद्ध जल से स्नान कर, पीताम्बर या रक्तांबर धारण करे, ध्यान रहे, मंत्र प्रयोग करते समय साधक पे सिला हुआ एक भी वस्त्र नहीं होना चाहिए। स्नानोपरांत चिता भस्म से स्नान करते हुए उक्त मंत्र का जाप करे। निरतंर 21 दिन तक जाप करने के उपरांत कर्ण पिशाचिनी देवी प्रसन्न होकर भूत, भविष्य व वर्तमान से सम्बन्धित घटनाक्रम को साधक के कान में बतलाती हैं। तथा जातक को अतीत से सम्बन्धित घटनाओं व आने वाली घटनाओं का पता चल जाता है।

भूत की समस्या का स्थायी समाधान

गुग्गुल, धूप बत्तीसा, सरसों आदि लावे। इसे पीसी हुई लालमिर्च के साथ मिलाकर-घर में धूप के रूप में जलावें। भूत-प्रेत आपके घर के आस पास भी फटक नहीं पाएंगे।

भूत उतारने का झाड़ा

ॐ नमो काला गौरा भेरू ॐ नमो देवी दुर्गा सर्व दुष्टानां, भूतादिक, प्रेतादिक स्तम्भय स्तम्भय अन्धय अन्धय, मूकत्व कारय, हन हन ह्रीं ॐ स्वाहा।

एक चिपटी, लोबान, एक मोती, लाल मिर्च, नमक हल्दी आदि लेकर 108 बार उक्त मंत्र की आहुति दे। आहुति देने के बाद यज्ञ भस्मी का जिस व्यक्ति को भी तिलक लगावेंगे, वह भूतादि बाधा से मुक्त हो जायेगा।

भूत उतारने का शक्तिशाली झाड़ा

इस मंत्र को पढ़ते हुए मोरपंख के झाड़ू, व चाकू से भूत आदि को झाड़े, झाड़ते हुए इस मंत्र का जाप करते रहे। कुल सात बार मंत्र पढ़कर झाड़ते हुए, कैसा भी जिद्दी भूत हो भागकर चला जायेगा।

ॐ नमो सत्य नाम आदेश गुरु का। ॐ नमो नजर जहां पर पीर न जानी, बोले छल सो अमृल बानी। कहो भूत कहाँ से आया, यह जगह तुम्हे कौन बताया, कौन जात तेरी कौन है ठांव। किसकी बेटी कहो तेरो नाम, कहां से उड़ी कहाँ पर आया, अब बस करले तेरी माया, मेरी बात सुनो चित लगाय जैसी होय सुलाऊ आय। तेलन, तम्बोनन, चुहडी, चमारी, कायथनी, खतराणी, कुम्हारिन, मेहतरानी राजा की रानी जाको दोष ताही सिर चढ़े। हनुमंत वीर भूत से रक्षा करे।

मेरी भक्ति गुरु की शक्ति, फुरो मंत्र ईश्वरो वाचा।

उक्त मंत्र के 7 बार झाड़ा लगाने से भूत बाधा का निराकरण हो जाता है।

सिर दर्द ठीक करने का मंत्र

वन में ब्याही, अजंनी, कच्चे फूल फूल खाय।
हाक मारी हनुमंत ने इस पिण्ढ से आधा सीस उतर जाय।

कृष्ण पक्ष की चौदस (चतुद्रशी) तिथि को श्मशान में जाकर इस मंत्र के 10000 दस हजार जाप करके कुछ राख (भस्मी) मन्त्रित कर ले। फिर रोगी के मस्तक पर राख (भस्मी) मलते हुए इस मंत्र के सात बार जाप करने से सिरदद्र ठीक हो जाता है।

पानी से दीपक जलाना

रूई को हिरणी के दूध में भिगोकर सुखा देवे, फिर उसकी बाती बनाकर, दीपक में रखे, जब यह खेल दिखाना हो तो किसी दर्शक को बुलाकर उसी के हाथ से दीपक में पानी भरवा कर, दीपक को जलावे। पानी से भरे हुए दीपक में आग देखकर सभी विस्मय व आश्चर्य में पड़ जाएंगे।

गांठ आदि को या फोड़े को ठीक करने का मंत्र

ॐ नमो हनुमंताय नमो, ॐ नमो विष कटा, नख फटा,
सिर कटा, अस्थि मेद, मज्जा फोड़ो, फनसो आदीठ, हुबंल

रेल्या, रोग, रींघण वाय जावे, चौसठ जोगनी, बावन पीर, रक्षा कीजै, भैख आय रक्षा कीजै। शब्द साँचा पिण्ड काचा, फुरो मंत्र ईश्वरो वाचा।

ग्रहण काल में उक्त मंत्र सिद्ध होता है। सूर्य ग्रहण के समय विशेष रुप से फलदायी है। जब ग्रहणकाल में प्रयोग करना हो तो उस समय मोर की पंख को लेकर,

मोरपंख से पृथ्वी साफ करते हुए, व उक्त मंत्र पढ़ते हुए सात बार जाड़े, और जमीन की धूल को प्रभावित स्थानों या फोड़े, फुँसी आदि पर लगावे, इससे निश्चित रूप से गांठ, फोड़े, फुन्सी आदि ठीक होगी।

आगिया बेताल

प्राय: हम देखते व सुनते हैं कि कई गांवों व घरों मे बिना कारण के अचानक आग लग जाती है, अभीष्ट व्यक्ति के कपड़े, समान व रुपये जलने लगते हैं और तो और पास में खड़े व्यक्ति का कुछ नहीं बिगड़ता। इस प्रकार की जादुई आग किसी दुश्मन या शत्रु द्वारा ही भेजी जाती है, जिसका मंत्र बल से ही सम्भव है। तन्त्र में इसे आगिया बेताल कहते हैं।

आगिया बेताल-साधना

ॐ आगिया बेताल, महाबेताल, बैठ बेताल अग्नि तेरे मुख में, सवामण अग्नि, महाविकराल, फट् स्वाहा।

विधि–थोड़े से उड़द लाकर अपने सामने रख दे तथा उसके साथ ही थोड़ा सा घास-फूस भी रख देवे। प्रतिदिन एक सौ आठ बार (एक माला) उक्त मंत्र को पढ़े तथा हर मंत्र के साथ उड़द के दो-चार दो सुखी घास पर डालने हैं, यह प्रयोग नियमित इक्कीस दिन तक करे। ऐसा करते समय एक दिन ऐसा आयेगा कि घास अपने आप जलने लगेगी, अचानक आग प्रकट हो जायेगी, अचानक अग्नि के प्रकट होने पर यह निश्चय समझे कि आपको आगिया बेताल सिद्ध हो गया है। कई बार बेताल साकार रूप में भी प्रकट हो जाता है, या फिर आपके आस-पास हलचल पैदाकर आपको डराने का भी प्रयास करता हैं, ऐसी अवस्था मे घबराए बिल्कुल नहीं डरने से या घबराने से बेताल वापस चला जाता हैं, आगिया बेताल प्रकट होते ही दाहिने हाथ से उसे पंचमेवा (दाख, काजू, बादाम, चिरौंजी व अखरोट) भेंट करे। श्रद्धापूर्वक व भक्तिपूर्वक उसे नमस्कार करते हुए कहे हे वीर बेताल ! शांत भाव से आप मेरी जिह्वा पर विराजमान हो जाइये। बेताल के निवास करने के तीन स्थान हैं– 1. दाहिने हाथ का अंगूठा, 2. आँख, 3. जिह्वा। जिह्वा पर निवास करने से स्मरण करते ही बेताल प्रकट हो जाता है तथा इच्छित स्थान पर अग्नि लगाता है। व कार्य करता है। यह साधना रात्रि काल में की जाती है।

रोजी प्राप्त करने के लिए सिद्ध मंत्र

ॐ नमो नगन॥ चीटि महावीर॥ हूं पूरो तोरी आश॥ तूं पूरो मोरी आश॥

विधि–भुने हुए चावल एक सेर, शक्कर पाव भर, घी आधा पाव, इन सब सामग्री को मिलाकर प्रात:काल सुबह के समय नहाकर जहाँ चीटियों का निवास हो वहाँ इस मन्त्र

को पढ़ते हुए, बिल के पास सामग्री डालते जायें। इस प्रकार 40 दिन करने से रोजगार तुरन्त मिलता है। नियमपूर्वक करने से अवश्य सफलता मिलती है। यह एक मन की इच्छापूर्ण करने वाला सफल मंत्र है।

रोजगार पाने के लिए सिद्ध मन्त्र

बिस्व भरन पोषन कर जोई।
ताकर नाम भरत अस होई।।
गई बहोर गरीब नवाजू।
सरल सबल साहिब रघुराजु।।

विधि—इस मन्त्र को 1100 बार प्रतिदिन जपते हुए 40 दिन तक पूर्ण करें तथा 40वें दिन राम पञ्चदशी यन्त्र बनाकर पहनें।

नव ग्रह शान्ति के लिए

सिद्ध मन्त्र

मोहि अनुचर कर केतिक बाता।
तेहि महँ कसुमउ बाम बिधाता।।

विधि—राम नवमी वाले दिन रुद्राक्ष की माला पर 1100 जप नित्य करते हुए 40 दिन पूर्ण करें। 41वें दिन अखंड रामायण का पाठ करवायें और गरीबों को भोजन करवाकर वस्त्र दान करें। इस मन्त्र के प्रयोग से दुर्भाग्य सौभाग्य में बदल जाता है। नवग्रह क्षति नहीं पहुँचाते और प्रभु कृपा की प्राप्ति हो जाती है।

नवग्रह दोष निवारण सिद्ध मन्त्र

ब्रह्मा मुरारी त्रिपुरान्तकारी भानुः
शशि भूमि-सूतो बुधश्च।
गुरुश्च शुक्रः शनि राहु केतवः
सर्वे ग्रहा शान्ति करा भवन्तु।

विधि—किसी भी रविवार को पूर्व दिशा की ओर मुँह करके यह प्रयोग शुरू करना चाहिए। अपने सामने सफेद सूती आसन लगाकर उस पर नवग्रह यन्त्र स्थापित कर दें और यन्त्र को असली केशर का तिलक करके घी का दीपक जलाकर स्फटिक की माला से इस मन्त्र का 51 हजार जाप करें। फिर यन्त्र को अपने घर के पूजा वाले स्थान पर स्थापित करें। यह यन्त्र आपके हर प्रकार के ग्रह दोषों को समाप्त करके जिन्दगी को

अकाल मृत्यु नाशक

सिद्ध मन्त्र

नाम पाहरू दिवस निसि ध्यान तुम्हार कपाट।
लोचन निज पद जंत्रिल जाहिं प्रान केहिं बाट।।

विधि–शनिवार के ब्रह्म वृक्ष के नीचे बैठकर इस मन्त्र का 100 जप 40 दिन तक नित्य करें। जप काल के प्रत्येक शनिवार को ब्रह्म वृक्ष को जल चढ़ायें। मंगलवार को बन्दरों को चना गुड़ प्रदान करें।

इस प्रकार से मन्त्र के प्रभाव द्वारा अकाल मृत्यु का भय जाता रहता है।

श्री महामृत्युञ्जय सिद्ध मन्त्र

ॐ ह्रौं जूं सः ॐ भूर्भुवः स्वः,
ॐ त्र्यम्बकं यजामहे सुगन्धिं पुष्टिवर्धनम्।
उर्वारुकमिव बन्धनात् मृत्योर्मुक्षीय माऽमृतात्
ॐ स्वः भुवः भूः, ॐ सः जूं ह्रौं ॐ।।

विधि–यह सम्पुटयुक्त मन्त्र है। इसका अनुष्ठान सवा लाख मन्त्र जप का माना जाता है। जप का दशांश हवन, हवन का दशांश तर्पण, रुद्राक्ष की माला से जप करना चाहिए। जप समाप्ति पर शिवजी की स्तुति शिव सहस्त्रनाम से भी करनी चाहिए तो अकालमृत्यु का भय जाता रहेगा। यह मन्त्र मृत्युतुल्य कठिन रोगों में तथा आयु वृद्धिकारक अचूक मन्त्र है।

कन्या की शादी के लिए

मन्त्र

सुनु सिय सत्य असीस हमारी।
पुरवहुँ मनोकामना तुम्हारी।।

विधि—इस मन्त्र का जप कुआँरी लड़की किसी शुभ दिन से श्रीराम सीता की फोटो के सामने बैठकर फोटो का षोडशोपचार पूजा कर, धूप, दीप देकर इस मन्त्र की एक माला 41 दिन तक करे तो प्रभु कृपा से शादी सम्पन्न हो जाएगी।

विवाह के लिए सिद्ध मन्त्र

तब जनक पाई वसिष्ठ आयसु। ब्याह साज सँवारि के।।
मांडवी श्रुतकीरति उरमिला। कुँअरि लई हँकारि के।

विधि—इस मन्त्र का उपरोक्त विधि अनुसार ही जप करने प्रभु कृपा से शादी शीघ्र सम्पन्न हो जाएगी।

शादी के सिद्ध यन्त्र

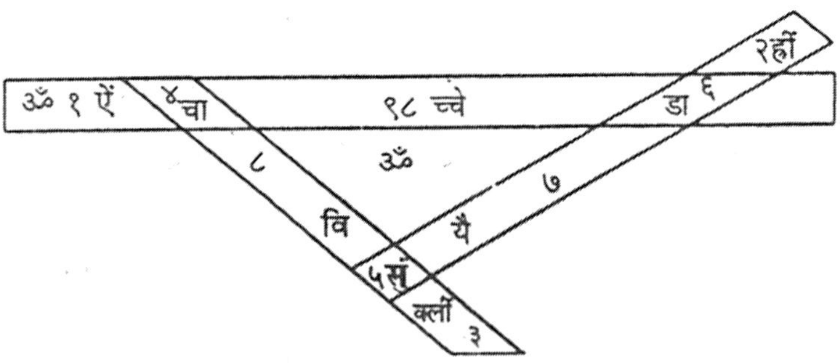

जंजीरा – 33

गर्भ रक्षा के लिए मन्त्र

ॐ नारसिंह वीर, एक पुत्र माड़।
मद्र गर्भ जातो रहे, एक मासियों।
दो मासियों, तीन मासियों, चौमासियों।
पञ्चमासियों, छठमासियों, सतमासियों।
अठमासियों, नवमासियों, दसमासियों।
मान मद्र तेरी शक्ति फुरें।

विधि–इस मन्त्र को सिद्ध करके मौली लेकर या कच्चा सूत लेकर जच्चा के शरीर बराबर 7 बार नापकर सतेवड़ा कर डोरा बनाकर इस मंत्र को बलकर नौ गाँठ लगाकर उसके बाद 108 मन्त्रों से डोरा अभिमन्त्रित करके जच्चा की कमर पर धारण करवा दें तो गर्भ की रक्षा होती है।

गर्भ रक्षा के लिए यन्त्र

ॐ	बृहत्साम	क्षत्रभृद्बृद्ध
वृष्णियं	त्रिष्टुभौजा	शुभितमुग्रीरम्
इंद्रस्तोमेन	पंचदशेन	मध्यमिदं
वातेन	सगरेण	रक्ष

इस ताबीज को सिद्ध करके, केशर की स्याही से भोजपत्र लिखकर मौली या कच्चा सूत लेकर जच्चा के कमर में बांध दें।

गर्भ स्तम्भन के लिए मन्त्र

ॐ नमो आदेश गुरु को।
जय-जय-जय-जय जयकार।
गोरख बैठा घोरूवार।
जब लग राज विभीषण करै।
गौरा कात्या कातना।
ईश्वर बांध्या गंडा।

राखु राखु श्री हनुमन्त बजरंग।
जो छिटका परता।
अंडा दूध पूत।
ईश्वर की माया।
पड़ता गर्भ।
श्री गोरखनाथ जी रखाया।
मेरी भक्ति। गुरु की शक्ति।
फुरो मन्त्र। ईश्वरो वाचा।

विधि–इस मन्त्र को ग्रहण में सिद्ध करके फिर कभी भी काले रंग का धागा लेकर इस मन्त्र से 108 बार शक्तिकृत करके गर्भवती स्त्री की कमर पर बंधवा दें तो प्रभु कृपा से गिरता हुआ गर्भ रुक जायेगा।

गर्भ स्तम्भन के लिए यन्त्र

ओं	ओं	ओं	ओं
ओं	ओं	ओं	ओं
ह्रीं	ह्रीं	ह्रीं	ह्रीं
ह्रीं	ह्रीं	ह्रीं	ह्रीं

नाम स्त्री

विधि–यदि किसी स्त्री को गर्भपात का डर हो तो इस यन्त्र को रविवार मूल नक्षत्र के दिन भोजपत्र पर अष्टगंध की स्याही से लिखकर स्त्री के बायें हाथ पर बाँध देने से गर्भरक्षा होती है।

तन्त्र प्रयोग

जब किसी गर्भवती स्त्री को गर्भ के गिर जाने का खतरा लगे तो वह कुम्हार के हाथों में लगी मिट्टी मँगवाएँ। उस मिट्टी को शहद में घोलकर जीभ पर रखकर सवा पाव बकरी का दूध पी लें तो गिरता हुआ गर्भ भी ठहर जाता है।

सन्तान प्राप्ति के लिए मन्त्र

ऐं नमः ॐ नमो भगवती पद्मे ह्रीं क्लीं ब्लूं त्रिट त्रिट (अमुक) स्त्री अपत्य-हिनाय अपत्य गुण क्षय, सर्वावयव संयुत शोभन सुन्दर दीर्घायु पुत्रं देहि-देहि, मा विलम्बय-विलम्बय रां ह्रीं श्रीं पद्मावती मम कार्यं कुरु कुरु स्वाहा ठः ठः ठः स्वाहा।

विधि–इस सिद्ध जैन मन्त्र से नारियल एक हजार आठ बार अभिमंत्रित कर ऋतु धर्म के अर्थात शुद्ध होने पर स्त्री को खिलावें तो सन्तान की प्राप्ति होती है।

सन्तान दाता सिद्ध यन्त्र

42	41	2	7
6	3	46	45
48	43	7	1
4	5	44	47

दीपावली की रात्रि को अष्टगंध की स्याही से भोजपत्र पर इस यन्त्र की रचना करें फिर पूजा कर ताबीज में डालकर स्त्री को धारण करवा कर तथा पति भी धारण करे। श्रद्धा अनुसार दान पुण्य करें तो प्रभु कृपा से सन्तान की प्राप्ति होती है।

गुम व्यक्ति को ढूंढ़ने के लिए मन्त्र

ॐ नमो आली कालिका काकुड़ी का।
(अमुक) आकर्षण आकर्षण बड़े वेग।
आकर्षण जिण वाटै जाई सोई वाट खीलू।
ॐ श्रीं ह्रीं आकर्षय-आकर्षय स्वाहा॥

विधि—इस मन्त्र की दस हजार आहुति बताशे या शक्कर पर करने से अभीष्ट पुरुष आकर्षित होकर घर लौट आता है। अमुक की जगह गुम व्यक्ति का नाम अवश्य लें।

गुम व्यक्ति को ढूंढ़ने के लिए यन्त्र

48	62	2	12
10	4	56	54
60	50	14	0
6	8	52	58

विधि—आधी रात के समय पाँच यन्त्र बनायें। एक-एक यन्त्र पर सत्तर बार यह कहकर फूँक मारें कि इस नाम का व्यक्ति वापिस आवे। इसके बाद घर के चारों कोनों में एक-एक यन्त्र दबा दें व एक यन्त्र मुख्य द्वारा पर चिपका दें तो गुम व्यक्ति वापस आ जाता है।

संकट निवारण के लिए यन्त्र

8	1	6
3	5	7
4	1	2

यह एक विचित्र पंचदशी यन्त्र है। जिसके प्रभाव से संकटों का निवारण होता है। इस यन्त्र को रविपुष्य योग में लिखकर धारण करें।

सिद्ध तन्त्र प्रयोग

1. कृतिका नक्षत्र में लोहे की अंगूठी बनाकर हाथ में धारण करने से मूठ तथा तन्त्र की गलत नुकसान दायक शक्तियों का भय दूर होता है।
2. आश्लेषा नक्षत्र में धात्री मूल लेकर विधि सहित हाथ पर बाँधने से किसी भी प्रकार का संकट नहीं आता।

सफलता प्राप्त करने के लिए

सिद्ध मन्त्र

प्रभु प्रसन्न मन सकुच।
तजि जो जेहि आयसु देव॥
सो सिर धरि-धरि करिहि।
सबु मिटिहि अनट अवरेब॥

विधि–नित्य इस मंत्र का 1008 बार पाठ करने से साधक के सभी कार्य प्रभु श्री रामजी की कृपा से सफल होते हैं।

कर्ण पिशाचिनी अमोघ मंत्र

ॐ ह्रीं कर्ण पिशाचिनी अमोघ सत्यवादिनी मम कर्णे अवतर-अवतर सत्यं कथय-कथय अतीत अनागत वर्तमान दर्शन-दर्शन एहो-एहो ॐ ह्रीं कर्ण पिशाचिनी स्वाहा।

विधि–लाल चन्दन की एक पुतली बनावे, फिर उसको पुतली के आगे एक पट्टे पर इस मंत्र को लिखकर सुगन्धित पुष्पों से 10, 000 जाप करे तब यह मंत्र सिद्ध होता है। अब यहाँ वा संक्षेप से कहते हैं। शुद्ध होकर सीधे कान को 7 बार इस मंत्र से मंत्रित करे या 108 बार अव्यग वस्त्रैः सुप्पते, जब शुभाशुभ स्वप्न में कहता है या वचन से कहता है। शिवजी के लिंग पर 24 प्रकार श्मशान के अंगारे से (कोयले) लिखे, फिर ज्वर ग्रसित रोगी को उस शिव को दूध से धोकर पिलावे, तो ज्वर से रहित होता है।

उपद्रव मंत्र

ॐ वीर वीर महावीर अजिते अपराजित अतुल बलपराक्रम त्रैलोक्य रण रंग मल्ल गजित भवारि मल्ल ॐ दुष्ट निग्रंह कुरु कुरु मूर्द्धान् मा काम्य सर्व दुष्ट ग्रह, भूत पिशाच

शाकिनी योगिनी रिपुयक्ष राक्षस गंधर्वनर किन्नर महोरग दुष्ट व्याल गोत्रप क्षेत्रप दुष्ट सत्व ग्रहंनि ग्रहाण निग्रहनीया-निग्रहनीया ॐ चुरू-चुरू, मुरू-मुरू, दह-दह, पच-पच, मद्रय-मद्रय त्राडय-त्राडय सर्व दुष्ट ग्रहं ॐ अर्हद्रवद्वीरो अतुलबल वीरो दत्र स्वाहा।

विधि—इस मंत्र से अक्षत 21 बार अभिमंत्रित कर घर में डालने से घर में किसी प्रकार का उपद्रव नहीं होता है।

चामुंडचंडालिनी अमुक मंत्र

ॐ नमो ह्रां ह्रीं श्री चामुंडचंडालिनी अमुक मम नामेण आलिंगय-आलिंगय चंबय-चंबय भग संचय-संचय ॐ त्रों ह्रीं क्लीं ब्लूं सरू सर्व फट् फट् स्वाहा।

विधि—रात्रि को सोने के समय इस मंत्र को 108 बार जपना, फिर पानी को 21 बार मंत्रपूत करके पीना, सोती समय इस प्रकार 23 दिन तक करना, शनिवार से प्रारंभ करना, जिस स्त्री के नाम से जपा जाएगा, वह अवश्य वश में होगी।

गुहिया वैतालाय मंत्र

ॐ गुहिया वैतालाय नमः।

विधि—काली गाय का गोबर जब भूमि पर न पड़े उससे पहले ही रविवार को प्रभात ही अधर ले लेवे, फिर जंगल में एकान्त जगह में जाकर उस गोबर का 4 कंडे बनाना, फिर उसी दिन से नमक रहित गाय के दूध के साथ भोजन करना, उसी दिन से ब्रह्मचर्य का पालन करना, जब शौच लगे तब जंगल में जहाँ कंडे पडे थे वहाँ जा कर एक कंडे पर दाहिना पैर रखना दूसरे कंडे पर बायां पैर रखना, एक कंडे पर शौच करना, एक कंडे पर पैशाब करना, शौच करते समय इस मंत्र का एक हजार जाप करना। इस प्रकार तीसरे रविवार तक करना, जब तीसरा रविवार आवे तब श्मशान की अग्नि लाकर मल वाला कंडा और पेशाब वाला कंडा दोनों को अलग-अलग जलावे, फिर जलाकर दोनों कंडों की भस्म अलग-अलग रख लेवे। जब प्रयोग करना हो तो शत्रु के घर में विष्टा के कंडे वाली भस्म को डालने से शत्रु के घर में खाने पीने की वस्तु में भोजन में सब जगह विष्टा ही विष्टा हो जाएगा, शत्रु भोजन भी नहीं करने पावेगा। जब शत्रु चरणों में आकर पड़े तो पैशाब वाले कंडे की राख को शत्रु के घर में डलवाने से विष्टा होना बन्द हो जाएगा। तब शान्ति होगी।

विष निवारण मंत्र

सर्प भद्रते दूरं गच्छ महाविष: जन्मेजयस्य झीते आस्तिक वचनं स्मर।।1।। आस्तिक वचनं श्रुत्वा यस्सर्प्पोन निवर्त्तते। शतधाभिद्यते मूर्द्धनि शीर्ष फलं यथा।

विधि—अगर सर्प सामने चला आ रहा हो तो दोनों श्लोक रूप मंत्र को पढ़कर ताली बजा देना और सर्प के सामने गिट्टी फेंक देना, सामने से सर्प हट जायेगा, अगर नहीं मानेगा।

ओर जबरदस्ती सामने आवेगा तो सर्प के दो टुकड़े हो जावेगा। सवेरे और शाम को तीन-तीन बार इस श्लोक को नित्य ही स्मरण करे तो सर्प जीवन में कभी भी नहीं काटेगा।

काला भैरव का मंत्र

ॐ नमो काला भैरू कल वा वीर,
मैं तोहि भेजु समदा तीर,
अंग चटपटी मांथै तेल,
काला भैरू किया खेल,
कलवा किलकिला भैरू गजगजाधर में रहे न काम,
सवेरे रात्रि दिन रोव तो फिरै तो जती मसान,
जहारै लोह का कोट,
समुद्र सी खाई,
रात्रि दिन रौवता न फिरै तो जती हणमंत की दुहाई,
मेरी शक्ति,
गुरु की भक्ति फूरो मंत्र ईश्वरो वाचा।

विधि–श्मशान की भस्म को 8 बार इस मंत्र से अभिमंत्रित करके जिसके ऊपर डाल दिया जाय वह उन्मत्त होकर फिरे, यानी पागल हो जाये, भौंकता फिरे।

सरस्वती मंत्र

ॐ ह्रीं श्रीं वद् वद् वाग्वादिनी, सप्त पाताल भेदिनी, सर्व राज मोहिनी, अमुक मम वश्यं कुरु कुरु स्वाहा।

फल : इस मंत्र का 108 बार नित्य ही जाप करने से बड़ा प्रतापी होता है और जगद्वश्य होता है।

ॐ नमो राई रावै,
धनि आघावे,
खारी नोन चटपटी लावे
मिर्च मारि दुश्मनै जलावे
अमुक मेरे पांव पड़ता आवै,
बैठा होयस तो उठावै
सूता होय तो मार जगावै,
लट गहि साटी मार मेरे
बांये पाये तले आनि घाल देखो हनुमंत वीर तेरी आज्ञा फूरै,
ॐ ठः ठः ठः स्वाहा।

विधि—राई, धनिया, मिरच, इन चारों चीजों को मिलाकर इस मंत्र से 108 बार अग्नि में होम करे तो इच्छित व्यक्ति अकर्षित होता है।

नारियल कल्प

द्वि जटी एक नेत्रस्तुः नारिकेलो मही-तले ।
चिंतामणिः समोप्रोक्तं सर्व वांछित-दायक ॥ 1॥
यस्य पूजन मात्रेण समृद्धि कुरु ते सदा।
राजद्वारे जयेप्राप्तेः लाभः आकस्मिके तथा ॥ 2॥
वेशानिपूज्य मानेय दद्यात्यभीष्ट वांछितं ।
प्रज्ञाल नपयध्पाना द्वंध्याज नयतेसुतं ॥ 3॥
गंधाद्रातेनय स्यासु गूढ गर्भप्रसुतये ।
स्वगारेपूजितेयस्मिन् इष्टसिद्धि स्थिरा भवेत् ॥ 4॥
सायुगी तरणे घोरे विवादे नृप वेश्मनि ।
अर्चयेन्नेक नेत्रंयत् अजत्यो जायते पुमान् ॥ 5॥
वृद्धिः अस्ययादिवसायस्य विदेशे पूजनाद्विसः ।
पूजनात्मंदिरे स्वीये क्षुद्रानस्यंत्यु वड़वा ॥ 6॥
शाकिनी भूत प्रेतादि क्षेत्रपाल पिशाचकाः ।
मुद्गलादि महादोषाः क्षयं यांति क्षणे नते ॥ 7॥
सर्व शांति भवे यस्मिन् मही तेज गती भले ।
आयु वृद्धि महासिद्धिः तीव्र बुद्धि समुद्भये ॥ 8॥
ॐ ह्रीं क्लूं स्वरूपाय क्लीं च कामाक्षये नमः ।
स्वस्ति त्रैलोक्य नाथाय सर्वकाम प्रदाय च ॥ 9॥

सर्वात्मगूढ मंत्राय नालिकेरेक चक्षुषेविना मणि समानाय प्रसस्याय नमो नमः।

ॐ हीं श्रीं क्लूं एकाक्षराय भगवती स्वरूपाय सर्व युगेस्वराय त्रैलोक्य सर्व-काम प्रदाय नमः।

विधि—अनेन मंत्रेण चैत्राष्टम्यां युक्त कुसुमैवा 108 लक्ष्मी बीज जप पुरस्सर गृहे पूजयति तस्यस वर्थि भीष्ट सिद्धिर्भवती। एतस्य प्रक्षाल नोद केन वंध्या सुतं जनयति। ऋतु रमांनानतरं एतस्य गंधा ढातेन गूढगर्भा प्रसूतय। गृहे पूजिते सर्वा भिष्टार्थ सिद्धि स्थिरा भवति। एतस्य पूजना द्वादेव्यवस्थिपिते व्यवसाय वृद्धि र्भवति। इदं माया बीजंपूर्व स्वेत पुष्प 108 पूजनात् गृहे गोणया उपद्रवो न स्यात्। एतस्य पूजनात् गृहे शाकिनी भूत प्रेत पिशाच क्षेत्र पालादि दोषों न भवति। एतस्य गृहे पूजनात् क्षुद्रांप द्रवानस्युः। एतस्य पूजनात् सर्व शांतिर्भवति। एतस्य गृहे पूजनात् मुद्लाद्याः सानिध्यः करा भवन्ति, किं बहुनायस्यैक नेन्नंद्विजटी सषकं तं नारिकेलं कृति सास्ति गेहे।

नक्षत्र-कल्प

1. **अश्विनी नक्षत्र** में अर्ध रात्रि को नग्न होकर अपामार्ग की जड़ को लावे, फिर कण्ठ में धारण करे तो राज सभा वश होय।
2. **भरणी नक्षत्र** में संखा होली की जड़ लावे, ताबीज में रखे (पर) स्त्री वश में होय।
3. **कृत्तिका नक्षत्र** में रोहिस की जड़ लावे, पास रखे तो अग्नि नहीं लगे।
4. **रोहिणी नक्षत्र** में अर्ध रात्रि में नग्न होय, नेगद बावची की जड़ लावे और पास रखे तो वीर्य चाले नहीं।
5. **मृगशिरा नक्षत्र** में महुवा की जड़ लावे तो रात्रि में चोरी नहीं होय।
6. **आद्रा नक्षत्र** में अर्क की जड़ लावे, ताबीज में डालकर पास रखे तो, झूठी बात सच होय।
7. **पुनर्वसु नक्षत्र** में मेहंदी की जड़ को लेकर पास रखे तो अपने शरीर में अच्छी सुगन्ध आती है।
8. **पुष्य नक्षत्र** में नागरवेल की जड़ लेकर पास रखे तो, दुष्ट वाक्य से कभी भय नहीं होता है।
9. **आश्लेषा नक्षत्र** में धतूरा की जड़ लेकर देहली में रखे तो, सर्प घर में आने का भय नहीं रहता है।
10. **मघा नक्षत्र** में पीपल की जड़ लेकर पास रखे तो रात्रि में दुस्वप्न नहीं आते हैं।
11. **पूर्वा फाल्गुनी नक्षत्र** में आम की जड़ लाकर दूध में घिसकर पिलाने से बांझ स्त्री को पुत्र की प्राप्ति होती है।
12. **उत्तर फाल्गुनी नक्षत्र** में नीम की जड़ को लाकर पास रखे तो लड़की से लड़का होता है।
13. **हस्त नक्षत्र** में चम्पा की जड़ लाकर गले में बांधने से भूत प्रेत नहीं लगता।
14. **चित्रा नक्षत्र** में गुलाब की जड़ लेकर पास रखे तो शरीर में नष्ट नहीं होता है।
15. **स्वाति नक्षत्र** मे मोगरा की जड़ लेकर भैंस के दूध में घिस कर पीने से काले से गोरा होता है।
16. **विशाखा नक्षत्र** में बबूल की जड़ को लाकर पास में रखे तो नित्य ही चोरी करने पर प्रकाशित नहीं होता है।
17. **अनुराधा नक्षत्र** में चमेली की जड़ को लाकर सिर पर रखे तो शत्रु मित्र हो जावे।
18. **ज्येष्ठा नक्षत्र** में जामुन की जड़ को लाकर पास रखे तो राजा के द्वारा सम्मान को प्राप्त हो।

19. **मूल नक्षत्र** में गूलर की जड़ लेकर पास रखे तो दूसरे का द्रव्य मिले।

20. **पूर्वाषाढ़ा नक्षत्र** में शहतूत की जड़ लेकर स्त्री को पिलावे तो योनि संकोच होती है।

21. **उत्तराषाढ़ा नक्षत्र** में कलगरामा की जड़ लेकर हाथ में बाँधे तो पहलवान से युद्ध में जीते।

22. **श्रवण नक्षत्र** में आवंली की जड़, नागरवेल के रस में पीवे तो स्त्री नव यौवनवान हो।

23. **धनिष्ठा नक्षत्र** में बबूल की पत्ती अंजन आँख में करे तो सोना, चांदी की परीक्षा में सफल होय, यानी परख ज्यादा करे।

24. **शतभिषा नक्षत्र** में केले की जड़ लेकर शहद के साथ पीवे तो चाप न होय।

25. **पूर्वाभाद्रपद नक्षत्र** में तुलसी की जड़ लेकर मस्तक पर रखे तो मुरदा कभी नहीं जलता है।

26. **उत्तराभाद्रपद नक्षत्र** में पीपल कर जड़ लेकर पास रखे तो चतुर मनुष्य युद्ध में जीत कर आता है।

27. **रेवती नक्षत्र** में बड़ की जड़ लेकर जाये माथे पर रखे तो दृष्टि चौगुनी होय। यानी अगस दृष्टि होती है।

अन्य प्रयोग

- हिंगुल 18 तोला, अभ्रक 32 तोला एकत्र कर रुद्रवती के रस में घोट कर चांदी के पत्ते पर लेप कर पुट दीजे तो सुवर्णा होता है।
- शत्रु की विष्ठा मनुष्य की खोपड़ी में भर कर एकान्त वन में गाड़ देने से ज्यों ज्यों गड़ी विष्टा सुखेगी त्यों-त्यों शत्रु मरेगा।
- क्रकलास की वसा का तेल 1 बिंदु भी जिसके ऊपर डाल दिया जाए वह मर जाएगा।
- तुलसी के बीज का चूर्ण सहदेई की जड़ के रस में रविवार के दिन घिस कर तिलक लगाने से मोहित होता है।
- हरिताल और असगंध को केला के रस में गोरोचन सहित घिस कर तिलक लगाने से मोहित होता है।
- शृंगी, चन्दन, वच, कूट ये चारों चीज की धूप बनावे फिर अग्नि में उस धूप को डाल कर अपने शरीर में धुआं लगावे और अपने मुख में भी धुआं लगाने से और वस्त्र में धुआं लगाने से राजा प्रजा पशु पक्षी जो देखे सर्व मोहित हो। पान की जड़ का तिलक करने से मोह नहीं होता।

- मैनसिल, कपूर, कोकेला के रस में घिस कर स्नान करे और तिलक करे तो मोह न होय।
- भंगराया, चिचिड़ा, छुइमुइ, सहदेई, इन चारों चीजों का तिलक लगाने से मोह न होता है।
- डमरू के फूल की वाती नैनु के साथ रात्रि को जलाय काजल उपाड कर अंजन करे तो मोह न होता है।
- सफेद घुंघची का रस ब्रह्मदंडी के साथ घिसकर शरीर में लेप करने से मोह नहीं होता है।
- सफेद दूब के रस में हरिताल को घिस कर तिलक लगाने से मोह नहीं होता है।
- सफेद अकुआ की जड़ और सफेद चन्दन को घिस कर तिलक लगाने से मोह न होता है।
- वेलपत्र छाया में सूख कर, कपिला गाय के दूध में घिस कर तिलक लगाने से मोह नहीं होता है।
- भांग के पते, सफेद सरसों, इन दोनों को कुट कर शरीर में लेप करने से मोह नहीं होता है।
- सवर्ण माक्षिक 8 माशा, पारा 4 माशा, तांबा 4 माशा, सुहागा 4 माशा, इन सब चीजों को एक साथ गलाने से शुद्ध चांदी होती है।
- शुद्ध गन्धक को प्याज के रस में 108 बार तपा कर भुजावे तो, फिर उस गन्धक को चांदी के पत्ते पर गलावे तो सोना होता है।
- मेनशिल, सिंधव, गोरोचन, भृंगराज के रस में इन चीजों को घिस कर वाम हाथ पर, जिसको वश करना चाहे, उसका नाम लिखे, फिर अग्नि में तपावे तो वशी होता है।
- हस्त नक्षत्र रविवार के दिन अंधाहुली को लेकर राजा के माथे पर डाले तो राजा वश में होता है और दुष्ट व्यक्ति भी स्नेह करने लगता है।
- अधोमुखा च जला च स्वेता च गिरी कर्णिका गोरोचन समीयुक्तं, तिलकं विश्व मोहनम्।
- चिता भस्मं विषं युक्तं, धतुरं चूर्ण मिश्रितं, यस्यांगे विक्षिप्ते सद्योजातीय मालयम्।
- मनुष्य की हड्डी का चूर्ण, जिसको पान में रखकर खिला देवे तो, मनुष्य मर जाता है।
- भरणी नक्षत्र मंगलवार को चिता की लकड़ी लेकर आवे, शत्रु के दरवाजे पर गाड़ देवे तो शत्रु शीघ्र मर जाता है।

- काले सांप की वसा, कांचली की बत्ती बनाकर धतूरे के तेल में भिगोकर, दीपक जलावे फिर मनुष्य की खोपड़ी पर काजल उपाड की और चिता की भस्म, पाँच प्रकार का नमक इन सब चीजों को सम भाग मिलाकर जिसके ऊपर डाल देवे वह मर जावे।
- बीच्छू का मांस और कंटक का चूर्ण कर जिसके ऊपर डाल देवे वह मर जायेगा। अमावस के दिन चिता की भस्म से यन्त्र लिखकर चिता में ही डाल देवे तो शत्रु मर जाये।
- उल्लू की विष्टा और विष को मिला कर जिसके अंग पर डाल देवे वह शीघ्र मर जाता है।
- गधे का विष्टा और विष दोनों को जिसके ऊपर डाल देवे वह, शीघ्र मर जावे।
- धौली (सफेद) चिणोठी, (गुंजा) सफेद रीगणीं, (सफेद भट कटैआ) की जड़ लेकर चूर्ण करे फिर मनुष्य की खोपड़ी पर काजल उपाड़ कर नेत्र में अंजन करने से अदृश्य होता है।

नागार्जुनप्रणित अन्तर्ध्यान विधिः प्राचीन पाण्डुलिपि से उद्धृत

1. सफेद सुरमा 1, सेवार कंटक 1, सोना मुखी 1, जेठी मध 1, ये चारों वस्तु बराकर लेकर कन्या के प्रथम मासिक धर्म के रक्त में गोली बनावे, उस गोली को सोना, चांदी के ताबीज में डाल कर उस ताबीज को मुंह में रखे तो मनुष्य अदृश्य होता है।
2. शुक्ल एक रंग की बिल्ली को तीन दिन भूखी रख कर चौथे दिन कपिला गाय के घी को खिलावे, तब बिल्ली तत्काल उलटी करेगी उस घी को लेकर, कपास के फल में से रूइ निकाल कर उसकी बत्ती बनावे दीपक जलावे मनुष्य की खोपड़ी पर काजल उपाड कर नेत्र में अंजन करे तो अदृश्य होता है।
3. **शिवालयेतु कन्यार्क, शिलायां शिलया सहः, ललाटे तिलकं दत्वा, दृश्यो भवति तत्क्षणं।**
4. लोद्र विभितिक, आमलक, वा रूई के फूल, इन सबको चतुथसि जल घोटे औरी आँख में अजंन करे तो आँख में फूला का नाश होता है। रात्रिघतां का नाश होता है।
5. पिंडी, तगर की जड़, गोरोचन के साथ ताम्बे के बर्तन में रगड़ कर आँख में आंजने से अक्षिपुष्पं नाशयति याने आँख का फुला नष्ट हो जाता है।
6. लाल चन्दन, मिरच, सम भाग लेकर पानी में पीस कर लेप करने से विस्फोटक का नाश होता है।

7. गडुची, हरिद्रा, दूर्वा, धूर्य से, समभाग, गुटिका कियते मे सर्व ब्रणोपशमं करोति प्रलेपन।

8. रवि के दिन सफेद कनेर की जड़ को लेकर कुसुम्भ डोरे से बांध कर वाम हाथ में बांधने से (मर्कटिका) का नाश होता है।

9. तुलसी के पत्ते को छाया मे सुखा कर चूर्ण करे, असगंध और भांग का बीज सम भाग मिलाकर कपिलाधाय के दूध में घिस कर गोली बनावे, उस गोली का तिलक लगाने ये मोह नहीं होता है और उस गोली की शस्त्र में लेपन करने से शत्रु की सेना उस शस्त्र को देख कर ही भाग जाती है।

10. विष्णु कांता का बीज में से तेल निकाले यन्त्र से, फिर उस तेल में विष भी मिलावे तेल और अफीम, गंधे का पेशाब, धतुरे का बीज का चूर्ण, हरताल, मेनसील, गन्धक इन सब को लेकर घोटकर पाँच छटांक का गोला बनाकर रख लेवे जब युद्ध का काम पड़े तब अपने शस्त्र पर उस गोले का लेप कर युद्ध में जावे तो शत्रु की सैन्य उस शस्त्र को देखते ही भय भीत होकर भाग जावे, और अपने पर दूसरों का शस्त्र चल नहीं सकता है।

11. श्मशान की राख को 1 मिट्टी के बर्तन में भरकर शत्रु का नाम लेकर नील के रंग में रंगे हुये डोरे से उस बर्तन को बांध कर गाड़ देवे तो शत्रु की सैन्य का स्तंभन हो जाता है।

12. ऊंट की हड्डी 4 अंगुल प्रमाण कील जहां गाड़े वहां गाय भैस नहीं जाती है, उनका स्तंभन हो जाता है।

13. रजस्वला स्त्री का कपड़ा और गौरोचन, दोनों चीज को लेकर शत्रु का नाम लेकर गड़े में डालने से शत्रु का स्तंभन हो जाता है।

14. दो इंट श्मशान की आग सहित लेकर जंगल में गाड़ देवे तो मेघ का स्तंभन होता है।

15. **मूलं गृह्णाति मधुकं, पिष्टानिशि समाचरेत्। निद्रास्तंभन मेतद्धि, मूल देवेन भाषितं। भरवा क्षीर कण्टानां कील पंखगुलिक्षिपत्नौकास्तंभन मेतन्मूलदेव न भाषितं।**

16. **रविवार** के दिन सती होने वाली स्त्री की चिता में इंट धर आवे फिर तीसरे रविवार जाकर उस इंट को ले जिसके घर में डाल दे अथवा खोद दे तो उसके घर में पत्थर बरसने लगते हैं।

17. उल्लू का पित्तो और कालि जो, श्मशान की भस्म, गाय की लूणी, इन सब चीजों को मिलाकर गोली बनावे उस गोली को सोने या चांदी के ताबीज में भर कर पास रखे तो अदृश्य होता है। स्वयं सबको देखता है और स्वयं को कोई नहीं देख सकता।

18. अश्विनी नक्षत्र में घोड़े की पांव की हड्डी 4 अंगुल प्रमाण शत्रु के घर में फेंकने से शत्रु के कुल का उच्चाटन हो जाता है।

19. उत्तरा भाद्रपद नक्षत्रे स्वान (कुत्ते) की पांव की हड्डी अंगुल पाँच जिसके घर में डाल दिया जाए, वह चक्षुहीन हो जाता है।

20. **वालउनागवोलिप पुनः पत्राणि गृह्याणि जलेन घृष्टवापीयते भ्रूणो न भवति।** हींगु, सिधव, का काढा बना कर पीने से (गर्भो न भवति)।

21. श्वेतगिरी कर्णिका की जड़ को योनि में डालने से गर्भ का नाश होता है।

22. मधु, कर्पूर, पदै पूगीफलं पूरयित्वा सूरत सूभयेभक्षयत (पुत्रो भवति)

23. पार्श्वपिप्पल फलानि एक वर्णे गो दुग्धेन प्रस्तावे स्त्रियः पानेदात् व्यानी (पुत्रोत्पत्ति कृत)

24. काकजंगा की जड़ को एक वर्ण की गाय के दूध में पीवे, निश्चित की गर्भ रहे।

25. भृगराज रस, पली 1 (एक छटांक) कांच कर्पूर गठियाणउ 1 (कपूर) गांठियउ 1 ऋतु स्नाने दिन त्रयंसत्रीपायतेत्तछिनत्रये श्वेत वर्ण गो दुग्धक्षीरेयी भोजनं कार्य अन्यकेकिमपिन भोक्तव्यं पुत्रोत्पत्तिर्भवति दृष्टप्रत्ययः।

26. मातुलिंग (बिजोरा) के बीज की दूध के साथ 2 खीर बनाकर घी के साथ पीवे तो स्त्री को निश्चित ही गर्भ रहे किन्तु ऋतु समये तीन दिन खाना चाहिए।

27. गेरू (ही-डमीस) विद्रंग, पीपली, समभाग लेकर पीसे फिर संभोग के समय पान करने से स्त्री गर्भवान होती है।

28. **रविवारे अष्टमी** निशीथ समसे वाटिकायां जाती पत्र सरडक मेकं गृहीत्वा एक वर्ण गोक्षीरेण सहपीयतेरितु समये गर्भधारयति।

29. वासकं, त्रिफला, शर्करा, मुलेठी, को समभाग लेकर पीसकर रितु समय में यदि स्त्री पीये तो गर्भवती हो।

30. श्वेत रींगणी **मूलं पुष्य नक्षत्र** में लेकर एक वर्ण की गाय के दूध में पीवे तो वन्ध्या भी पुत्रवान होती है।

31. मयूरशिखा की जड़ को दिन 3 दूध के साथ पीने से स्त्री पुत्रवान होती है। लक्ष्मण भाग 3 उभयलिंग भाग 4 विरहाली भाग 6 सब एकत्र करके गाय के दूध में पीसकर ऋतु समय में स्त्री को पिलाने से पुत्र होता है।

32. श्वेत पुनर्नवा मूल को दूध के साथ घीसकर पिलाने से स्त्री को गर्भ रहता है।

33. तिल चूर्ण गोक्षुर चूर्णपतौ समभाग करके बकरे के मूत्र में काथ करे जब काथ ठंडा हो जाय तब माक्षिक के साथ खिलाने से नपुसंकता का नाश हो जाता है।

34. **उदस्ट्र हवड मध्ये मानुषास्थि प्रक्षिप्य मिथुनस्य शिरोदेशे स्थापयेत् रेतः स्तंभो भवति।**

35. **यस्यलिंगं पाषाण निरोधोभवति (जिसके मूत्राशय में पथरी हो) तस्य (कालानमक) कृष्णलवणेन सहसुरापानं दीयते साम्यतं जति।**

36. **अपकतिल नाल भस्म गृहीत्वा दुग्धेन माक्षिकेन सहपानं दीपतेस एव पाषान लिंगपीड़ां नाशयति।**

37. संखाहुली की जड़ और गाय का शृंग (सींग) को बांधने से स्तन रोग का नाश होता है। काक जंगा की जड़ ओर उपलउ (पाषाण) दोनों को जल के साथ पीस कर नस्य दे अथवा पिलावे तो सर्प का जहर उतर जाता है।

38. कविट्ठ की जड़, नमक और तेल इनको पीलाने से बिच्छु का जहर उतर जाता है। तिल की जड़, अनार की छाल, समभाग लेकर ठंडे जल से पीस कर गुटीका बनावें पीलावें बीच्छू के जहर का नाश करता है।

39. **वंध्याकर्कोटिका सर्प दृष्टस्य जलेन घर्षिसित्वामध्येपानं तस्यं च देयं भद्रो भवति।**

40. गुंगची की जड़ को (पांव तले) बांधें तो व्यवहार में अपराजित होता है यानी उसको कोई जीत नहीं सकता है।

41. **कुंदमूलं पुष्येणोत्पाद्य प्रसारकें धर्तव्य प्रभूतक्रिया भवन्ति।**

42. **कृष्णा निर्गुंडी का मूलं मागसिर मद्यि पुष्यार्के उत्पाद्य तस्मिनवदिने मूले श्वेत सर्प पार्श्व ग्रंथौ वध्यंतेहदेव्यवहारो धनी भवति दृष्ट प्रत्यय।**

43. काक जंगाहाथ में बांधने से सर्व प्रकार के ज्वर का नाश होता है।

44. पिटारी, (कांकश्री) की जड़ को संध्याकाल में लेकर कमर मे बांधने से हर्ष रोग (मस्सा) का नाश होता है लेकिन जड़ को चौदश के दिन दीप धूप विधान से लेवे।

45. उपरोक्त औषधि की लकड़ी अठारह अंगुल प्रमाण लेकर (दंतपवनेन) तो सर्वप्रकार के ज्वर का नाश करता है।

46. **विशाखा नक्षत्र** में पिंडी तगह की जड़ को चावल के पानी के साथ पीने से स्त्रियों का रक्त स्राव, बन्द हो जाता है।

47. इमली के बीज 2, बहेड़ा के बीज 2, हरड़े का बीज 2, इन बीजों की गुटिका बनाकर पानी के साथ आँख में अंजन करे तो (तिमिर गच्छति) ज्योति ज्यादा बढ़ती है।

48. काक, पारावत, मयूर, कपोतना, विष्टागृह्यते, तत्पश्चात, खर (गधा) रुधिर सहिता निगडानि लपयेन् तत्क्षणत्रुटयन्ति।

49. सियाल के आँख का चूर्ण अपने आँख (नेत्र) में अंजन करने से रात्रि में बड़े बड़े भूत नजर आते हैं उन भूतों से नहीं डर कर जो उनसे इच्छा करे वही चीज भूत लोग लाकर देते हैं।

50. **मनुष्य करोडि अर्कत्ल सत्कदीवरि महिषी सत्क नवनीतं दीपे प्रज्वाल्य मीषपाततेहं क्रियतेऽदृश्यो भवति।**

51. बिल्ली की जरा को (जो बच्चा पैदा होने के समय निकलती है) त्रिलोह के ताबिज में डाल कर पास रखे तो अदृश्य होता है।

52. **मुखे निलोत्पलं नाल, केशरंश्वेत पद्मिनिपुष्पं मधु शर्कराघृतेन नाभिलेपोदीयतेवीर्य** स्तम्भ छीत प्रोई गृहीत्वा छो हरि दुग्धेन भावयित्वा पादौलेपयेत् वीर्य स्तम्भः।

53. श्वेतसर पंखा की जड़ को नाभि पर लेप करने से वीर्य का स्तंभन होता है।

54. **मयणु मयण हलु मणसिल एकीकृत्य लिंग लेपयेत वीर्य स्तंभो भवति।**

55. श्वेतसरपंखा की जड को कमर में बांधने से और दक्षिण जंघाप्रदेश में स्थापित करने से वीर्य का स्तंभन होता है।

56. श्वेत पुनर्नवा की जड़ को दूध के साथ पिलाने से स्त्रियों को गर्भ रहता है। सांवलि (साल्मली) (सेमर) काष्टपादुका: क्रियन्ते वज्रापरिवृत्ते मुक्रवाणिमध्ये प्रक्षिप्य लेपोदिय ते अलग पादुकाभिः चक्रम्यते।

57. सफेद कनेर की जड़ को रविवार के दिन लाकर कुशुभं रंग के डोरे में वामहस्त में बांधने से (मर्कटिका) रोग नष्ट होता है।

58. **कोलिका गृहद्रय मुत्याद्य सूक्ष्म व स्त्रैण वेष्टियित्वा तैलेन स्निग्धं कृत्वा शराबे (कोरा मिट्टी का घडा पर) कज्जलं पात्यते तेनाक्षि अजंयेत् एकांतर, द्वयंतर, चातुर्थिक ज्वरनाशयति। गोघृतेन दीपकं तस्य दीपकस्य शिखायां सूची का पोई (सुई पीरोना) अरीवादइ नीयं, गोस्त्क माथुअरीवा घर्षणीय जीरकं मगध, पिंपल, नमक सेंधा, मध्ये घर्षणीयं ताम्र भाजने घर्षणं कर्तव्यम् अक्षिरोगी नश्यति।**

59. सरसों, हिंगुल, नीम के पत्ते, वच, सांप की कांचली, की धूप बनाकर खेने से शाकिनी का उच्चाटन होता है और सर्व प्रकार की ऊपरी की बाधाएँ दूर होती हैं।

60. वणिमूलं, हिंगुल, सुंठि, इन सब चीजों को बराबर मात्र में लेकर पानी के साथ पीसकर सुंघाने से शाकिन्यो नश्यन्ति।

61. **बहेड़ा बीज, सैंधव, शंखनाभि सममात्रा चूर्णेन अक्षिभरणं चक्षुफुल्लोपशमः।**

वंदा कल्प

नंदिषेणाचार्य कृत

वंदाकल्पं प्रवक्ष्यामि नन्दिषेण मुनि भाषितं, यस्यविज्ञान मात्रेण, सर्वसिद्धिः प्रजायते। एक वृक्ष की शाखा में दूसरे वृक्ष की शाखा उग जाये तो उसे वंदा (बन्द) कहते है इसका

तान्त्रिक दृष्टि से बड़ा महत्त्व है। यहां अलग-अलग वृक्षों के बन्दा को अलग-अलग नक्षत्र में गृहण करने पर क्या फल मिलता है। इस पर मूल संस्कृत साहित्य ज्यो का त्यों उद्घृत किया जा रहा है।

- **अश्विनी नक्षत्रे** पलास (डाक) वंदा संगृह्यहस्ते कृत्वा सर्पभयं निवारयति। भरणी नक्षत्रे आंयिली (इमली) बां आंवल, वंदा संगृह्य हस्ते बध्वा संग्रामेराजकुले अपराजितो भवति सर्वजन प्रियोभवति और इसी नक्षत्र को, कुश, वंदा संगृह्यद्रव्य रार्शावाध्रियते अक्षयो भवति।
- **कृतिका नक्षत्रे** वंध्या कर्कोटी मूलं उत्तराभिमुखोभूय उत्पाद्यते हस्ते वध्यते सर्व प्रकारस्य ज्वरं यान्ति और इसी नक्षत्र को तुबंरि (उंबरि) वंदा संगृह्य दुग्धेन सहपिवेत् महापुष्टिकारकः भवति।
- **रोहणी नक्षत्रे** विल्बवंदागृह्यहस्ते वध्यते सर्वदोषग्रहान् निवारयति। मृगशिरानक्षत्रे शंखपुष्पिमूलं दक्षिणाभिमुखी भूत्वा उत्पाट्य कर्णे दत्वाफूंकिते वृश्चिकविषं नाशयति।
- **आद्रानक्षत्रे** जातिमूलं वायव्यभि मुखीभूय उत्पाट्स हस्ते वध्वा सर्वजल प्रिय भवति। इसी नक्षत्र में जाति मुनं वाय व्याधि मुखं भूय उत्पादय ल्हिसोडा वंदा संगृह्य द्रव्यमध्ये धान्यराशोवा स्थापयेत् अक्षयो भवति।
- **पुनर्वसु नक्षत्रे** मंदार (अकौआ) वंदा संगृह्य हस्तेवंध्वा सर्व ज्वरं नाशयति। इसी नक्षत्र में कंटिका मूलं नैऋत्याभिमुखी भूय उत्पाट्यते बीजंकृत्वा हस्ते वध्वा सर्व जनप्रियो भवति। इसी नक्षत्र में वट वंदा बीजं कृत्वाया स्त्रीऽपुत्रिणी भवति स तस्याः पुत्रे भवति। पुष्य नक्षत्रे श्वेतार्कमूल संगृह्य राजा सन्मुखंराई सहितंसहस्र जापं कृत्वाऽग्नि मध्येहोमं कारयेत् सप्तरात्रेण उच्चाटयति।

  इसी नक्षत्र में कुशवंदा संगृह्य कटिवध्वा षोडश कन्या रमते।
- **आश्लेषा नक्षत्रे** पुनर्नवा मूलं ईशानदिशाभिमुखी भूय उत्पाट्यते बीजं क्रियते सर्व कर्माणि करोति विषं नाशयति।
- **मघानक्षत्रे** मदारक मूलं पूर्वाभिमुखी भूयोत्पाद्यते सर्वकर्माणि करोति। यदाविनाय ऋकुरिमस्तके प्रक्षिप्यते पूज्यते, तदा मनशिंचतितं कार्यं भवति।
- **मघानक्षत्रे** मधुवंदा संगृह्य क्षेत्र मध्ये तथा चतुःकोणे स्थापयेत् मूषकायान्ति।
- **पूर्वाफाल्गुनि नक्षत्रे** दाडिम (अनार) वंदाहस्ते वध्वाज्वरं नाशयति।
- **उत्तराफाल्गुनि नक्षत्रै** उंवरि मूलं (तुंव) उत्तराभिमुखो भूयत्पाट्यते हस्ते वध्वा सर्वकार्याणि करोति।
- **चित्रानक्षत्रे वदरी** (बैर) वंदाहस्तेवद्धा संग्रामे राजकुले अपराजितो भवति।
- **स्वाति नक्षत्रे** घातकी वंदा हस्ते वध्वा यास्त्री रमते सा वश्या भवति।

- **विशाखा नक्षत्रे** वोरि वंदा संग्रह्यवणिजे, दूते, (जुए में) अपराजितो भवति।
- **अनुराधा नक्षत्रे** आंविली (इमली) वंदा संगृह्य यः स्पर्शते स वश्यो भवति।
- **ज्येष्ठा नक्षत्रे** मधूक, नींव, कपिथ, वंदा संगृह्य यः स्पर्शते सवश्यो भवति।
- **मूलनक्षत्रे** खदीर वंदाय अस्य गृहे घ्रियते सवश्यो भवति।
- **पूर्वाषाढा नक्षत्रे** अमिलोडवंदा अजाक्षिरेण सह यः पिवतितस्य वातरोगं नाश यति।
- **उत्तराषाढा नक्षत्रे** मंदारक वंदाहस्ते वध्यते सर्व जनप्रियो भवति।
- **श्रवणनक्षत्रे** कमोलिवंदाहस्ते वध्वा सर्वेषां विषं नाशयति।
- **धनिष्ठा नक्षत्रे** बबूल वंदा कटिं वध्वा हरिषां (बवासीर) नाशयति।
- **शतभिषा नक्षत्रे** कंकोलिका वंदा अजाक्षीरेण सहपीवेत् कुष्टयन्ति। इसी नक्षत्र में शंखपुष्पी मूल उत्तराभिमुखी भूयोत्पाट्यते पीष्यते स्त्री रितुकाल दिन 3 क्षीरेण सहपीवति सा स्त्री पुरुष सहैव गर्भवति भवति।
- **पूर्वाभाद्रपद नक्षत्रे** चंपकवंदा (चंपा) संगृह्य तिलकं कृत्वा सं इच्छति भवति। उत्तराभाद्रपद नक्षत्रे पलासं (ढाक) वंदासंगृह्य क्षीरेण सहपीवति वंध्या पुत्रं प्रशवति।
- **रेवती नक्षत्रे** अश्वत्थ वंदकं संगृह्य हस्ते बध्वा लोकेश्वर पुत्रं जनयन्ति।

अथ कलकोशं प्रवक्ष्यामि

धनवंतरी कृत

श्वेत अपराजिता, मूलं नाश्यदेयं सर्वग्रहं नाशयति।
वंध्या ककोडी मूलं तंदुलोद केनसह पीषयेत् सर्वविषं नाशयति।
श्वेतगिरी कर्णिकामूलं नाश्यदेयं शिरोरोगं नाशयति।
मयूरशिखा मूलं कर्णेबध्वा चक्षुरोगं नाशयति।
अपामार्ग मूलं भृंगराज संयुक्तं हस्तेबध्वा सर्व जनप्रियो भवति।
शरपंखा मूलं हस्ते बध्वा सर्वज्वरं नाशयति।
कासमद्दकामूलं तंदुलोद के नसह पीवत् निद्रा नाशयति।
अपामार्ग मूलं तंदुलोदकेन सहपिवेत काम्बलं नाशयति।
तुलसीमूलं कर्णेवध्वा चक्षुरोगं नाशयति।
मूंडिमूलं कर्णेवध्वा शिरलेपोदीयते शिरवायो नाशयति।
वालामूलं हस्ते वध्वारात्रि ज्वरं नाशयति।
सिविलमूलं कर्णेवध्वा एकोत्तरशत ज्वरं नाशयति।
बहेडामूलं कर्णेवध्वा सर्व ज्वरं नाशयति।

श्वेतार्कमूलं कर्णेवध्वा सर्वविषं नाशयति।
शंखपुष्पिका मूलं पुष्य नक्षत्रे उत्पाट्य हस्तेवध्वा सर्वज्वरं नाशयति।
श्वेतगुंजा मूलं मुखे प्रक्षेप्यः कालसर्पोवारयति।
गुडौचीमूलं हस्तेवध्वा सर्व सहस्त्रांक्षी भवति।
उंट कटालां मूलं मूखेप्रक्षेप्यं सर्वलोकानां स्तंभयति।
च मूलं गुर्विणी संपेठ उत्परे धारयति सुखं शीघ्र प्रसवो भवति।
दूधिका मूलं कर्णेवध्वा वेलाज्वरं नाशयति।
गोखुरीका मूलं कंठे वध्वा उष्ण वातं नाशयति।
सुहंजण मूलं कर्णेवध्वा वेलाज्वरं नाशयति।
कटशेलुवा मूलं वध्वा ज्वरं नाशयति।
दम्पणा मूलं कर्णे वध्वा अग्नि उदीपयति।
श्वेत ऐरंड मूलं कटिवध्वा श्रुकं नाशयति।
जोडासीयनी चूर्ण कृत्वा मुखेपीणंदीयतै मरी नाशयति।
सतावरी मूलं हस्ते वध्वा महावलं भवति।
उंट कटाला मूलं तंदुलोदकेन लेपोददाति गंडमाला नख प्रमाणे नाशयति।
काक जंगामलं करे वध्वा क्षयं नाशयति।
कंठ सेलुआ मूलं करे वध्वापीत ज्वरं नाशयति।
श्वेत कटाइ मूलं पुष्य नक्षत्रे उत्पाटयेत् एक वर्ण गोक्षीरेण सहपिबेत वंध्यायापुत्रो भवति।
पलास मूलं खारं हरिताल चूर्ण, प्रलेयेत् रोमनाशयति।
जाति मूलं, तंदुलोदकेन, सहपिवेत्, वातज्वरं नाशयति।
आत्मश्रु क्रेण स्त्रिया वामपादं लिप्यते शीघ्रं वंशी भवति।

अयलजातु कल्प

शनिवार संध्या को जहाँ छुइमुइ (लजालु) का पेड़ हो वहाँ जाकर 1 मूट्ठी चावल, सुपारी रखे, फीर उस पेड़ को मोली धागा बांधे, अपनी छाया पेड़ पर नहीं पड़ने दे, सवेरे तुमको अपने घर ले जाएंगे, ऐसा कहे। फिर प्रभात ही पिछली रात को जाकर छाया रखकर उस पेड़ को उखाड़ लावे, उखाड़ते समय इस मंत्र को 21 बार पड़े ॐ भूः भूव मम कार्यं प्रत्यक्षं भवतु स्वाहा। फिर जिसको वश करना हो उसके घर में रखवा दे तो वह वश में हो जाता है। लजालु पंचांग 1 छटांक, घी 2 छटांक, गिरकं रणो छटांक 3 संखा होली छटांक 3 सब चीज एकत्र कर गोली बनावे, फिर जिसको वश करना हो उसके खाने पीने की चीजों में मिलाकर खिला देवे तो वश होता है। वाद, विवाद, झगड़े आदि में पास रख कर जावे तो सब लोग उसकी बात मानते हैं। गोरोचन के साथ घिसकर तिलक करे तो राजा प्रजा सर्वलोक वश होते हैं।

अय श्वेतगुंजाकल्प

शुक्ल पक्ष में श्वेतगंजा को दशमी के दिन पूरी जड़ सहित ले, पंचांग ले, फिर उसकी जड़ को पान के साथ जिसको खाने देवे वह वश होय स्त्री वश हो। पान के साथ में घिस कर गोरोचन से टीका करे, फिर जिसका नाम ले, वह वश में होता है अथवा गुंजा चंदन मणसिल से तिलक करे जिसका माथे पर डाले वह वश में होता हैं गुंजा की जड़ को पीसकर लगावे अथवा पीवे तो वातरोग का नाश होता है। गुंजा की जड़ को पानी में पीने से मूत्रकृच्छ नहीं होता है। गुंजा की जड़ को घिसकर पानी के साथ पिलाने से या लगाने से सांप, बिछुवा अन्य विषैले जन्तुओं के द्वारा काटने से विष फैल जाता है। उस विष को दूर करती है। गुंजा की जड़ को गोरोचन के साथ घिसकर तिलक करने से जो देखता है, वह वश में होता है। गुंजा की जड़ को स्त्री के कमर में बांधने से सुख से प्रसव होता है। गुंजा की जड़ को घटके मुखेक्षिपत संभवति। पास रखकर राजा के पास जावे तो राज्यसभा वश होती है।

सरपंखा कल्प

पुष्य नक्षत्र में सूर्य उदय के समय नग्न होकर सरपंखा को ले, फिर उसको छाया में सूखावे, जड़सहित उखाड़े, (मासाश्वेरीत जड़ लिजइ) अथ पंचांग लीजई। छाया में सूखावे। फिर उसका चूर्ण करके दूध के साथ अपने शरीर में लेप करे तो सर्व शत्रुओं का स्तंभन होता है। सरपंखा के तिल का गोरोचन के साथ तिलक करे तो राजप्रजा सर्व वश होते हैं। दुकान पर बैठे तो व्यापार अधिक चले। सरपंखा के पंचांग की गोली को गाय के दूध के साथ 21 दिन तक पिलावे तो गर्भ धारण करे

शुभ मुहूर्त में सोने या चांदी के ताबीज में रखकर बाधे तो शस्त्रादिक की धार बंद हो। श्वेत सरपंखा को लेने के समय 2 आदमी हाथ में नंगी तलवार लेकर खड़े रहे एक आदमी दीपक लेकर खड़ा रहे एक आदमी तीर छोड़े, जब तक तीर जमीन पर न गिरने पावे तब तक सरपंखा को उठा ले और घर लेकर आजावे छाया में सूखा देवे।

पमाड कल्प

अश्वनी नक्षत्र में उत्तर दिशिमुख करके पवित्र हो सूर्योदय पहले पमाडीये की जड़ लेना, नग्न होकर, छाया पड़ने नहीं देवे, घर लाकर, कपूर, कस्तूरी, केशर के साथ अपने पास रखना राजा प्रजा सर्व वश होते हैं सर्व कार्यों की सिद्धि होती है। जिसके हाथ में बांधे, उसका बेलाज्वर, तीजारो ज्वर आदिक नष्ट होते हैं और मक्खन के साथ जिसको खाने को देवे वह वश में होता है।

तार ताम्र सुवर्ण च दंदुअर्क षोडशीभिः।
गुष्यार्के घटिता मुद्रा हढ़ दारिद्र नाशिनी।

3 रत्ती सोना, 12 रती तांबा, 16 रती चांदी, सब मिला ले 21 रती हुआ इनकी अंगूठी बनवावे। रविवार पुष्य नक्षत्र के योग में, उसे रोज बनवाना, उसी रोज पार्श्व प्रभु का पंचामृत अभिषेक करके उसमें वह अंगूठी धोकर, यानी गंधोदक से धोकर धूप खेवे, फिर अंगूठे के पास लाकर तर्जनी उंगली में पहने तो तीव्र दारिद्र का नाश होता है, लक्ष्मी का लाभ होता है। अंगूठी जमणे हाथ में पहनना चाहिए। भोजन करते समय अंगूठी को निकाल देना, फिर पहन लेना। ध्यान रहे उसी रोज अंगूठी बने उसी रोज अंगुली में पहन लेना चाहिए। भक्तामर जी के प्रथम काव्य के मंत्र का 108 बार जप करे।

बिल्ली के ऊपर की दाढ़ और कुत्ते के नीचे की दाढ़ को, भक्तामर के काव्य का नंबर वाला मंत्र से अभिमंत्रित करके शत्रु के घर गाड़ देने से शत्रु का घर टूट जाता है, महान उत्पात होता है।

सफेद सरसों सफेद चंदन, उपलेट वच तथा कपूर, इन सबको दूसरा रविपुष्य के दिन इक्कट्ठा करके गोली बनाकर रखे, जब जरूरत पड़े जब उस गोली को घीसकर तिलक करे तो दृष्टि दोष का नाश होता है। पशुओं के आँख में अजंन करने से दृष्टिदोष दूर होता है।

अथ रक्त गुंजा कल्प

पुष्य होय आदित्य को, तव लीजिये यह मूल।
सुकर वारी रोहड़ी, ग्रहण होय अनुकूल।। 1।।
कृष्ण पक्ष की अष्टमी, हस्त नक्षत्र जो होय।
चौदह स्वाति शतभिषा, पूनों को लेय सोय।। 2।।
अर्ध निशा कारज करे, मन की संज्ञा खोय।
धूप दीप कर लीजिये, धरे धूल लो जोय।। 3।।
जो काहू नर नारी कूँ विष कोई को होय।
विष उतरे सब तुरंत ही, जड़ी पिलावे धोय।। 4।।
जो तिलक लगावे भाल पर, सभा मध्य नर जाय।
मान मिले स्तुति करे, सब ही पूजे पाय।। 5।।
हांजी हांजी सब करे, जो वह कहे सो सांच।
एक जड़ी के जुगत से, सब नचावें नाच।। 6।।
ताके मूल मढ़ाये के, बांधे कमर के सोय।
नव मासे व नारी के, निश्चय बेटा होय।। 7।।
ऋतुवती के रक्त सो, अंजन आंजे कोय।
देखत भाजे सैन सब, महा भयानक होय।। 8।।

काजल हूं घिस आजिये, मोहे सब संसार।
गाली दे दे ताडिये, तोय लगा रहे लाट।। 9।।
मधु सुअंजन आंजिये, देखे वीर बैठाल।
जो मंगावे वस्तु कू, ले आवे सो हाल।। 10।।
जो घिस कर लेपन करे, दूध संग सब अंग।
भूत प्रेत सब यक्ष गण, लगे फिरत सब संग।। 11।।
घिसके रूई लगाइये, बत्ती घरे बनाये।
फिर भिगोवे तेल में, दीपक देय जलाय।। 12।।
करे अच मों सब नमें, घर श्मशान दरसाय।
सात महल के बीच सूं लावे पलंग उठाये।। 13।।
जो घृत में घिस के करे, लेप मूत्र नर ताय।
भोग शक्ति बाढ़े अमित, मन अति मोद उठाय।। 14।।
अजा मूत्र में रगड़कर, बेंदा दे जो हाथ।
करे दूर की बात वो, रहे यक्षणि साथ।। 15।।
गोरोचन के साथ घिस, लिखिये जाको नाम।
मृत्यु होय बाकी तुरंत, नहीं देर को काम।। 16।।
लिंग पत्र के अर्क सु, घिसिये केवन नाम।
भूत प्रेत व डाकिनी, देखस नसे तमास।। 17।।
स्याउ संग वा रगड़ के, तलुवे तले लगाये।
आँख मीच के पलक में, सहस, कोस उड़ जाय।। 18।।
जो घिस आंजे पीस के, बंदी छोड़ कहाय।
बन्दी पड़े छुटे सभी, बिना किये उपाय।। 19।।
जो गुलाब संग याहिं घिस, नाड़ी लेप कराय।
घड़ी चाट कूं जी पड़े, मुरदा सहज सुभाय।। 20।।
फेर अंकोल के तेल में, घिस के आंजे कोय।
धन दीखे पाताल को, दिव्य दृष्टि जो होय।। 21।।
जो वाघिन के दूध में, घिस चौपड़े सब अंग।
सर्व शस्त्र लागे नहीं, वद कर जीते जंग।। 22।।
घिस कर तिल के तेल में, मद्रन करे शरीर।
दीखे सब संसार कू, महावीर रणधीर।। 23।।
जो अलसी के तेल में, घिसिये हतश मिलाय।
कोढ़ि के लेपन करे, कंचन तन हो जाय।। 24।।
जो कोई संसार में, अंधा आवे जे कोप।
सात दिवस तब आंजिये, दृष्टि चौगुनी होय।। 25।।

श्याम नगद सग रगड़ के, वीसो नख लिपटाय।
जो नर होय कुमाजी, देखत वश हो जाय॥ 26॥
कस्तूरी सू आंजिये, प्रात समय लो लाय।
मौत जो लिखिये सबन की, काल पुष्य दरशाय॥ 27॥
गंगाजल सू आंजिये, दोनों नेत्र जु मांही।
वरसा बरसे धूल की, या में संशय नाही॥ 28॥
जो आंजे निज रक्त सूं भर के दौऊ कोय।
देखे तीन लौक कूं, अपनी आँखन सोय॥ 29॥
जो आंजे निजरक्त, खुले रागनी राग।
जो घिय पावे दूध सू, होय सिद्ध सू भाय॥ 30॥
रक्त गुंजा यह कल्प है, सूक्ष्म कहियो बनाय।
जो सीधे सो सिद्ध हो, या में संशय नाय॥ 31॥

नोट : इस रक्त गुंजा कल्प के दोहे का अर्थ इतना सरल है कि कम पढ़ा लिखा हुआ व्यक्ति भी अच्छी तरह जान लेता है। इसलिए यहाँ पर इसका हिन्दी अनुवाद करना उचित नहीं है।

मनुष्य की खोपड़ी पर रक्तांजन, भीमसेन कपूर तथा रविपुष्य के रोज जिस स्त्री के पहली बार प्रसूति में लड़का पैदा हुआ हो उस स्त्री के दूध में रवि पुष्य के दिन गोली बनावे काम पड़े तब तीन दिन आँख में अंजन करने से आँख का सर्वरोग नाश को प्राप्त होते हैं।

शरद पूर्णिमा को ब्राह्मी का रस, वच और कपिला गाय का घी इन तीनों चीजों को बराबर 2 लेकर, कांसे की थाली में इन चीजों को खूब गाढ़ा करके लगावे, फिर उसमें भक्तामर का 6 नं0 का यन्त्र लिखे, ऊपर अष्टगन्ध से ॐ ह्रीं श्रीं क्लीं ब्लूं वद् वद् वाग्वादिनी लिखे, फिर चन्द्रमा के प्रकाश में रात्रि भर उस थाली को एक ऊंचे पाटे पर विराजमान कर रखे, सवेरे एक-एक अक्षर को खावे, तो सरस्वती वश में होती है। महान बुद्धिमान होता है।

ब्रह्म दंडी को शनिवार के दिन श्याम को अक्षत, सुपारी को रखकर कुंकुम के छींटे लगाकर न्योत दे, फिर रविवार की शाम को नग्न होकर धूप खेवे, फिर ब्रह्मदंडी का पंचांग ले, फिर कपड़े पहनकर घर ले आवे, उस ब्रह्म दंडी को कैसा भी घाव हो, व्रण हो, किसी भी प्रकार का गडगुमड हो, उसके ऊपर लेप करने से शीघ्र ही आराम हो जाता है।

रवि पुष्य के दिन जिस स्त्री को पुत्र पैदा हुआ हो, उस स्त्री की जेर लेकर छाया में सुखा देवे, एकान्त में फिर उस जेर को रूई के अन्दर लपेटकर बत्ती बनावे। दीपक में रख कर जलावे तो घर में मनुष्य ही मनुष्य ही दिखते हैं। चोर चोरी नहीं कर सकते है।

रवि पुष्य को (लजालु) छुइमुइ का पंचांग को ग्रहण करके छाया में सूखा ले, फिर जो मनुष्य कई दिनों से खो गया है, उस मनुष्य के कपड़े में लजालु को बाँधकर, त्रिकाल उस वस्त्र को काढ़ा लगावे तो खोया हुआ मनुष्य शीघ्र ही आता है।

12 भाग तांबा, 16 भाग चांदी, 10 भाग सोना इन तीनों का पृथक्-पृथक् तार खिंचवा कर रविपुष्य या गुरुपुष्यामृत योग रहते अंगूठी बनवाना और पंचामृत से शिवजी पर अभिषेक करके, उस अभिषेक में उस अंगूठी को धोकर सीधे हाथ की तर्जनी अंगुली में पहनना चाहिए। जिससे सर्व प्रकार का तीव्र दारिद्र्य नाश होता है। किन्तु रवि या गुरु पुष्यामृत योग में ही अंगूठी बनवाना चाहिए और उसी ही योग के रहते ही पहन लेना चाहिए। तब ही कार्यकारी हो सकती है।

लौंग, केशर, चन्दन, नाग केशर, सफेद सरसों, इलायची, मनशिल, कूठ, तगर, सफेद कमल, गोरोचन, लालचन्दन, तुलसी, पिक्कार, पद्मास्वा, कूटज को पुष्य नक्षत्र में बराबर लाकर, सबको धतूरे के रस में कुमारी कन्या से पिसवाकर, उसका चन्द्रोदय होने पर तिलक करने पर संसार मोहित होता है।

मयूर शिखा, सफेद गुञ्जा, गोरंमा (गोभी) आक का पत्ता, कीटक का मल, और अपने पाँचों मलों का चूण। इन सब चीजों को जिस स्त्री को खिला दिया जाए वह वश में हो जाती है।

कान, आँख, दांत, जीभ तथा वीर्य को पंचमल कहते हैं।

लाल कनेर के पुष्प, भुजंगाक्षि जटा, ब्रह्मदंडी, इन्द्रायन, गोबंधनी (अधो पुष्पिया प्रियंगु) लज्जावती के चूर्ण की गोलियां बनावे, उन गोलियों को बारबर नमक सहित एक बर्तन में डालकर अपने मूत्र में पकावे। इन गोलियों को भोजन आदि के साथ खिलाने से स्त्री वश में होती है।

बड़, गूलर, पीपल, पिलखन, अंजीर के दूध तथा पंडुब्बकी (पोतकी) के अंडे के रस में कपास, आक, कमल सूत्र, सेमल की रूई, सन की बनी हुई बत्ती को भावना देकर काले तिलों का दीपक जलाने से तीनों लोक वश में होते हैं।

निर्गुण्डी और सफेद सरसों घर के द्वार पर अथवा दुकान के द्वार पर रखी जावे तो अच्छा क्रय-विक्रय होता है।

जो स्त्री कांचिका (सौवीर) के साथ जावे के फूल को मल कर ऋतुकाल में पीती है। वह फिर मासिक में नहीं होती है यदि हो भी जावे तो गर्भ धारण तो कभी नहीं करती है।

लज्जारिका और मेंढक की चरबी को हाथ पर लगा लेने से अग्नि का स्तम्भन होता है और श्वसन निरोध से तुला दिव्य का स्तम्भन होता है।

उत्तर दिशा में उत्पन्न होने वाली कौंच की जड़ को गो मूत्र में पीसकर उसका मस्तक पर तिलक करने से शाकिनी उसमें अपना प्रतिबिम्ब देखती है।

रवि पुष्यामृत के योग में ब्राह्मी, शतावरी, शंखा होली, अधा जारा, जावित्री, केशर मालकांगणी, चित्रक, अकलकरो और मिश्री का चूर्ण करके सर्व सम भाग लेकर, सवेरे 14 कोमल अदरक के रस में 21 दिन तक खाने से बुद्धि की वृद्धि होती है।

पुष्यार्क योग में काले धतूरे की जड़ अथवा सफेद धतूरे की जड़ शनिवार को निमन्त्रण देकर, रविवार को संध्या काल में नग्न होकर ग्रहण करे, फिर कन्या के कपड़े का सूत्र लपेट कर, धूप खेवे, फिर उस जड़ को अपने कमर में बांधने से स्वप्न में वीर्य का कभी स्खलन नहीं होता है।

पुष्यार्क अथवा हस्तार्क में रूद्रवंति का और पंचांग लेकर पानी में गोली बनाकर रखे, जब कार्य पड़े तब अपने शरीर में लेप करने से अग्नि शीतल के समान लगती है। यानी अग्नि में नहीं जलता है।

मूलार्क योग में सरपंखा का पंचांग, वीसरवपरा का पंचांग, इन्द्रवारुणी का पंचांग शिव लिंगी का पंचांग, इन सब को एकत्र करके पेट पर लेप करने से उदर रोग शांत होते हैं।

पुष्यार्क योग में लज्जालु पंचांग, शंखपुष्पी पंचांग लक्ष्मण पंचांग, श्वेत गुंजा पंचांग इन सब चीजों को ग्रहण करके गोली बनावे, जब कार्य पड़े तब स्वयं के थूक में उस गोली को घिस कर तिलक करने से पर विद्या का छेदन होकर, आजीविका की प्राप्ति होती है।

रवि पुष्यामृत योग में दूब पंचांग का रस लाकर अष्ट गंध मिलाकर दायां हाथ की अनामिका उंगली से माथे पर निरन्तर तिलक करने से सर्वजन वश में होते हैं।

पुष्यार्क योग में जाई पुष्प का पंचांग और समुद्र फेन, गधेडा के मूत्र में गोली करके आँख में अंजन करने से भूत प्रेत, व्यंतरादि सर्व दोष का नाश होता है। स्त्रियों के भग पर लेपन करने से सुभागी हो जाती है।

पुष्यार्क में धनवंतरि पंचांग, लक्ष्मण पंचांग, शिवलिंग पंचांग इन तीनों को चूर्ण करके सूंघने से आधा शीशी तथा सूर्य वात का नाश होता है

पुष्यार्क योग में एक डंडी पंचांग, पुत्रं जारी पंचांग को तीन धातु के ताबीज में डालकर हाथ में बांधने से, सर्व जाति की अग्नि ठंडी हो जाती है।

पुष्यार्क योग में मुरगे का विष्टा, मयूर का विष्टा लोमड़ी का विष्टा, चमगादड़ का विष्टा और चतुष्पद पशुओंरज, सबको इकट्‌ठा करके शत्रु के माथे डालने से उसका नाश होता है।

पुष्यार्क योग में सरपंखा पंचांग, चक्रांग पंचांग, मयूर शिखा पंचांग इन सब चीजों को पानी के साथ पिलाने से सब जाति के विष से कभी भरण नहीं होता है।

पुष्यार्क योग में चक्रांग पंचांग, काकजंघा पंचांग, पिलाने से अन्दर गाठ और गोलादिक शूल की शांति होती है।

पुष्यार्क में सहदेवी का पंचांग तीन धातुओं के ताबीज में डालकर धारण करने से असमय में गर्भपात कभी नहीं होता है।

पुष्यार्क में सूअर का विष्टा जमीन पर नहीं गिरे, उसके पहले ही ग्रहण करके मिष्ठान्न के साथ में हाथी को खिलाने से हाथी वश में होता है।

पुष्यार्क योग में सफेद अकौआ जड़ को जो गणेशाकार होती है, उसको लाकर द्रव्य के साथ में रखने से अष्ट सिद्धि और नव निधि की प्राप्ति होती है।

गंगा पार की ताम्बा लाकर चने में मिलावै और कूटकर गुदा में धूनी दे तो बवासीर का रोग शांत होता है।

सर्प की केंचुली को मस्से के नीचे बांधे तो बवासीर ठीक होता है।

दाएं हाथ की बीच की उंगली में लोहे की अंगूठी पहनने से पथरी रोग शांत होता है।

सुबह के समय दक्षिण की ओर मुंह करके हाथ में गुड़ की डली लेकर उसे दांतों से काटकर चौराहे पर फेंक देने से आधा सीसी का रोग शांत होता है।

गाय के घी में सोडा मिलाकर सूंघने से आधा सीसी रोग दूर हो जाता है।

दूध के दांत जिसके गिरे हो उस दांत को ताबीज में मंडवा कर पास रखने से दांत पीड़ा शांत होती है।

रेशम के डोरे में जायफल की माला गूंथ कर रोगी के गले में बांधने से मृगी रोग शांत होता है।

गाय के बाएं सींग की अंगूठी बनवाकर, दाएं हाथ की कनिष्ठा उंगली मे पहनने से मृगी का दौरा आना जल्दी बन्द हो जाता है।

उत्तरा फाल्गुनी नक्षत्र में उत्तर दक्षिण की ओर वाले पवित्र स्थान से, व्याघ्र नखी, बूटी की जड़ उखाड़ लावे और उसे स्त्री के कमर में बांधने से प्रदर रोग शांत होता है।

काली मूसली की जड़ को हाथ व पांव में बांधने से रुका हुआ गर्भ गिर जाता है।

ज्येष्ठा नक्षत्र में अडूसे की जड़ लाकर उसे धूप देकर स्त्री की कमर में बांधने से नष्ट पुष्पा स्त्री 30 दिन के भीतर फिर रजस्वला होने लगती है।

तिल की जड़ ब्रह्मदण्डी की जड़, मुलहठी, काली मिर्च और पीपल इन सबको जौ कूट का काडा बनाकर पीने से बन्द मासिक धर्म फिर से होने लगता है।

शिवलिंगी के बीज को गुड़ के साथ गोली बनाकर ऋतु स्नान के बाद तीन दिन खाकर मैथुन करने से गर्भ ठहर जाता है।

निर्गुण्डी के रस में गोखरू के बीज डालकर सात दिन तक पीने से स्त्री गर्भ धारण करती है।

श्रवण नक्षत्र में काले एरण्ड की जड़ लाकर, उसे धूप, दीप देकर वंध्या स्त्री के गले में बाँधने से वंध्यात्व दोष दूर हो जाता है। वह गर्भ धारण करती है।

नींबू के पुराने वृक्ष की जड़ को दूध में पीसकर घी में मिलाकर पीने से दीर्घ जीवी पुत्र की प्राप्ति होती है।

रजो धर्म से निवृत्त होने के बाद पाँच दिन तक, जो स्त्री पान की जड़ को घोंटकर पी लेती है। उसे गर्भ नहीं रहता है।

स्त्री की योनि पर हाथी की लीद रखने से गर्भ नहीं रहता है।

रविपुष्य नक्षत्र में धतूरे की जड़ को लाकर रख ले, कार्य पड़े तब गर्भवती स्त्री के कमर में बांध देने से सुख पूर्वक प्रसव होता है।

सफेद सोठ की जड़ को गर्भिणी स्त्री के योनि में रखने से सुख पूर्वक प्रसव होता है।

गर्भिणी स्त्री के हाथ में चुम्बक पत्थर रख देने से सुख पूर्वक प्रसव होता है।

स्त्री के कमर में वांस की जड़ बांधने से प्रसव सुख से होता है।

नीम की जड़ स्त्री के कमर में बांधने से प्रसव सुख पूर्वक होता है।

उत्तर दिशा में उत्पन्न ईख की जड़ की स्त्री के नाप के डोरे में बांध कर कमर में बांधने से प्रसव सुख पूर्वक होता है।

आंवला और मुलहठी को गाय के दूध के साथ पीने से गर्भ स्तंभन होता है।

धतूरे की जड़ को कमर में बाँधने से गर्भ स्राव नहीं होता है।

अकरकरा को सूत में लपेट कर बच्चे के गले में बांधने से मिरगी रोग शांत होता है।

दूध पिलाने वाली मां अथवा धाय के कपड़े में से एक टुकड़ा फाड़ कर, पानी में भिगोवे, फिर बच्चे के माथे पर रख देने से हिचकी रोग शान्त हो जायेगा।

कपूर के डलियों की माला बनाकर बच्चे को पहनाने से सुखपूर्वक दाँत आयेंगे।

बच्चे के हाथ में लोहे अथवा तांबे का कड़ा पहनाने से दांत सुखपूर्वक आवेंगे और बच्चे को दृष्टि दोष नहीं होगा।

काली सरसों और काली मिर्च को पीसकर अंजन करने से भूत बाधा नष्ट होती है।

अश्विनी नक्षत्र में घोड़े के खुर का नख लेकर रख लें, उस नख को अग्नि में डालकर धूनी देने से भूत प्रेत आदिक भाग जाते हैं।

अनार का बांधा ज्येष्ठा नक्षत्र में लाकर घर के दरवाजे पर बांध देने से बालकों के दुष्ट ग्रहों का निवारण हो जाता है।

काशीफल के फूलों के रस में हल्दी को पीसकर पत्थर के खरल में खूब घोटकर अंजन बना ले। इस अंजन को आँख में लगाने से भूतादि की बाधा अवश्य दूर हो जाती है।

रविवार के दिन सफेद कनेर की जड़ को दायें कान पर बांधने से विषम ज्वर दूर होता है और दायीं भुजा में बांधने पर शीत ज्वर दूर होता है।

चौलाई की जड़ सिर में बांधने से विषम ज्वर दूर हो जाता है।

मकड़ी के जाले को गले में लटकाने से ज्वर उतर जाता है।

रविवार के दिन बाक की जड़ को उखाड़ कर कान में बांधने से सभी तरह के ज्वर दूर हो जाता है।

नारियल की जड़ को (लाँगली मूल) को गले में बांधने से महाज्वर दूर हो जाता है।

बृहस्पति की जड़ को मस्तक पर रखने से, बांधने से महाज्वर नष्ट होता है।

अपामार्ग की जड़ को रोगी के भुजा में बांधने से भूत ज्वर नाश होता है।

रीठे के फल को धागे में गूंथकर बच्चे के गले में बाँधने से उसे नजर नहीं लगती तथा हिचकी रोग शान्त होता है।

भेड़िये के दांत को बालक के गले में बांधने से बालक का अपस्मार (मिरगी) रोग शांत होता है।

कबूतर की बीट को शहद के साथ पीने से स्त्री रजस्वला हो जाती है।

घूंघची की जड़ को कान में बांधने से दाढ के कीड़े झड़ जाते हैं।

रविवार के दिन सर्प की केंचुल लाकर थोड़े से गुड़ में 1 रती भर केंचुलि मिलाकर देने से नाहरू रोग शांत हो जाता है।

सूकी मिट्टी का डला सूंघने से नाक का रक्त बन्द हो जाता है। नकसीर ठीक होती है।

प्याज की माला को कंठ में धारण करने से तिल्ली और जिगर दूर हो जाता है।

आबा हल्दी, सेंधा नमक, कूठ को सम भाग लेकर नींबू के रस में पीसकर लेप करने से मुंह के धब्बे दूर होते हैं।

तज, धनिया और लोध को सम भाग पीस कर मस्सों तथा मुंहायों पर लेप करने से वे सब दूर हो जाते है।

सरसों, सेंधा नमक, लोंग और बच-इन सबको कूटकर मूंह पर लेप करने से मुंह पर होने वाली छोटी 2 कीलें फुन्सियां ठीक होती है।

सफेद सांठी की जड़ को घी में पीस कर आँखों में अंजन करने से बहता हुआ पानी रूक जाता है।

बादाम, कपूर, आधी-2 रत्ती लेकर खूब महीन पीस ले, फिर उंगली से अंजन करने पर दुखती हुई आँखे ठीक हो जाती है।

रांगे की अंगूठी मध्यमा उंगली में पहनने से मोटापा कम हो जाता है।

सोते समय सूखा नमक पिसा हुआ शिर में मलने से झड़ते हुए शिर के बाल बन्द हो जायेंगे।

शुभ नक्षत्र में (अपामार्ग अथवा अधाझार) की जड़ लाकर व्यक्ति के दाएं कान में बांधने से सर्प-बिच्छु का जहर उतर जाता है।

सर्प के काटे हुए स्थान पर सफेद सोंठ की जड़ का लेप करने से जहर उतर जाता है।

मयूर के साबूत पंख को चिलम में भर कर फूंक लेने से तुरन्त सर्प का जहर उतर जाता है। किन्तु इस प्रयोग को छह सात बार करना चाहिए, सर्प डंसा व्यक्ति अगर बेहोस हो गया हो तो अन्य व्यक्ति स्वयं फूंक लेकर सर्प डंस के नाम में जोर से धुंआ फेंकने से विष उतर जायेगा।

ऊंट के बालों की रस्सी बनाकर, अपनी जांघ में बांध ले तो जब तक उस रस्सी को नहीं खोलेगा तब तक वीर्य स्खलित नहीं होगा।

कमल गट्टे को शहद के साथ पीसकर नाभि पर लेप करने से वीर्य स्खलित नहीं होगा।

पुष्य नक्षत्र में आक और धतूरे का ऊपरी भाग एवं कटेली की जड़ लाकर, सबको मिलाकर चूर्ण करे, इस चूर्ण को जिसके शिर पर डाल दिया जाय, उससे इच्छित वस्तु प्राप्त की जा सकती है।

ताल को मट्ठे में पीस कर मिट्टी सहित पुतली बनाएं। उस पुतली को जिसके घर में गाड़ दिया जाय उस घर का ग्रह क्लेश का नाश हो जाता है।

शुक्ल पक्ष में पुष्य नक्षत्र पड़े तब घूंचची की जड़ लाकर उसे शैय्या के सिरहाने बाँधकर सोने से चौरों का भय नही रहता है।

कृतिका नक्षत्र में केथ का बांधा लाकर मुंह में रखने से शस्त्र के आघात का भय दूर हो जाता है।

अंकोल के फल का तेल निकाल कर उसमें तगर के फल का चूर्ण मिलावे इसे आँखों में आंजने से जहाँ तक दृष्टि जाएगी वहां तक देवी-देवता ही दिखाई पड़ेंगे। बाद में केवन तगर के तैल का अंजन करने से पुनः मानुषि दृष्टि प्राप्त होती है।

आंकोल का तेल दीपक में भर कर घर में जलाने से भूतप्रेत दिखाई देते है।

मीठे तेंल में गंधक डाल कर दीपक जलाने से घर में भूतप्रेत दिखाई देते है।

रविहस्त को पमाड की जड़, शनिवार को न्योतकर रविवार को प्रात: उसे लाकर दाईं भुजा में बाँधने से जुआ में जीत होती है।

सफेद घूंघची को पानी में पीस कर बिना खूंटी वाली खड़ाऊं पर गाढा लेप कर ले फिर उस पर पांव जमा कर चले तो खड़ाऊं पांव से अलग नहीं हागी।

मूली के पत्तों का रस हाथ में लेकर बिच्छू पकड़ने से वह डंक नहीं मारता है।

गोखरू बकरी का सींग, ताल बुखारा, शूकर की विष्टा और सफेद घूंघची इन सब को पीस कर रसोई घर में डाल देने से मिट्टी के बरतन सब फूट जायेंगे।

रविवार के दिन प्रात: काल लाल एरण्ड को न्यौत आवे। शाम के समय उसे एक झटके में तोड़ लाये कि उसके दो टुकड़ हो जायें। एक टुकड़ा नीचे गिर पड़े, दूसरा हाथ में रहे फिर दोनों टुकड़ों को अलग अलग रख लें। फिर जिसे पीढ़े (पाटा) पर बैठा हुआ देखे, उसके शरीर से जो टुकड़ा नीचे गिर पड़ा हो, तो वह आदमी पाटे से चिपक जाएगा। हाथ में जो रह गया था, उसको स्पर्श करा देने पर वह चिपका हुआ आदमी छूट जाएगा।

आक के दूध में चावलों को भीगोकर आग पर चढ़ाने से चावल कभी भी नहीं पकते हैं।

भिलावे का रस में घूंघूची, विष, चित्रक और कौंच को मिलाकर देने पर शत्रु को भूत लग जाता है। चन्दन खस माल कांगनी, तगर, लाल, चन्दन और कूठ को एक में पीसकर शरीर में लेप करने से भूत उतर जाता है।

शुभ तिथि, शुभ वार के नक्षत्र को काली गाय के दूध को जीभ पर रखे और उसके घी को दोनों आँखों में अंजन करे तो पृथ्वी में गड़ा द्रव्य दिखेगा।

जहां पर कौए मैथुन करते हों और सिंह आकर बैठता हो वहां अवश्य ही धन गड़ा हुआ है समझना।

बहेड़े के वृक्ष को साम को न्योत आवे, सवेरे उसका पत्ता लाकर पांव के नीचे दबा कर भोजन करने से बीस तीस आदमी का भोजन अकेले ही खा जाता है।

बहेड़े का पत्ता तथा सफेद कुत्ते का दंत इन दोनों को कमर में बांधकर खाने बैठने से बहुत भोजन करता है।

भैंस के दूध में तथा घी में अपामार्ग के बीजों की खीर बना कर खाने से 1 महीने तक भूख नहीं लगती है।

पमार के बीज, कसेरू तथा कमल की जड़ को गाय के दूध में पकाकर खाने से एक महीने तक भूख नहीं लगती।

गोरोचन तथा केशर को महावर के साथ घिसकर, उसके द्वारा भोजपत्र के ऊपर शत्रु का नाम लिखने से उसका स्तम्भन हो जाता है। और वह सदैव वश में रहता है।

पके और सूखे हुए लभेडे (ल्हिसौड़े) के फल को खूब महीन पीस कर पानी में डालने से पानी बंध जाता है।

दो हांडियों में श्मशान के अंगारे भर कर दोनों का आपस में मुंह मिलाकर जंगल में गाड़ देने से मेघ का स्तंभन हो जाता है।

चौलाई की जड़ को चांदी के ताबीज में डाल कर अपने मुंह में रखने से शत्रु का मुख स्तंभित रहता है।

ऊंट के रोमों को किसी पशु पर डाल देने से वह जहाँ का तहां ही स्तंभित हो जाता है। कटेली की जड़ को और मुलहठी को समभाग लेकर पीसे, फिर नाक में सुंघने से निद्रा का स्तंभन हो जाता है।

ऋतुमती स्त्री की योनि के वस्त्र पर जिस मनुष्य का नाम गोरोचन से लिख कर घड़े में बन्द कर दिया जाए, उसका स्तंभन हो जाता है। फिर वह चल फिर नहीं सकता है, एक ही स्थान पर पड़ा रहता है।

जलते हुए भट्ठे में घोड़े का खुर और बेत की जड़ को डाल दिया जाए तो अग्नि का स्तंभन हो जाता है। फिर खाली धुंआ उठता रहता है।

रविपुष्यामृत नक्षत्र में सफेद आकड़े को लेकर दाईं भुजा में बांधने से व्याघ्र का स्तंभन होता है।

ऊंट की हड्डी को जिस व्यक्ति का नाम लेकर पृथ्वी में गाड़ दिया जाए तो, उस मनुष्य की गति स्तंभित हो जाती है।

एकाक्षी नारियल कल्प

मंत्र : ॐ ह्रीं श्रीं क्लीं ऐं एकाक्षाय श्रीफलाय भगवते विश्वरूपाय सर्व योगेश्वराय त्रैलोक्यनाथाय सर्वकार्य प्रदाय नमः।

विधि—प्रथम हस्त में पानी लेकर संकल्प करे- अत्राद्य संवत् मिलाब्दे महामांगलाय फलप्रद- अमुकमासे अमुक पक्षे अमुकतिथौ अमुक वासरे इष्ट सिद्धये बहुधन प्राप्तये एकाक्षि श्रीफल पूजनमहं करिष्यामि। इस प्रकार कह कर पानी छींटे फिर उपर्युक्त मन्त्र को बोलते हुए श्रीफल का पंखमृताभिषेक करे, अष्ट द्रव्य चढ़ावे रेशमी वस्त्रर ओढाए, पूजन करे। उसके बाद सोने की वा मूंगे की अथवा रुद्राक्ष की माला से जप शुरू करे। जप 12500 हजार हो जाए, फिर नित्य प्रति एक माला फेरे, दीवाली, सूर्यग्रहण या चन्द्रग्रहण के समय पूजन करे।

मंत्र : ॐ श्रीं ह्रीं क्लीं ऐं महालक्ष्मी स्वरूपाय एकाक्षिनारिकेलाय नमः सर्वसिद्धि कुरु कुरु स्वाहा।

विधि—यह मन्त्र रेशमी कपड़े पर अष्ट गंध से अथवा केसर से लिखा। अनार की कलम से उस वस्त्र के उपर एकाक्षि श्रीफल रखा मन्त्र से प्रातः और संध्या को अष्ट द्रव्य से पूजा करे, मूल मन्त्र की एक माला फेरे।

मंत्र : ॐ ऐं हीं ऐं हीं श्रीं एकाक्षिनारिकेलाय नमः।

विधि—इस मंत्र की एक माला फेरे गुलाब के फूल 108 चढ़ावे।

मंत्र : ॐ हीं ऐं एकाक्षिनारिकेलाय नमः।

विधि—इस मन्त्र की 10 माला पाँच दिन तक प्रतिदिन फेरे। तथा कनेर के 21 फूल चढ़ावे। जिज्ञासुओं का स्वप्न में उत्तर प्राप्त होगा।

फलप्राप्ति : इस श्रीफल सुंघाने मात्र से स्त्री गर्भ के कष्ट से छूटे, तुरंत प्रसव हो।

वंध्या स्त्री को ऋतु स्नान के बाद घोलकर पानी पिलावे तो संतान हो।

श्रीफल को सात बार पानी में डुबोकर सात बार ही मन्त्र पढ़े, फिर उस पानी को घर में छींटने से भूत-प्रेत का उपद्रव शांत होता है।

लाल कनेर का फूल लेकर, दक्षिण दिशा में बैठकर शत्रु का नाम लेते हुए एक माला फेरे, फूल शत्रु के सामने फेंके तो शत्रु का नाश हो।

दक्षिणावर्त शंख कल्प

शंख 3 तोले का उत्तम 25 तोले का अत्युत्तम है। पूजा में शंख शुक्लवर्ण का ही उत्तम माना गया है।

यदि शंख को पानी में नमक डाल कर उस पानी में डाल दे, फिर सात दिन तक पानी में ही रहने दे, अगर शंख फटे नहीं तो समझो असली शंख है नहीं तो नकली है।

प्रयोग फल :

शंख में पानी भरकर मस्तक पर नित्य ही छींटे तो पाप का क्षय हो।

शंख में पानी लेकर पूजन करने से लक्ष्मी प्रसन्न होती है।

पूजन के अर्थात शंख में दूध भरकर वन्ध्या स्त्री पीये तो उसके सन्तान होती है।

जिस घर में शंख हो उस घर में सर्वमंगल होता है। रोग शोक मोह का नाश, प्रतिष्ठा बढ़ती है। मान सम्मान राज्य में होता है।

पूजन विधि :

स्नान करके, सफेद वस्त्र धारण करे, प्रतिदिन दूध से फिर पानी से शंख को स्नान करावे। फिर चांदी अथवा सोने के पत्र पर उस शंख को सोने में मढ़ना चाहिए, फिर अष्ट द्रव्य से षोडशोपचार पूजन करना चाहिए। पूजन करने के पहले संकल्प करें।

ॐ अद्य अमुक वर्षे अमुक मासे अमुक पक्षे अमुक तिथौ मम मनोवांञ्छित कार्यसिद्धये ऋद्धि सिद्धि प्राप्त्यर्थमहं दक्षिणावर्त शंखस्य पूजनं करिष्ये।

पूजन मन्त्र :

ॐ ह्रीं श्रीं क्लीं श्रीधर करस्थाप्ययोनिधि जाताय श्रीदक्षिणावर्त शंखय ह्रीं श्री क्लीं श्रीकराय पूज्याय नमः।

इस मन्त्र को पढ़ते हुए अष्ट द्रव्य से सुगन्धित इत्र चढ़ाएं नैवेद्य चांदी के बरतन में रखें, उससें दूध, चीनी, केशर, कस्तूरी बादाम, इलायची डाले, साथ में केला रखे, जो भोजनशाला में वस्तु बनी हो उसे चढ़ाएं, कपूर से आरती उतारे।

ध्यान मन्त्र–

ॐ ह्रीं श्रीं क्लीं श्रीधर करस्थाप्य पयोनिधि जाताय लक्ष्मी सहोदराय चिन्तिमार्थ संपादकाय श्रीदक्षिणावर्त शंखाय श्री कराय, पूज्याय क्लीं श्रीं ह्रीं ॐ नमः सर्वाभरण भूषिताय प्रशस्यायङ्गोंपाङ्गसंयुताय कल्पवृक्षाय स्थिताय कामधेनु चिन्तामणिनव निधिरूपाय चतुर्द्रश रत्न परिवृत्ताय अष्टादश महासिद्धि सहिताय श्रीलक्ष्मी देवता श्री कृष्णदेव करतल ललिताय श्रीशंख महानिधये नमः।

जप मन्त्र

ॐ ह्रीं श्रीं क्लीं ब्लूं दक्षिण शंखनिधये समुद्रप्रभवाय शंखाय नमः। प्रतिदिन एक या दस माला फेरे। जप करने के आद मन्त्र के साथ पानी आकाश की ओर छांट दें।

गौरोचन कल्प

मन्त्र : ॐ ह्रीं हन हन ॐ ह्रीं हन ॐ हीं ॐ ह्रां ह्रीं ह्रों ह्रां ठः ठः ठः स्वाहा।

विधि–गौरोचन की टिकड़ी बनाएं– 21 उपरोक्त मन्त्र से अभिमन्त्रित करके शुद्ध जगह रख दें, जग भी जरूरत हो उपरोक्त मन्त्र से 21 बार अभिमन्त्रित करके प्रयोग में लावे, गुग्गुल का धूप खेवें।

प्रयोग–

1. ललाट पर तिलक कर राज्य सभा में राज्य प्रमुख के पास व सरकारी किसी भी कार्य के लिए जावे तो मनोकामना सफल हो।
2. हृदय पर तिलक करके जहाँ भी जावे तो मनोकामना सफल हो, किसी स्त्री के पास जावे, तो वश में हो।
3. मस्तक पर तिलक करके जावे तो रास्ते में सिंह, व्याघ्र, चोर आदि का भय मिटे, स्त्री–पुरुष सब वश में हो, लोक प्रिय हो।

तंत्राधिकार : रुद्राक्ष कल्प

भोग और मोक्ष को इच्छा रखने वाले चारो वर्णों के लोगों को रुद्राक्ष धारण करना चाहिए। उत्तम रुद्राक्ष असंख्याय समूहों का भेदन करने वाला है। जाति भेद के अनुसार रुद्राक्ष 4 तरह के होते हैं। ब्राह्मण, क्षत्रिय, वैश्य, शूद्र। उन ब्राह्मणादि जाति के रुद्राक्षों के वर्ण श्वेत, रक्त पीत तथा कृष्ण जानना चाहिए। मनुष्यों को चाहिए कि उसे क्रमश: वर्ण के अनुसार अपनी जाति का ही रुद्राक्ष धारण करें। जो रुद्राक्ष आंवले के फल के बराबर होता है। वह समस्त अनिष्टों का विनाश करने वाला होता है। जो रुद्राक्ष वेर के फल के बराबर होता है, वह उतना छोटा होते हुए भी लोक में उत्तम फल देने वाला तथा सुख सौभाग्य वृद्धि करने वाला होता है। जो रुद्राक्ष गुंजाफल के समान बहुत छोटा होता है वह सम्पूर्ण मनोरथों और फलों की सिद्धि करने वाला होता है। रुद्राक्ष जैसे-जैसे छोटा होता हैं वैसे-वैसे अधिक फल देने वाला होता है। एक-एक बड़े रुद्राक्ष से एक-एक छोटे रुद्राक्ष को विद्वानों ने दस गुना अधिक फल देने वाला बतलाया है। अत: पापों का नाश करने के लिए रुद्राक्ष धारण आवश्यक बताया है। रुद्राक्ष के समान फलदायिनी कोई भी माला नहीं है। समान आकार प्रकार वाले चिकने, मजबूत, स्थूल, कण्टक युक्त (उभरे हुए छोटे-छोटे दानों वाला) और सुंदर रुद्राक्ष अभिलंबित पदार्थों के दाता तथा सदैव भोग और मोक्ष देने वाले हैं। जिसे कीड़ों ने दूषित कर दिया हो, जो टूटा फूटा न हो जिसमें उभरे हुए दाने न हो, जो व्रण युक्त हो तथा जो पूरा-पूरा गोल न हो इन पाँच प्रकार के रुद्राक्षों को त्याग देना चाहिए। जिस रुद्राक्ष में अपने आप ही डोरा पिरोने योग्य छिद्र हो गया हो, वह उत्तम माना गया है, जिसमें मनुष्य के प्रयत्न से छेद किया गया हो, वह मध्यम श्रेणी का होता है। ग्यारह सौ रुद्राक्ष धारण करने वाला मनुष्य जिस फल को पाता है, उसका वर्णन सैकड़ों वर्षों में भी नहीं किया जा सकता, भक्तिमान पुरुष साढ़े पाँच सौ रुद्राक्ष के दानों का सुन्दर मुकुट बना ले और उसे सिर पर धारण करें तीन सौ साठ दानों के लम्बे सूत्र में पिरोकर एक हार बना ले। वैसे-वैसे तीन हार बनाकर भक्ति परायण पुरुष उनका यज्ञोपवीत तैयार करे और उसे यथा स्थान धारण किये रहे।

कितने रुद्राक्ष की माला-कहां धारण की जाए : छह रुद्राक्ष की माला कान में, बारह की हाथ में, पन्द्रह की भुजा में, बाईस की मस्तक में, सत्ताईस की गले में, बत्तीस की कंठ में (जिससे झूल कर वह हृदय के स्पर्श करती रहे) धारण करनी चाहिए।

कौन-सा रुद्राक्ष कहां धारण करना चाहिए : छह मुखी रुद्राक्ष दाहिने हाथ में, सात मुखी कंठ में, आठ मुखी मस्तक में, नौ मुखी बायें हाथ में, चौदह मुखी शिखा में, बारह

मुखी वाले रुद्राक्ष को केश प्रदेश में धारण करना चाहिए। इसके धारण करने से आरोग्य लाभ सात्विक प्रवृत्ति का उदय, शक्ति का अविर्भाव और विघ्ननाश होता है।

रुद्राक्ष के सुखों के अनुसार उसका फल निम्न प्रकार से है :

1. एक मुख वाला रुद्राक्ष साक्षात् भोग व मोक्ष रूप फल प्रदान करता है। जहां इसकी पूजा होती है, जहाँ से लक्ष्मी दूर नहीं जाती। उस स्थान में सारे उपद्रव नष्ट हो जाते हैं तथा वहाँ रहने वाले लोगों की सम्पूर्ण कामनाएं पूर्ण होती हैं।
2. दो मुख वाला रुद्राक्ष देव देवेश्वर कहा गया है। वह सम्पूर्ण कामनाओं और फलों को देने वाला है। गर्भवती महिलाओं की कमर या बांह पर सूत से बांध देने पर गर्भावस्था नौ महिने के अन्दर किसी भी प्रकार की वाधा, भय, बेहोशी, हिस्टीरिया, डरावने स्वप्न आदि दोष नहीं होंगे साथ में एक रुद्राक्ष बिस्तर पर तकिए के नीचे एक डिविया में रख देना चाहिए।
3. तीन मुख वाला रुद्राक्ष सदा साक्षात् साधन फल देने वाला है, उसके प्रभाव से सारी विद्याएं प्रतिष्ठित होती है, तीन दिन के बाद आने वाले ज्वर इसके धारण करने से ठीक हो जाता है।
4. चार मुख वाला रुद्राक्ष के दर्शन और स्पर्श से शीघ्र ही धर्म, अर्थ, काम, मोक्ष इन चारों पुरुषार्थों की सिद्धि देने वाला है, इससे जीव हत्या का पाप नाश हो जाता है।
5. पाँच मुख वाला रुद्राक्ष साक्षात् कालाग्नि रूप है, वह सब कुछ करने में समर्थ है, सब कष्टों से मुक्ति देने वाला तथा सम्पूर्ण मनोवांछित फल प्रदान करने वाला है, उसके तीन दाने धारण करने से लाभ होता है।
6. छह मुखों वाला रुद्राक्ष यदि दाहिनी बाह में उसे धारण किया जाये तो धारण करने वाला मनुष्य विद्याओं का स्वामी होता है और पापों से मुक्त हो जाता है, यह विद्यार्थियों के लिए उत्तम है।
7. सात मुख वाला रुद्राक्ष अनंग स्वरूप और अनंग नाम से हो प्रसिद्ध है। उसको धारण करने से दरिद्र भी ऐश्वर्यशाली हो जाता है। सभी रोगों को नाश होता है।
8. आठ मुख वाला रुद्राक्ष अष्टमूर्ति भैरव रूप है। असत्य भाषण का पाप नष्ट करता है। उसको धारण करने से मनुष्य पूर्णायु होता है और मृत्यु के पश्चात शूलधारी यक्ष हो जाता है।
9. नौ मुख वाले रुद्राक्ष को भैरव का प्रतीक माना गया है अथवा नौ रूप धारण नरने वाली माहेश्वरी दुर्गा उसकी अधिष्ठात्री देवी मानी गई है, जो मनुष्य अपने बाएं हाथ में इसको धारण करता है, वह सर्वेश्वर हो जाता है।

10. दस मुख वाला रुद्राक्ष भगवान् रूप है। उसको धारण करने से मनुष्य की सम्पूर्ण कामनाएं पूर्ण हो जाती है, वह भूत प्रेत बाधा तथा सभी प्रकार की बीमारियों को हरण करने वाला है।

11. ग्यारह मुख वाला रुद्राक्ष रूप है, उसको धारण करने से सर्वत्र विजयी होता है। इसे पूजा गृह अथवा तिजोरी में मंगल कामना के लिए रखना लाभ दायक है, यह सबको मोहित करने वाला है।

12. बारह मुख वाले रुद्राक्ष को केश प्रदेश में धारण करे, उसको धारण करने से मानो, मस्तक पर आदित्य विराजमान हो जाते हैं।

13. तेरह मुख वाला रुद्राक्ष विश्व देवों का स्वरूप है, उसको धारण करके, मनुष्य सम्पूर्ण अभिष्टों को पाता है तथा सौभाग्य और मंगल लाभ प्राप्त करता है।

14. चौदह मुख वाला रुद्राक्ष परम शिव रूप है, उसे भक्ति पूर्वक मस्तक पर धारण करे, इससे समस्त पापों का नाश होता है। इस तरह मुखों के भेद से रुद्राक्ष के मुख्यत: चौदह भेद बताये गये हैं।

रुद्राक्ष धारण करने के मन्त्र निम्नलिखित रूप में है।

1–4–5–10–13 इन पाँचों का मन्त्र– ॐ ह्रीं नमः है।

2–14 इन दोनों का मन्त्र– ॐ नमः है।

3 इसका मन्त्र– क्लीं नमः है।

6–9–11 इन तीनों का मन्त्र– ॐ ह्रीं हू नमः हैं।

7–8 इन दोनों का मन्त्र– ॐ हुं नमः है।

12 इसका मन्त्र– ॐ क्रौं क्षौं रौं नमः है।

उपरोक्त चौदह ही मुखों वाले रुद्राक्षों को अपने अपने मन्त्र द्वारा धारण करने का विधान है रुद्राक्ष की माला धारण करने वाले पुरुष को देखकर भूत, पिशाच, डाकिनी, शाकिनी तथा द्रोहकारी राक्षस आदि सर्व दूर भाग जाते हैं।

एक मुखी रुद्राक्ष को धारण करने का मन्त्र–

मन्त्र : श्री गौतम गणपति जी को नमः ॐ ह्रीं श्रीं क्लीं एक मुखाय भगवतेऽनुरूपाय सर्व युगेश्वराय त्रैलोक्य नाथाय सर्व काम फलप्रदाय नमः।

विधि–चैत्र शुक्ल अष्टमी को 108 रक्त वर्ण के पुष्पों से पूजा करे। धूप, दीप, प्रसाद करे केशर चन्दन कपूर का तिलक करे। प्रत्येक पुष्प पर एक मन्त्र पढ़े। फिर इसी तरह दीपावली के दिन करे अर्थात तिजोरी में रख दे या सोने में मंड़ा कर गले में धारण करे।

जिनसे एक मुखी रुद्राक्ष जिसका मूल्य 5–50 हजार रुपये तक भी हो जाता है। विशेष रूप से नकली आते हैं। लेते समय सावधानी रखनी चाहिए। किसी विज्ञ व्यक्ति से पहचान करवा कर लेना चाहिए।

बहेड़ा कल्प

शनिवार की संध्या को वृक्ष के पास जावे, "मम कार्य सिद्धिं कुरु कुरु स्वाहा" इस मन्त्र का उच्चारण करे, चन्दन चांवल, पुष्प, नैवेद्य धूप, दीप द्वारा उसका पूजन करे व मौली बांध कर आ जावे। दूसरे रोज रविवार पुष्य नक्षत्र के दिन सूर्योदय से पहले जावे और निम्नलिखित मन्त्र पढ़कर मूल व पत्ते ले आवें।

मन्त्र : ॐ नमः सर्व भूताधिपतये ग्रह शोषय भैरवोज्ञापयति स्वाहा।

घर पर लाकर पंचामृत से धोकर अच्छी तरह स्थापना कर, उपरोक्त मन्त्र में फिर अभिमन्त्रित करना चाहिए तत्पश्चात प्रयोग में लाया जा सकता है।

जैसे–

1. दाहिनी जांघ के नीचे रखकर भोजन करे, जो अपनी खुराक से बीस गुना ज्यादा भोजन कर सकता है।
2. तिजोरी में रखे तो अटूट भंडार रहे।

निर्गुण्डी कल्प

विधि–रात्रि के समय अकेला निर्गुण्डी वृक्ष के पास जावे और 21 प्रदक्षिणा निम्नलिखित मन्त्र को बोलते हुये सात रात्रि तक बराबर दे, तो वृक्ष सिद्ध हो जाता है।

मन्त्र : ॐ नमो गौतम गणेशाय कुबेराय कद्रिके फट् स्वाहा।

तत्पश्चात सातवें रोज वृक्ष का पंचांग ले आवे। फिर धूप द्वीप से पूजन करे। पंचामृत से धोकर शुद्ध जगह रखकर उपरोक्त मन्त्र की एक माला से अभिमन्त्रित कर निम्नलिखित प्रयोगों से काम ले।

जैसे–

1. पुष्य नक्षत्र में निर्गुण्डी और सफेद सरसों, दुकान के द्वार पर रखी जाये, तो अच्छा क्रय-विक्रय होता है।
2. इस वृक्ष की छाल का चूर्ण, जीरे का चूर्ण सम भाग आठ दिन तक सेवन करने से हर प्रकार का ज्वर दूर हो जाता है।
3. एक महीने तक सेवन करने से भूमिगत द्रव्य दिखाई देता है।
4. चालीस दिन तक सेवन करने से आयुष्य में वृद्धि होती है।

5. पचास दिन तक सेवन करने से शरीर में बल अत्यन्त बढ़ता है। मृत्यु पर्यन्त निरोग रहता है। इसका सेवन करते समय हलका भोजन, खिचड़ी आदि खाना चाहिए।

हत्था जोड़ी कल्प

शुभ दिन शुभ योग में ले और निम्नलिखित मन्त्र का 12500 जाप करके इसको सिद्ध कर ले।

मन्त्र : ॐ किलि किलि स्वाहा।

योग–

1. किसी भी व्यक्ति से वार्ता करने में साथ रखे, तो बात माने।
2. जिसको भी वश करना हो उसका नाम लेकर जाप करे तो इसके प्रभाव से वह व्यक्ति वशीभूत होगा।
3. प्रयोग के बाद चांदी की डिबिया सिन्दूर के साथ रखे।

विजया कल्प

इसका भिन्न भिन्न मास में भिन्न भिन्न अनुपात से सेवन करने से अलग–अलग फल हैं जो निम्न प्रकार हैं–

1. चैत्र मास में पान के साथ खाने से पंडित बने।
2. वैशाख मास में अकलकरा के साथ खाने से जहर नहीं चढ़ेगा।
3. ज्येष्ठ मास में नींबू के साथ खाने से, तांबे के से रंग का शरीर हो।
4. आषाढ़ मास में चित्र बल से खाने से, केश कल्प हो।
5. श्रावण मास में शिवलिंगी पर से खाने से, बलवान हो।
6. भाद्र मास में रुद्रवंती से खाने से, सबका प्रिय होता है।
7. आश्विन मास में माल कांगनी से, खाने से अमरी उतरे स्वस्थ हो।
8. कार्तिक मास में बकरी के दूध के साथ खाने से, संभोग शक्ति बढ़े।
9. मार्गशीर्ष मास में गाय के घृत के साथ खाने से दृष्टि दोष मिटे।

श्वेतार्क कल्प

विधि–शनिवार के दिन वृक्ष के पास न्यौता देने जाये तो सर्वप्रथम 'मम कार्यं सिद्धि कुरु कुरु रुवाहा' यह मन्त्र वृक्ष के सामने हाथ जोड़कर बोले और चंदन, चांवल, पुष्प, नैवेद्य से पूजन करे, धूप दे और मौली बांधकर आ जाये। दूसरे रोज रविवार पुष्य

नक्षत्र को सुबह से पहले 2 वृक्ष के पास नहा धोकर शुद्ध वस्त्र पहनकर जाये और निम्न मन्त्र बोलकर वृक्ष की जड़ को घर ले आवे। जड़ पूर्व या उत्तर की ओर मुंह करके लेनी चाहिए।

मन्त्र : ॐ नमो भगवते श्री सूर्याय हां हीं हूं हः ॐ सं जूं स्वाहा।

इस मन्त्र से मूल को लाकर पंचामृत से धोकर ऊंचे व शुद्ध स्थान पर रख दे, तत्पश्चात पुष्य नक्षत्र रहते उस जड़ से भगवान् पार्श्वनाथ की मूर्ति बनाये व निम्नलिखित मन्त्र से पूजा करे। इससे श्री गोतम गणेशजी की मूर्ति भी बनाई जाती है।

मन्त्र : ॐ नमो भगवति शिव चक्रे ! मालिनी स्वाहा।

उपरोक्त मन्त्र से अभिमन्त्रित कर फिर किसी भी कार्यवश साथ में लेकर जायें, तो अवश्य सफल हो इस सम्बन्ध में निम्नांकित बातें और ज्ञातव्य हैं।

1. जहां सफेद आक होता है कहते हैं कि वहां आसपास गड़ा हुआ धन होना चाहिए।
2. सातवीं ग्रन्थि में ऐसी गांठ पड़ती है कि उससे गणेश जी कि सूंडवाली आकृति बनती है। यदि दक्षिणावर्ती सूंडवाली आकृति के श्री गणेश मिल जाये, तो बहुत वह चमत्कारी होती है।
3. पुरुष के दाहिने हाथ और स्त्री के बाएं हाथ में इसे बांधने से सौभाग्य व लाभ होता है। ऐसा माना जाता है।
4. बंध्या स्त्री की कमर में बांधने से संतान की प्राप्ति होती है।
5. मूल को ठण्डे पानी में घिसकर लगाने से बिच्छू आदि का जहर व हर प्रकार का जहर उतरता है।
6. मूल में गोरोचन मिलाकर गुटिका कर तिलक करे तो सर्वजन वश हो।
7. यह मूल, वच, हल्दी तीनों बराबर मिलाकर तिलक करें, तो अधिकारी वश में हो।
8. मूल, गोरोचन, मैनासिल भृंगराज चारों मिलाकर तिलक करे तो अधिकारी वश में हो।
9. मूल, हल्दी, कूट (लाल कुरी) स्वरक्त से भोज पात्र पर लिखकर हाथ में बांधे, सर्वजन वश हो।
10. मूल, वीर्य भृंगराज, मिलाकर अंजन करे, तो अदृश्य हो।
11. मूल का घघा नक्षत्र में कस्तूरी में अंजन करे, तो अदृश्य हो।
12. मूल का वच के साथ घिसकर हाथ पर लेप करे तो हाथ नहीं जले।
13. मूल को छाया में सूखाकर, चूर्ण का घृत के साथ आधा रत्ती की मात्रा में खाने से भूत, प्रेत होते हैं। स्मरण शक्ति बढ़ती है। देह की कांति कामदेव के समान

हो जाती है। 40 दिन थोड़ी मात्रा में सेवन करे। ऊष्णता का अनुभव हो तो छोड़ दें।

पंचांग : फल, फूल, जड़, पत्ते व छाल को पंचांग कहते हैं।

पंचमैल : कान, दांत, आँख, जिह्वा और स्ववीर्य को पाँच प्रकार का मैल कहते हैं।

मूल : किसी भी पेड़ की जड़ को मूल कहते हैं।

बंदा : एक वृक्ष पर दूसरा वृक्ष निकल आता है। उसे बंदा कहते हैं। उस वृक्ष की गांठ लेना चाहिए।

अपनी मां का नाम कागज पर लिखकर, मस्तक के नीचे दबाकर सोने से स्वप्न दोष कभी नहीं होता है और यह रोग मिट जाता है।

काले धतूरे की जड़ 6 मासा प्रमाण चूर्ण कर कमर में बांधने से, स्वप्न दोष कभी नहीं होता है और बवासीर रोग ठीक होता है।

कलियुग में हनुमानजी की उपासना ही सर्वोपरी व अचूक सिद्धि दायक है

कलियुग में विश्ववन्द्य श्री हनुमान जी की उपासना और भक्ति ही सभी प्रकार की इच्छाओं को सहजपूर्ण करने वाला अमोघ फलदायी है। जो व्यक्ति सकाम या निष्काम भाव से भी हनुमान जी की पूजा उपासना करता है, उसे सदा शुभफलों की प्राप्ति होती है। उसकी सभी बाधाएं दूर होती हैं साधक सर्वदा प्रसन्नचित्त रहता है। शुभनाम में तो हनुमत् उपासना का कोई मुकाबला नहीं क्योंकि श्री हनुमान जी ही ऐसे देवता हैं जो अजेय हैं तथा युद्ध में किसी से नहीं हारे।

युद्ध में देवताओं के राजा इन्द्र अनेक बार हारे, ब्रह्मा जी हारे, विष्णु भगवान् तो युद्ध का मैदान छोड़कर भाग गये और रणछोड़ कहलाये। श्रीराम लवकुश द्वारा पराजय को प्राप्त हुए। श्री माहदेव मस्कासुर के भय ये तीनों लोको में भागे। एकमात्र हनुमान ही ऐसे देवता हुए जो युद्ध में कभी किसी से नहीं हारे, नही किसी से कभी भयभीत हुए। अत: शुभनाश मे अमिचार कर्म लौटाने में हनुमान जी की ही उपासना लाभप्रद रहती है।

भूत-प्रेत नाश में हनुमान चालीसा तात्कालिक कष्ट दूर करने के लिए संकटमोचन शुभद्वारा किये गये अभिचार कार्य को नष्ट करने के लिए बजरंग बाण अमोघ शाबर मन्त्र के रूप में प्रथस्त है। इन मन्त्रों से झाड़े लगते हैं तथा इष्ट की कृपा से भूत-प्रेत पिशाच, ब्राहम राक्षस, डाकिनी-शाकिनी, मक्षिणी सभी दोष शान्त हो जाते हैं। ग्रहदोष भी मिटते हैं तथा अभिचार कर्म वापस लौट जाता है। इसलिए ये तीनों प्रयोग वहां दे रहे हैं। इन सबसे विलक्षण और महान कष्टनाशक प्रयोग है हनुमत्सहस्रनामस्तोत्र अर्थात श्री

हनुमानजी के एक हजार नामों का प्रयोग जो कि उनके आराध्य स्वयं श्रीराम ने किया और मनोवांछित कार्य को सिद्ध किया। यह स्तोत्र वटवृक्ष के नीचे बैठ कर शनि या मंगलवार को पढ़ने से मन इच्छा पूर्ण होती देखी गई है। इन स्तोत्र को तीव्र फल प्राप्त करने के लिए इन हजार नामों के आगे चतुर्थी विभक्ति लगाकर स्वाहाकार मे कालीमिर्च व सरसों का हवन किसा जा सकता तथा प्रसादी में हनुमान जी का रोट भोग लगाने से सभी काम सिद्ध होते हैं। प्रबुद्ध पाठकों के लाभार्थ यह प्रयोग पहली बार यहां दिया जा रहा है।

संकट दूर करने के लिए सिद्ध मन्त्र

जो प्रभु दीनदयाल कहावा।
आरति हरन बेद जस गावा॥
जपहिं नामु जन आरत भारी।
मिटहिं कुसंकट होहि सूखारी॥
दीन दयाल बिरद सम्भारी।
हरहु नाथ मम संकट भारी॥

विधि–प्रभु राम की प्रतिमा के समक्ष लाल कम्बल के आसन पर बैठकर राम भर इस मन्त्र का नियमित जाप किया जाये तो इस मन्त्र की अद्‌भुत शक्ति से समस्त संकटों का अन्त हो जाता है।

चमत्कारी संकट मोचन (हनुमानाष्टक)

॥ मत्तंग छंद॥

बाल समय रवि भक्ष लियो, तब तीनहुँ लोक भयो अँधियारो॥
ताहि सो त्रास भयो जग को, यह संकट काहु सो जात न टारो॥
देवन आनि करी विनती तब, छाँड़ि दियो रवि कष्ट निवारो॥
को नहिं जानत है जग में, कपि संकट मोचन नाम तिहारो॥
बालि की त्रास कपीस बसै, गिरि जात महा प्रभु पंथ निहारो॥
चौंकि महा मुनि साप दियो तब, चाहिय कौन विचार विचारो॥
कै द्विज रूप लिवाय महाप्रभु, सौ तु दास के सोक निवारो॥
अंगद के संग लेन गये सिय, खोज कपीस यह बैन उचारो॥
जीवत ना बचिहौ हमसों जु, बिना सुधि लाये इहाँ पगु धारो॥
हेरि थके तट सिंधु सबै तब, लाय सिया सुधि प्राण उबारो॥
रावनत्रास दई सियको, सब राक्षसि यों कहि सोक निवारो॥
ताहि समय हनुमान महाप्रभु, जाय महा रजनीचर मारो॥
चाहत सीय अशोक सो आगि सु, दै प्रभु मुद्रिका सोक निवारो॥
बान लग्यो उर लछिमन के तब, प्रान तजे सुत रावन मारो॥
लै गृह वैद्य सुशेन समेत, तबै गिरि द्रोन सुबीर उपारो॥

आनि सजीवन हाथ दई तब, लक्षिमन के तुम प्रान उबारो॥
रावन जुद्ध अजान कियो जब, नाग की फाँस सबै सिर डारो॥
श्री रघुनाथ समेत सबै दल, मोय भयो यह संकट भारो॥
आनि खगेस तबै हनुमान जु, बन्धन काटि सुत्रास निवारो॥
बन्धु समेत जबै अहिरावन, लै रघुनाथ पताल सिधारो॥
देविहि पूजि भली विधि सौं, बलि देऊँ सबै मिलि मन्त्र विचारो॥
जाय सहाय भयो तब ही, अहिरावन सैन्य समेत संहारो॥
काज किये बड़ देवन के तुम, बीर महा प्रभु देखि बिचारो॥
कौन सो संकट मोर गरीब को, जो तुमसे नहिं जात है टारो॥
बेगि हरो हनुमान महाप्रभु, जो कुछ संकट होय हमारो॥

॥ दोहा॥

लाल देह लाली लसे, अरू धरि लाल लंगूर।
बज्र देह दानव दलन, जय जय जय कपि सूर॥

इस संकट मोचन का पाठ 40 दिन तक संध्या समय 21 बार पढ़ते रहने से साधक के सभी संकट दूर भाग जाते हैं।

चमत्कारी बजरंग बाण

॥ दोहा ॥

निश्चय प्रेम प्रतीति ते, विनय करैं सनमान ।
तेहि के कारज सकल शुभ, सिद्ध करैं हनुमान ॥

॥ चौपाई ॥

जय हनुमन्त सन्त हितकारी । सुनि लीजै प्रभु अरज हमारी ॥
जन के काज विलम्ब न कीजै । आतुर दौरि महा सुख दीजै ॥
जैसे कूदि सिन्धु महि पारा । सुरसा बदन पैठ विस्तारा ॥
आगे जाई लंकिनी रोका । मारेहु लात गई सुर लोका ॥
जाय बिभीषण को सुख दीन्हा । सीता निरखि परमपद लीन्हा ॥
बाग ऊजागि सिन्धु महँ बोरो । अति आतुर यम कातर तोरा ॥
अक्षर कुमार को मार संहारा । लूम लपेट लंक को जारा ॥
लाह समान लंक जरि गई । जय-जय ध्वनि सुरपुर में भाई ॥
अब विलम्ब केहि कारण स्वामी । कृपा करहु प्रभु अन्तर्यामी ॥
जय-जय लक्ष्मण प्राण के दाता । आतुर होय दुःख करहु निपाता ॥
जय गिरिधर जै जै सुख सागर । सुर समूह समरथ भट नागर ॥
ॐ हनु-हनु-हनु हनुमन्त हठीले । वैरहिं मारू वज्र की कीले ॥

गदा बज्र लै बैरिहि मारो । महाराज प्रभु दास उवारो ॥
सुनि उँकार हँकार दै धावो । ब्रज गदा हनु बिलम्ब न लावो ॥
ऊँ ह्रीं ह्रीं हनुमान कपीसा । ॐ हुँ हुँ हुँ हनु उर शीश ॥
सत्य होहु हरि सत्य पाय कै । राम दुत धरू मारू धाय के ॥
जय जय जय हनुमन्त अनन्त अगाधा । दुःख पावत जन केहि अपराधा ॥
पूजा जप तप नेम आचारा । नहीं जानत है दास तुम्हारा ॥
वन उपवन मग गिरि गृह माँही । तुम्हरे बल हम डरपत नाहीं ॥
पाँय परौं कर जोरि मनावौं । यहि अवसर अब केहि गोहरावौं ॥
जय अन्जनि कुमार बलवन्ता । शंकर स्वयं वीर हनुमन्ता ॥
बदन कराल काल कुल घातक । राम सहाय सदा प्रति पालक ॥
भूत-प्रेत पिशाच निशाचर । अग्नि बैताल वीर मारी मर ॥
इन्हें मारू तोहि शपथ राम की । राखु नाथ मर्यादा नाम की ॥
जनक सुता हरि दास कहावो । ताकि शपथ बिलम्ब न लावो ॥
जय-जय-जय धुनि होत अकाशा । सुमिरत होत दुसह दुःख नाशा ।
चरण पकरि कर जोरि मनावौं । यहि अवसर अब केहि गोहरावौं ॥
उठु-उठु चलु तोहि राम दोहाई । पांय परौं कर जोरि मनाई ॥
ॐ चं चं चं चं चपल चलंता । ॐ हनु हनु हनु हनु हनुमन्ता ॥
ॐ हँ हँ हांक देत कपि चंचल । ॐ सं सं सहमि पराने खल दल ॥
अपने जन को तुरत उबारो । सुमिरत होय आनन्द हमारो ॥
यह बजरंग बाण जेहि मारे । ताहि कहौ फिर कौन उबारे ॥
पाठ करें बजरंग बाण की । हनुमत रक्षा करैं प्राण की ॥
यह बजरंग बाण जो जापै । ताते भूत प्रेत सब काँपै ॥
धूप देय अरू जपै हमेशा । ताके तन नहिं रहैं क्लेशा ॥
उर प्रतीति दृढ सरन कर । पाठ करै धरि ध्यान ॥
बाधा सब हर । करे सब काम सफल हनुमान ॥

॥ दोहा ॥

प्रेम प्रतीतिहि कपि भजै । सदा धरै उर ध्यान ॥
तेहि के कारज सकल शुभ । सिद्ध करैं हनुमान ॥

विधि—इस मन्त्र का अनुष्ठान श्रद्धा और निष्ठापूर्वक शनिवार या मंगलवार के दिन शुरू करें, सबसे पहले हनुमान जी की मूर्ति जप के समय सामने रखें, ऊनी या लाल रंग के कपड़े का आसन प्रयोग करें, पूजा में दीपक घी का उपयोग में लायें। चन्दन, लाल पुष्प, धूप आदि का उपयोग करें। जप के समय इस मन्त्र से ध्यान स्तुति करें।

अतुलितबलधामं हेमशैलाभदेहं ।
दनुजवनकृषानुं ज्ञानिनामग्रगण्यम् ।।
सकल गुणनिधानं वानराणामधीशं ।
रघुपतिप्रियभक्तं वातजातं नमामि ।।
श्री हनुमान जी की जय ।।

इस बजरंग बाण का इस प्रकार अनुष्ठान जप करने से साधक के प्रत्येक कार्य श्री हनुमान जी की कृपा से सिद्ध होते है, और भूत प्रेत का प्रकोप, दरिद्रता, दुर्भाग्य का अन्त होता है ।

श्रीरामकृतं श्रीहनुमत्सहस्त्रनामस्तोत्रम्

श्रीहनुमानजी जिनके इष्ट देवता है उनको तो श्रीहनुमत्-सहस्त्रनामका पाठ प्रतिदिन करना ही चाहिए परंतु साधारणतः कोई भी साधक इस सहस्त्रनाम का पाठ करके लाभ उठा सकता है । यह हनुमत्सहस्त्रनाम बृहज्जोतिषार्णव से लिया गया है ।

देवाराधना में सहस्त्रनाम का पाठ एक विशेष स्थान रखता है । इस कारण प्रायः सभी देवताओं के पृथक पृथक सहस्त्रनाम उपलब्ध है । प्रत्येक देवता के दो स्वरूप होते है सगुण और निर्गुण । सगुण स्वरूप मे उनकी लीला, रूप, गुण, प्रभाव का समावेश होता है और निर्गुण स्वरूप में वे परब्रह्म हैं । अतः सहस्त्रनाम में इन दोनो रूपों का दर्शन होता है । ब्रह्मस्वरूप में प्रकृति-पुरुष, देवी-देवता, ऋषि-मुनि आदि सबका समावेश होता है । अतएव सहस्त्रनाम में उन सबका इष्ट देवता के नाम के रूप में उल्लेख किया जाता है । इष्ट देवता सर्वमय है, सर्वस्वरूप है क्योंकि वह परब्रह्म है । श्रीहनुमत्सहस्त्रनाम में श्रीविष्णु भगवान् के प्रायः सभी अवतारों को श्रीहनुमानजी के नाम के रूप में वर्णन किया गया है । ऋषियों, देवताओं तथा सृष्टि की महान ऐश्वर्यशाली विभूतियों को श्रीहनुमानजी के नाम के रूप में वर्णन किया है । इस प्रकार सहस्त्रनाम के माध्यम से अनायास ही वासुदेवः सर्वम् का पाठ साधक को पढ़ा दिया जाता है । दूसरे शब्दों में स्हस्त्रनाम में जो नानात्व है, वह एकत्व में अन्तर्हित है । एक सच्चिदानन्दघन परमात्मा ही राम, कृष्ण, विष्णु, शिव, शक्ति, सूर्य, गणेश, हनुमान आदि भिन्न भिन्न रूपों में प्रकट होकर विभिन्न लीलाएँ करते है । साधक अपनी-अपनी रुचि, योग्यता, विश्वास एवं श्रद्धा के अनुसार उनमें से किसी एक रूप की उपासना कर अन्त में उसी एक परब्रह्म परमात्मा को प्राप्त क्ररते है ।

प्रत्येक नाम के उच्चारण के साथ साधक को अपने आराध्य के एक विशेष स्वरूप, गुण, प्रभाव एवं लीला का स्मरण होता है । इष्टदेव के विभिन्न नामों के साथ विभिन्न लीलाओं का स्मरण, चिन्तन एवं कीर्तन कर साधक भाव-विभोर होता रहे, सहस्त्रनामों के उल्लेख का यही रहस्य प्रतीत होता है । सहस्त्रनाम का पाठ नैष्ठिक ब्राह्मण से या किसी साधक से करवाकर उसका श्रवण करने से भी मनोवांञ्छित फल प्राप्त होता है । मुख्यरूप से मंगलवार और शनिवार - ये दोनों दिन श्रीहनुमान जी के पूजा-अनुष्ठान के लिये विशेष मान्य है । श्रीहनुमानजी के या श्रीरामजी के विग्रह के सामने इस सहस्त्रनाम का पाठ श्रद्धा-प्रेमपूर्वक नियमित रुप से करना चाहिए ।

इस स्तोत्र का सर्वाधिक वैशिष्ट्य यह है कि स्वयं श्रीरामचन्द्रजी ने इस हनुमत्सहस्त्रनाम का पाठ करके लाभ उठाया है, यह इसकी भूमिका से ही ज्ञात होता है तथा इसकी फलश्रुति से इसकी विशेष महिमा जानी जा सकती है । सहस्त्रनाम के प्रत्येक नाम का अर्थ समझते हुए निष्काम भाव से श्रद्धा-प्रेमपूर्वक पाठ करने पर मनुष्य को परम शान्ति और परमानन्दस्वरूप परमपद की प्राप्ति तथा परम दुर्लभ भगवत्प्रेम की प्राप्ति भी हो सकती है । इसीलिये यहाँ इस स्तोत्र को अर्थसहित प्रकाशित किया जा रहा है । एक-एक नाम को चतुर्थी विभक्ति के साथ जोड़कर नमः पद के साथ पढकर पुष्प अर्पण करने का विधान भी पाया जाता है। जैसे श्रीहनुमते नमः, श्रीश्रीप्रदाय नमः, श्रीवायुपुत्राय नमः इत्यादि । अस्तु जिस विधि से हो सके, वैसे ही साधक को अपने इष्ट देवता की कृपा प्राप्ति के लिये समाहित चित्त से श्रद्धा-प्रेमपूर्वक सहस्त्रनाम का पाठ करना चाहिये ।

ऋषय ऊचुः

ऋषे लौहगिरिं प्राप्तः सीताविरहकातरः ।
भगवान् किं व्यधाद् रामस्तत्सर्वं ब्रूहि सत्वरम् ॥ 1 ॥

ऋषिगण बोले : महषि वाल्मीकिजी ! सीताजी के विरहमें कातर भगवान् श्रीरामचन्द्रजी ने लौहगिरि (ऋष्यमूक पर्वत) पर जाकर क्या किया ? वह सब वृत्तान्त अविलम्ब बतलाने की कृपा करें ॥ 1 ॥

वाल्मीकिरूवाच

मायामानुषदेहोऽयं ददर्शाग्रे कपीश्वरम् ।
हनुमन्तं जगत्स्वामी बालार्कसमतेजसम् ॥ 2 ॥
स सत्वरं समागम्य साष्टांग प्रणिपत्य च ।
कृतांजलिपुटो भूत्वा हनुमान राममब्रवीत् ॥ 3 ॥

वाल्मीकिजी ने कहा : अपनी मायाशक्ति के द्वारा मानव-विग्रह धारण करने वाले, जगदीश्वर भगवान् श्रीराम ने उदयकालीन सूर्य के समान तेजस्वी महाकपीश्रर श्रीहनुमानजीको अपने सामने देखा । तब श्रीहनुमानजी ने शीघ्र भगवान् श्रीराम के पास जाकर, साष्टांग प्रणाम किया और हाथ जोड़कर इस प्रकार कहने लगे ॥ 2-3 ॥

श्रीहनुमानुवाच

धन्योऽस्मि कृतकृत्योऽस्मि इष्टा त्वत्पादपंकजम् ।
योगिनामप्यगम्यं च संसारभयनाशनम् ॥ 4 ॥
पुरुषोत्तम देवेश किं कर्तव्यं निवेद्यताम् ।

श्रीहनुमानजी बोले : पुरुषोत्तम् ! आप योगियों के लिये भी अगस्य हैं तथा संसार के भय का नाश करने वाले हैं । आज मैं आपके चरणकमल का दर्शन कर धन्य और कृतकृत्य हो रहा हूँ । देवेश ! अब मेरे लिये जो कार्य हो, उसे बतलाइए ॥ 4 ॥

श्रीराम उवाच

जनस्थानं कपिश्रेष्ठ कोऽप्यागत्य विदेहजाम् ॥ 5 ॥
हृतवान् विप्रसंवेशो मारीचानुगते मयि ।
गवेष्य: साम्प्रतं वीर जानकीहरणे पर: ॥ 6 ॥
त्वया गम्यो न को देशस्त्वं च ज्ञानवतां वर: ।
सप्तकोटिमहामन्त्रमन्त्रितावयव: प्रभु: ॥ 7 ॥

श्रीरामजी बोले : कपिश्रेष्ठ हनुमान ! जब मैं मारीच को मारने के लिये उसके पीछे गया तो ब्राह्मण-वेषधारी कोई दुष्ट जनस्थान में आकर सीता को चुरा ले गया। वीर ! अब जानकी को चुराने वाले उस शत्रु की खोज होनी चाहिए। कौन सा ऐसा देश है, जहाँ तुम नहीं जा सकते। तुम ज्ञानियों में श्रेष्ठ हो तथा सात करोड़ महामन्त्रों से अभिमन्त्रित शरीर के कारण तुम सर्वथा समर्थ हो ॥ 5-7 ॥

ऋषय ऊचु:

को मन्त्र: किं च तद्ध्यानं तन्नो ब्रूहि यथार्थत: ।
कथासुधारसं पीत्वा न तृप्याम: परंतप ॥ 8 ॥

ऋषिगण बोले : श्रीहनुमान जी का मन्त्र क्या है, उनके ध्यान का स्वरूप क्या है, वह सब हमको ठीक-ठीक बतलाये। परम तपस्वी वाल्मीकिजी ! आपके द्वारा वर्णित कथारूपी अमृत-रस का पान कर हम लोगों को तृप्ति नहीं हो रही है ॥ 8 ॥

वाल्मीकिरूवाच

मन्त्रं हनुमतो विद्धि भुक्तिमुक्तिप्रदायकम् ।
महारिष्टमहापापमहादु:खनिवारणम् ॥ 9 ॥

वाल्मीकिजी ने कहा : सप्तकोटि महामन्त्रों में श्रीहनुमानजी का यह मन्त्र भोग और मोक्ष प्रदान करनेवाला है, यह सब प्रकार के महान से महान क्लेश, पाप, ग्रह-पीड़ा तथा महान दुखों का निवारण करने वाला है ॥ 9 ॥

यह मन्त्र इस प्रकार है :-

अथ मन्त्र

ॐ ऐं ह्रीं हनुमते रामदूताय लंकाविध्वंशनायाजनी गर्भसम्भूताय शाकिनीडाकिनीध्वंसनाथ किलिकिलिबुबुकारेण विभीषणाय हनुमदेवाय। ॐ ह्रीं श्रीं ह्रौं ह्रां फट् स्वाहा ॥ 10 ॥

अन्यं हनुमतो मन्त्रं सहस्त्रनामसंज्ञितम् ।
जानन्तु ऋषय: सर्वे महादुरितनाशनम् ॥ 11 ॥

ऋषिगण! इसके अतिरिक्त एक दूसरा श्रीहनुमानजी का सहस्त्रनाम संज्ञक मन्त्र है, जिसे आप लोग महापापों का नाश करने वाला समझें ॥ 11 ॥

यस्य संस्मरणात् सीता लब्धा राज्यमकण्टकम् ।
विभीषणाय च ददावात्मानं लब्धवान् मया ॥ 12 ॥

जिसके जप से श्रीराम ने सीता को प्राप्त किया तथा लंका का निष्कण्टक राज्य विभीषण को प्रदान किया और मेरे द्वारा आत्म-साक्षात्कार प्राप्त किया, अर्थात् उन्होंने यह समझा कि वे पूर्णब्रह्म है, मनुष्य नहीं ॥ 12 ॥

ऋषय ऊचुः

सहस्त्रनामसन्मन्त्रं दुःखाघौघनिवारणम् ।
वाल्मीके ब्रूहि नस्तूर्णं शुश्रषामः कथां पराम् ॥ 13 ॥

ऋषिगण बोले : वाल्मीकिजी ! हमलोग आपकी श्रेष्ठ कथा को बड़े ध्यान से सुन रहे हैं । आप कृपया समस्त दुःख एवं पापों को दूर करने वाले हनुमत्सहस्त्रनामरूपी मन्त्र का शीघ्र ही वर्णन करें ॥ 13 ॥

वाल्मीकिरूवाच

शृंण्वन्तु ऋषयः सर्वे सहस्त्रनामकं स्वतम् ।
स्तवानामुत्तमं दिव्यं सदर्थस्य प्रदायकम् ॥ 14 ॥

वाल्मीकिजी बोले : ऋषियों ! आप लोग ध्यान से हनुमत्सहस्त्रनाम स्तोत्र को सुनिये। यह स्तवों में उत्तम तथा सत्प्रयोजन को सिद्ध करने वाला दिव्य स्तोत्र है ॥ 14 ॥

इसका विनियोग इस प्रकार है :-

अथ विनियोग :

ॐ अस्य श्रीहनुमत्सहस्त्रनामस्तोत्रमन्त्रमस्य श्रीरामचन्द्र ऋषिः, अनुष्टुप् छंदः, श्रीहनुमान् महारुद्रो देवता, हीं श्रीं हौं हां बीजम्, श्रीं-इति शक्तिः, किलिकिलिबुबुकारेणेति कीलकम्, लङ्काविध्वंसनायेति कवचम्, मम सर्वोपद्रवशान्त्यर्थे सर्वकामसिद्धयर्थे च जपे विनियोगः।

इस हनुमत्सहस्त्रनामस्तोत्र मन्त्र के ऋषि भगवान् श्रीरामचन्द्रजी हैं, इसका छंद अनुष्टुप् है, महारुद्र श्रीहनुमानजी इसके देवता है **हीं श्रीं हौं हां** बीज हैं, **श्रीं** शक्ति है, **किलिकिलिबुबुकारेण कीलक हैं,** लङ्काविध्वंसनाय कवच है । मेरे सारे उपद्रवों की शान्ति के लिये तथा सारी कामनाओं की सिद्धि के लिये जप में इसका विनियोग है ।

(विनियोग विधि - दाहिने हाथ में जल लेकर ॐ अस्य श्रीहनुमत्सहस्त्रनामस्तोत्रमन्त्रस्य से प्रारंभ करके जपे विनियोगः तक सारा विनियोग मन्त्र पढ़कर भूमि पर जल छोड़ दें।)

अथ न्यासः

ऋष्यादिन्यास – ॐ श्रीरामचन्द्रऋषये नमः शिरसि (पढकर सिरका स्पर्श करे)। । अनुष्टुप्-छंद से नमः, मुखे (पढ़कर मुख का स्पर्श करे) । ह्रौं बीजाय नमः, गुह्ये (पढ़कर गुप्त अंग का स्पर्श करे) श्रीहनुमते कीलकाय नमः नाभौ (पढ़कर नाभिका स्पर्श करे) इष्टार्थे विनियोगाय नमः अंजलौ (पढ़कर अंजलिका स्पर्श करे) । इति ऋष्यादिन्यासः ।

करादिन्यास : ॐ ऐं ह्रीं हनुमते रामदूताय अंगुष्ठाभ्यां नमः (कहकर दोनों अंगुष्ठों के बीच में तर्जनी को लगावे) । ॐ लंङ्काविध्वंसनाय तर्जनीभ्यां नमः (दोनों तर्जनी से अंगुष्ठों को लगावे) । ॐ तर्जनीगर्भसम्भूताय मध्यमाभ्यां नमः (दोनों मध्यमा अंगुलियों को अंगुष्ठ से लगावे) ॐ शाकिनीडाकिनीविध्वंसनाय अनामिकाभ्यां नमः (पढकर दोनों अनामिका अंगुलियों को अंगुष्ठ से स्पर्श करे) । ॐ किलिकिलिबुबुकारेण विभिषणाय हनु देवाय कनिष्ठिकाभ्यां नमः (पढ़कर दोनों कनिष्ठिका अंगुलियों को अंगुष्ठ से स्पर्श करे) । ॐ ह्रीं श्रीं ह्रौं ह्रां फट् स्वाहा करतलकरपृष्ठाभ्यां नमः (पढ़कर दोनों हथेलियों और हाथों के पृष्ठभागों को परस्पर स्पर्श करे) ।

हृदयादिन्यास : ॐ ऐं ह्रीं श्रीहनुमते रामदूताय हृदयाय नमः (कहकर पाँचों अङ्गुलियोंसे हृदयका स्पर्श करे), ॐ लङ्काविध्वंसनाय शिरसे स्वाहा (कहकर शिरका स्पर्श करे), ॐ अञ्जनीगर्भसम्भूताय शिखायै वषट् (कहकर शिखा स्पर्श करे), ॐ शाकिनीडाकिनीविध्वंसनाय कवचाय हुम् (कहकर दाहिने हाथकी पाँचों अङ्गुलियोंसे दायें कंधेका और बायें हाथकी अङ्गुलियोंसे दायें कंधे का स्पर्श करे), ॐ किलिकिलिबुबुकारेण विभीषणाय हनुमद्देवाय नेत्रत्रयाय वौषट् (कहकर दोनों नेत्र तथा ललाटका स्पर्श करे), ॐ हीं श्रीं हौं हां अस्त्राय फट् स्वाह करतलकरपृष्टाभ्यां नमः (कहकर दाहिने हाथ को आगेसे लेकर बायें कंधे से पीठपर घुमाकर ताली बाजाये)।

अथ ध्यानम्

प्रतप्तस्वर्णवर्णाभं संरक्तारुणलोचनम्।
सुग्रीवादियुत्तं ध्यायेत् पीताम्बरसमावृत्तम्।।
गोष्पदीकृतवारीशं पुच्छमस्तकमी श्वरम्।
ज्ञानमुद्रां च विभ्राणं सर्वालंकारभूषितम्।।

जो तपे हुए सुवर्ण के समान कान्तियुक्त हैं, जिनके नेत्र अत्यन्त लाल हैं, जो पीताम्बर धारण किये हैं, समुद्रको गौके खुरके समान सहज लाँघ जाते हैं, अपनी पूँछ को मस्तक के ऊपर उठाये रहते हैं, सुग्रीव आदि वानर-वृन्द से युक्त, सब प्रकारके अलंकारोंसे भूषित, ज्ञान-मुद्राधारी, परमात्मस्वरूप श्री हनुमानजी का ध्यान करे।

अथ सहस्त्रनाम

श्रीरामचन्द्र उवाच–

हनुमान्श्रीप्रदो वायुपुत्रो रुद्रोऽनघोऽजरः।
अमृत्युर्वीरवीरश्च ग्रामवासो जनाश्रयः॥ 1 ॥

श्रीरामचन्द्रजी बोले–1. हनुमान्–जिनकी ठुड्डी विशाल और टेढ़ी है, 2. श्रीप्रदः–शोभा प्रदान करनेवाले, 3. वायुपुत्रः–पवनदेवके पुत्र, 4. रुद्रः–जो रुद्रके अवतार हैं, 5. अनघः–निष्पाप हैं, 6. अजरः– जरा (बुढ़ापा) से रहित हैं, 7 अमृत्युः–जिनकी मृत्यु नहीं हो, 8. वीरवीरः–वीरों में परम वीर, 9. आमवासः– जो गाँवों में वास करते हैं, 10. जनाश्रयः–जो लोगों को आश्रय देते हैं ॥ 1 ॥

धनदो निर्गुणोऽकायो वीरो निधिपतिर्मुनिः।
पिङ्गाक्षो वरदो वाग्मी सीताशोकविनाशनः ॥ 2 ॥

11. धनदः–धन देनेवाले, 12. निर्गुणः–सत्त्वादि गुणोंसे रहित, 13. अकायः–प्राकृत देहसे रहित, 14. वीरः–रणभूमि- में शत्रुओंको पछाड़नेवाले, 15. वरदः निधिपतिः–नवनिधियोंके स्वामी, 16. मुनिः–वेद-शास्त्रों के तत्त्व को जाननेवाले, 17. पिङ्गक्षः–पीली-पीली आँखोंवाले, 18. वरदः–अभीष्ट वर प्रदान करनेवाले, 19. वाग्मी-प्रशस्त वक्ता, 20. सीता शोकविनाशनः–सीता के शोक को मिटानेवाले ॥ 2 ॥

शिवः सर्वः परोऽव्यक्तो व्यक्ताव्यक्तो रसाघरः ।
पिङ्गरोमा श्रुतिगम्यः सनातनः ॥ 3 ॥

21. शिवः–मङ्गलमय, 22. सर्वः–सर्वस्वरूप, 23. परः–प्रकृति से अतीत, 24. अव्यक्तः–जिनका स्वरूप, 23. परः–प्रकृति से अतीत, 24. अव्यक्तः–जिनका स्वरूप अव्यक्त है, 25. व्यक्तव्यक्तः– जो प्रेमी भक्तों के सामने व्यक्त हैं और भाक्तिशून्य जनके लिये अव्यक्त हैं, 26. रसाघरः– पृथ्वी को धारण करते हैं, 27. पिङ्गकेशः–पीले बालवाले, 28. पिङ्गरोमा-पीले रोमवाले, 29. श्रुतिगम्यः–श्रुतियों के द्वारा जो गभ्य हैं, प्राप्य हैं, 30 सनातनः–सदा रहने वाले ॥ 3 ॥

अनादिर्भगवान् देवो वि श्वहेतुर्निरामयः ।
आरोग्यकर्ता विश्वेशो विश्वनाथः हरिश्वरः ॥ 4 ॥

31. अनादिः–उनका कोई आदि नहीं, अतः वे अनादि हैं, 32. भगवान्-ऐश्वर्यवान्, 33. निरामयः– रोगरहित, 34. विश्वहेतुः–विश्वके कारण, 35. निरामयः–रोगरहित, 36. आरोग्यकर्त्ता-निरोग करनेवाले, 37. विश्वेशः–विश्वके ईश, 38. विश्वनाथः–विश्वके स्वामी, 39. हरीश्वरः–वानरोंके स्वामी ॥ 4 ॥

भर्गो रामो रामभक्तः कल्याणप्रकृतिः स्थिरः।
विश्वम्भरो विश्वमूर्तिर्विश्वाकारोऽथ विश्वपः ॥ 5 ॥

40. भर्ग:–तेज:स्वरूप, 41. राम:–जिनमें भक्त:–जिनमें भक्तलोग रमण करते हैं, 42. रामभक्त:रामके भक्त, 43. कल्याणप्रकृति:–कल्याण करना जिनका स्वाभाव है, 44. स्थिर:–पर्वतके समान अचल, 45. विश्वम्भर:–विश्वका भरण–पोषण करनेवाले, 46. विश्वमूर्ति:–विश्व जिनकी मूर्ति है, 47. विश्वाकार:–जो सर्वस्वरूप हैं, 48. विश्वप:–जो विश्वप:–जो विश्वका पालन करते हैं ॥ 5 ॥

विश्वात्मा वि श्वसेव्योऽथ विश्वो विश्वहरो रवि:।
विश्वचेष्टो विश्वगम्यो विश्वध्येय: कलाधर: ॥ 6 ॥

49. विश्वात्मा–जो विश्वकी आत्मा हैं, 50. विश्वसेव्य:–सारे विश्वके सेवनीय, 51. विश्व:–जो हैं, 52. विश्वहर:–विश्व के हर्ता, 53. रवि:–सूर्यस्वरूप, 54. विश्वचेष्ट:–विश्वके हर्ता, 53. रवि:–सूर्यस्वरूप, 54. विश्व के प्राणिमात्र के प्राप्त करने योग्य, 56. विश्वध्येय:–सबके ध्यान करने योग्य, 57. कलाधर:– कलाओंको धारण करनेवाले ॥ 6 ॥

प्लवंगम: कपिश्रेष्टो ज्येष्टो वैद्यो वनेचर: ।
वालो वृद्धो युवा तत्त्वं तत्त्वगम्य: सखा ह्यज: ॥ 7 ॥

58. प्लवंगम:–उछलते–कूदते चलनेवाले, 59. कपिश्रेष्ट:–वानरोंमें श्रेष्ट, 60. ज्येष्ट:–महान्, 61. वैद्य:– भवरोगके चिकित्सक, 62. वनेचर:–सीताजी की खोज में वन–वन भटकनेवाले, 63. बाल:–बालकके समान निश्चल अथवा बालरूप हो सुरसा के मुँह में प्रवेश करनेवाले, 64. वृद्ध:–बढ़कर पर्वताकार होनेवाले, 65. युवा–सदा तरुण स्वरूप, 66. तत्त्वम्–संसारके कारणस्वरूप, 67. तत्त्वगम्य:– तत्त्वरूपमें जाननेयोग्य, 68. मुखा–सबके सवा, 69. अज:– अजन्मा ॥ 7 ॥

अञ्जनासूनुरव्यग्रो ग्रामख्यातो धराधर: ।
भूर्भुव: स्वर्महर्लोको जनलोकस्तपोऽव्यय: ॥ 8 ॥

70. अञ्जनासूनु:–माता अञ्जनाके पुत्र, 71. अव्यग्र:– कभी व्यग्र न होनेवाले, 72. ग्रामख्यात:–गाँव–गाँव में प्रसिद्ध, 73. धराधर:–पृथ्वी को धारण करनेवाले–पर्वताकार, 74. भू:–पृथ्वीलोकस्वरूप, 75. भुव:–भुवर्लोकस्वरूप, 76. स्व:–स्वर्गलोकस्वरूप, 77. महर्लोक:–महर्लोकस्वरूप, 78. जनलोक:–जनलोकस्वरूप, 79. तप:–तपोलोकस्वरूप, 80. अव्यय:–अविनाशीस्वरूप ॥ 8 ॥

सत्यमोङ्कारगम्य श्च प्रणवो व्यापकोऽमल: ।
शिवधर्मप्रतिष्ठता रामेष्ठ: फाल्गुनप्रिय: ॥ 9 ॥

81. सत्यम्–संतोंके लिये हितकर, 82. ॐकारगम्य:–ॐकारके द्वारा प्राप्त होनेवाले, 83. प्रणव:–ॐकारस्वरूप, 84. व्यापक:–सर्वव्यापी, 85. अमल:–दोषरहित, 86. शिवधर्मप्रतिष्टाता–पाशुपात अथवा कल्याण–धर्मको प्रतिष्टित करनेवाले, 87. रामेष्ट:–जिनके श्रीराम इष्टदेव हैं, 88. फाल्गुनप्रिय:– जो अर्जुनके प्रिय हैं ॥ 9 ॥

गोष्पदीकृतवारीशः पूर्णकामो धरापतिः।
रक्षोध्नः पुण्डरीकाक्षः शरणागतवत्सलः ॥ 10 ॥

89. गोष्पदीकृतवारीशः–समुद्रको जलपूरित गोपदके समान लाँघनेवाले, 90. पूर्णकामः–जिनकी सारी कामनाएँ पूर्ण हैं, 91. धनापतिः–पृथ्वी के स्वामी, 92. रक्षोघ्नः– राक्षसोंको मारनेवाले, 93. पुण्डरीकाक्षः–श्वेत कमल के समान नेत्रवाले, 94. शरणागतवत्सलः शरणमें आये हुएपर कृपा करनेवाले ॥ 10 ॥

जानकीप्राणदाता च रक्षःप्राणापहारकः ।
पूर्णः सत्यः पीतवासा दिवाकरसमप्रभः ॥ 11 ॥

95. जानकीप्राणदाता–जानकीको जीवन प्रदान करनेवाले, 96. रक्षःप्राणापहारकः–राक्षसोंका प्राण–नाश करनेवाले, 97. पूर्णः–पूर्णकाम, 98. सत्यः–सत्यस्वरूप, 99. पीतवासाः–पीला वस्त्र धारण करनेवाले, 100, दिवाकर समप्रभः–सूर्यके समान तेजस्वी ॥ 11 ॥

देवोद्यानविहारी च देवताभयभञ्जनः ।
भक्तोदयो भक्तलब्धो भक्तलब्धो भक्तपालनतत्परः ॥ 12 ॥

101. देवोद्यानविहारी–देवताओं के नन्दन वनमें विहार करनेवाले, 102. देवताभयभञ्जनः–देवताओं के भयको नष्ट करने वाले, 103. भक्तोंकी उन्नति करनेवाले, 104. भक्तलब्धः–भक्तोंके द्वारा प्राप्त, 104, भक्तपालन तत्परः–भक्तोंकी रक्षामें तत्पर ॥ 12 ॥

द्रोणहर्ता शक्तिनेता शक्तिराक्षसमारकः ।
अक्षघ्नो रामदूत श्च शाकिनीजीवहारकः ॥ 13 ॥

106. द्रोणहर्ता–द्रोणाचलको उखाड़कर लानेवाले, 107. शक्तिनेता–शक्तियों के संचालक, 108. शक्तियोंके संचालक, 109. अक्षघ्नः– अक्षकुमारको मारनेवाले, 110. रामदूतः–भगवान् श्रीरामचन्द्र के दूत, 111. शाकिनीजीवहारकः–शाकिनी का प्राण हरण करनेवाले ॥ 13 ॥

बुबुकारहतारातिर्गर्वपर्वतमर्दनः।
हेतुस्त्वहेतुः प्रांशु श्च विश्वभर्त्ता जगद्गुरुः ॥ 14 ॥

112. बुबुकारहतारातिः–बुबुकार–ध्वनि से शत्रु का नाश करनेवाले, 113. गर्वपर्वतमद्रनः–गर्वरूपी पर्वतको चूर–चूर करनेवाले, 114. हेतुः कारणरूप, 115. अहेतुः– काणरहित, 116. प्रांशुः–बहुत उन्नत, 117. विश्वभर्ता–विश्वका भरण–पोषण करनेवाले, 118. जगद्गुरुः–सारे संसार के गुरु ॥ 14 ॥

जगन्नेता जगन्नाथो जगदीशो जने श्वरः।
जगद्धितो हरिः श्रीशो गरुडस्त्रयभ ञ्जनः॥ 15 ॥

119. जगन्नेता–संसारके नेता, 120. जगन्नाथः– संसारके स्वामी, 122 जनेश्वरः–भक्तों के ईश्वर, 123. जगद्धिः–संसारका हित करनेवाले, 124. श्रीशः–पापों को हर लेनेवाले, 125. श्रीशः–शोभाके स्वामी, 126. गरुडस्प्रयभञ्जनः– गरुड़ के गर्व को नष्ट करनेवाले ॥ 15 ॥

पार्थध्वजो वायुपुत्रोऽमितपुच्छोऽमितविक्रमः ।

ब्रह्मपुच्छः परब्रह्मपुच्छो रामेष्टकारकः ॥ 16 ॥

127. पार्थध्वजः–अर्जुनके ध्वज चिह्न, 128. वायुपुत्रः– वायुके पुत्र, 129. अमितपुच्छः–अपरिमित पूँछवाले, 130. अभितविक्रमः–असीम पराक्रमवाले, 131. ब्रह्मपुच्छः– जिनकी पूँछ वर्द्धनशील है, 132. परब्रह्मपुच्छः–जिनका परब्रह्म परब्रह्म आधार है, 133. रामेष्टकारकः रामेष्टकारः–जो श्रीराम के अभीष्ट कार्य को सिद्ध करते हैं ॥ 16 ॥

सुग्रीवादियुतो ज्ञानी वानरो वानरे श्वरः।

कल्पस्थायी चिरंजीवी तपन श्च सदाशिवः॥ 17 ॥

134. सुग्रीवादियुतः–सुग्रीवादि वानरोंसे युक्त, 135. ज्ञानी–ज्ञानसम्पन्न, 136. वानरः–वन में रहनेवालों की रक्षा करनेवाले, 137. वानरेश्वरः–वानरों के स्वामी, 138. कल्पस्थायी–कल्पपर्यन्त रहनेवाले, 139. चिरंजीवी– चिरकाल तक जीवित रहनेवाले, 140. तपनः–सूर्यसदृश तेजस्वी, 141. सदाशिवः–सदा कल्याण स्वरूप ॥ 17 ॥

संनतः सद्गतिर्भुक्तिमुक्तिदः कीर्तिदायकः।

कीर्तिः कीर्तिप्रदश्चैव समुद्रः श्रीप्रदः शिवः ॥ 18 ॥

142. संनतः–विद्या के द्वारा जो सम्यक् रूप से विनयावनत हैं, 143. सद्गतिः–भुक्ति और मुक्तिको देनेवाले, 144. भुक्तिमुक्तिदः–भुक्ति और मुक्ति और मुक्ति को देनेवाले, 145. कीर्तिदायकः–कीर्ति प्रदान करनेवाले, 146. कीर्तिः– कीर्तिस्वरूप, 147. कीर्तिप्रदः–यशस्वी बनानेवाले, 148. समुद्रः–जो श्रीराम की मुद्र या मुद्रिका साथ लिये हुए हैं, 149. श्रीमदः–बुद्धि या ऐश्वर्य प्रदान करनेवाले, 150. शिवः–संसारका उच्छेद करनेवाले ॥ 18 ॥

भक्तोदयो भक्तोदयो भक्तगम्यो भक्तभाग्यप्रदायकः।

उदधिक्रमणो देवः संसारभयनाशनः ॥ 19 ॥

151. भक्त के लिये प्रकट होनेवाले, 152. भक्तगभ्यः–भक्तद्वारा प्राप्य होनेवाले, 153. भक्तभाग्यप्रदायकः–भक्त के लिये भाग्यप्रदायक, 153. भक्तभाग्यप्रदायकः–भक्तभाग्यप्रदायकः–भक्त के लिये भाग्यप्रदायक, 154. उदधिक्रमणः–समुद्र लाँघनेवाले, 155. देवः–देवस्वरूप, 156. संसारभयनाशनः–संसारके भयका नाश करनेवाले ॥ 19 ॥

वार्धिबन्धनकृद् विश्वजेता विश्वप्रतिष्ठितः ।
लङ्कारिः कालपुरुषो लङ्केशगृहभ ञ्जनः ॥ 20 ॥

157. वार्धिबन्धनकृत्–समुद्रपर सेतु बँधानेवाले, 158. विश्वजेता–विश्वको जीतनेवाले, 159. विश्वप्रतिष्ठित:–विश्वमें प्रतिष्ठित, 160. लङ्केशगृहभञ्जनः–रावण के महलोंको नष्ट करनेवाले ॥ 20 ॥

भूतावासो वासुदेवो वसुस्त्रिभुवने श्वरः ।
श्रीरामरूपः कृष्णस्तु लङ्काप्रासादभ ञ्जकः ॥ 21 ॥

163. भूतावासः–भ्जूतोंके आवास-स्थल हैं, 164. वासुदेव:–विश्वमें व्यापक, 165. वसु:–वसुस्वरूप, 166. त्रिभुवने श्वर:–त्रिभुवनके स्वामी, 167. श्रीरामरूप:–जो श्रीराम-तुल्य हैं, 168. कृष्ण:–चित्त को आकर्षित करनेवाले, 169. लङ्काप्रासादभञ्जक:–लंकाके राक्षसोंके महलोंका विध्वंस करनेवाले ॥ 21 ॥

कृष्णः कृष्णास्तुतः शान्तः शान्तिदो विश्वपावनः ।
विश्वभोक्ताथ मारघ्नो ब्रह्मचारी जितेन्द्रियः ॥ 22 ॥

170. कृष्ण:–कृष्णास्वरूप, 171. कृष्णस्तुत:–कृष्ण के द्वारा स्तुति किये गये, 172. शान्त: शान्त:–शान्तस्वरूप, 173. शान्तिद:–शान्ति प्रदान करनेवाले, 174. विश्वपावन:–विश्व को पवित्र करनेवाले, 175. विश्वभोक्ता–सारे योग्य पदार्थों के भोक्ता, 176. मारघ्न:–कामदेव का हनन करनेवाले, 177. ब्रह्मचारी–आजन्म ब्रह्मचारी–आजन्म ब्रह्मचारी, 178. जितेन्द्रिय:–जिन्होंने इन्द्रियोंको जीत लिया है ॥ 22 ॥

ऊर्ध्वगो लाङ्गूली माली लाङ्गूलाहतराक्षसः ।
समीरतनुजो वीरो वीरतारो जयप्रदः ॥ 23 ॥

179. ऊर्ध्वग:–आकाश-मार्ग से गमन करनेवाले, 180. लाङ्गुली–बड़ी पूँछवाले, 181. माली–मालावाले, 182. लाङ्गूलाहतराक्षस:–पूँछसे राक्षसोंको मार डालनेवाले, 183. समीरतनुज:–वायुदवेताके पुत्र, 184. वीर:– शौर्यशाली, 185. वीरतार:–वीर शत्रुओंको मारकर तारनेवाले, 186. जयप्रद:–जय प्रदान करनेवाले ॥ 23 ॥

जगन्मङ्गलदः पुण्यः पुण्यश्रवणकीर्तनः ।
पुण्यकीर्तिः पुण्यगतिर्जगत्पावनपावनः ॥ 28 ॥

187. जगन्मङ्गलद:–जगत् को मङ्गल प्रदान करनेवाले, 188. पुण्य:–भगवन्नाम-संकीर्तन से विश्व को पवित्र करनेवाले, 189. पुण्यश्रवणकीर्तन:–जिनकी कथाओंका श्रवण-कीर्तन पुण्यप्रद है, 190. पुण्यकीर्ति:–जिनका यशोगान पुण्यप्रद है, 191. पुण्यगति:–जिनकी उपासना पुण्यका फल है, 192. जगत्पावनपावन:–जो जगत्को पवित्र करनेवालोंको पावन बनाते हैं ॥ 24 ॥

देवेशो जितमारोऽथ रामभक्तिविधायकः ।
ध्याता ध्येयो लयः साक्षी चेता चैतन्यविग्रहः ॥ 25 ॥

193. देवेश:–देवेश:–देवताओंके स्वामी, 194. जितमार:– कामदेव को जीतनेवाले, 195. रामभक्तिविधायक:–श्रीराम भक्ति का विधान करनेवाले, 196. ध्याता–रात दिन श्रीराम का ध्यान करनेवाले, 197. ध्येय:–मुनियों के द्वारा ध्येय, 198. लय:–अपने में अखिल चराचरको विलीन करनेवाले, 199. साक्षी–सर्वद्रष्टा, 200. चेता–सर्वज्ञ, 201. चैतन्यविग्रह:–चिन्मय शरीरवाले ॥ 25 ॥

ज्ञानदः प्राणः प्राणो जगत्प्राणः समीरणः ।
विभीषणप्रियः शूरः पिप्लाश्रयसिद्धिदः ॥ 26 ॥

202. ज्ञानद:–ब्रह्मज्ञानके दाता, 203. प्राणद:–प्राण (बल) प्रदान करनेवाले, 204. प्राण:–जिससे प्राणी प्राणवाले हैं, अर्थात् प्राणस्वरूप, 205. जगत्प्राण:–जगत् के प्राण, 206. समीरण:–वायुरूप, 207. विभीषणप्रिय:–विभीषणके प्यारे, 208. शूर:–शत्रुओं को रणमें सुलानेवाले, 209. पिप्लाश्रयसिद्धिद:–(आनन्दरामायण के मनोहरकांड के अनुसार) अश्वत्थ को गृह मानकर साधना करनेवाले साधक को सारी सिद्धियाँ प्रदान करनेवाले ॥ 26 ॥

सिद्धः सिद्धाश्रयः कालो महोक्षः कालजान्तकः ।
अङ्केशनिधनस्थायी लङ्कादाहक ईश्वरः ॥ 27 ॥

210. सिद्ध:–सिद्धस्वरूप, 211. सिद्धाश्रय:–सिद्धोंके आश्रय, 213. काल:–यमरूप, 213. महोक्ष: महान् धर्म रूपी बैलवाले भगवान् शिवके स्वरूप, 214. कालजान्तक:– कालसे उत्पन्न जरा-व्याधि आदि दोषोंका अन्त करनेवाले, 218. लङ्केशनिधनस्थायी–रावणके विनाशके लिये स्थिरचित्त, 216. लङ्कदाहक:–लंकाको जलानेवाले, 217. ईश्वर:– त्रिलोकीमें परम ऐश्वर्यशाली ॥ 27 ॥

चन्द्रसूर्याग्निनेत्रश्च कालग्निः प्रलयान्तकः।
कपिलः कपिशः पुण्यराशिर्द्वादशराशिगः ॥ 28 ॥

218. चन्द्रसूर्याग्निनेत्र:–चन्द्र, सूर्य और अग्निरूप तीन नेत्रोंवाले शिवस्वरूप, 219. कालाग्नि:–मृत्युकारी अग्निरूप, 220. प्रलयका अन्त करनेवाले अर्थात् भक्तोको जन्म मृत्युसे रहित करनेवाले, 221. कपिल:–काले-पीले वर्णके रोमसे युक्त, 223. पुण्यराशि:–पुण्यकी राशि, पुण्यराशि:–पुण्यकी राशि, 224. द्वादशराशिग:–द्वादशराशिग:–द्वादश राशियोंके ज्ञाता अर्थात् ज्योतिषशास्त्रके जाननेवाले ॥ 28 ॥

सर्वाश्रयोऽप्रमेयात्मा रेवत्यादिनिवारकः।
लक्ष्मणप्राणदाता च सीताजीवनहेतुकः ॥ 29 ॥

225. सर्वाश्रय: सबके आश्रयस्थान, 226. अप्रमेयात्मा–अनुपम शरीरवाले, 227. रेवत्यादिनिवारक:–रेवती-पूतना आदि ग्रह-दोषोंका निवारण करनेवाले, 228. लक्ष्मणप्राणदाता–संजीवनीद्वारा लक्ष्मणजीको प्राण देनेवाले, 229.

सीताजीवनहेतुक:—श्रीजानकीजीको श्रीरामका संदेश देकर जीवन प्रदान करनेवाले ॥ 29 ॥

रामध्येयो हृषीकेशो विष्णुभक्तो जटी बली।
देवारिदर्पहा होता धाता कर्ता जगत्प्रभुः ॥ 30 ॥

230. रामध्येय:—श्रीराम जिनका ध्यान-स्मरण करते हैं, 231. हृषीको:—इन्द्रियों के स्वामी, 232. विष्णुभक्त:—विष्णुके भक्त, 233. जटी-जटावाले, 234. बली—बलशाली, 235. देवाारिदर्पहा-देवशत्रुओंके दर्पको नष्ट करनेवाले, 236. होता—भगवद्भक्तिका अनुष्ठान करनेवाले, 237. धाता—जगत् को धारण करनेवाले, 238. कर्ता—जगत्को बनानेवाले, 239. जगत्प्रभु:—जगत् के स्वामी ॥ 30 ॥

नगरग्रामपालश्च शुद्धो बुद्धो निरत्रपः ।
निरञ्जनो निर्विकल्पो गुणातीतो भयंकरः ॥ 31 ॥

240. नगरग्रामपाल:—नगर और ग्रामवासियोंकी रक्षा करनेवाले, 241. शुद्ध:—शुद्धस्वरूप, 242. बुद्ध:—ज्ञान स्वरूप, 243. निरत्रप:—सलज्ज, 244. निरञ्जन:—अज्ञान या मायासे रहित, 245. निर्विकल्प:—विकल्परहित, 246. गुणातीत:—सत्त्वादि गुणों से रहित, 247. भयंकर:—दुष्टों के लिये विकराल स्वरूपवाले ॥ 31 ॥

हनुमांश्च दुराराध्यस्तपःसाध्यो महेश्वरः।
जानकीधनशोकोत्थतापहर्ता परात्परः ॥ 32 ॥

248. हनुमान्—श्रीराम के अनुचर, 249. दुराराध्य:— अभक्तोंके लिये कष्टसे आराधनीय, 250. तप:साध्य:—तपके द्वारा साध्य, 251. महेश्वर:—महान् ईश्वर, 252. जानकीधनशोकोत्थापहर्ता—जानकीधन अर्थात् श्रीराम के शोकसे उत्पन्न संतापको हरनेवाले, 253. परात्पर:—जो अव्यक्तसे भी परे हैं ॥ 32 ॥

वाङ्मयः सदसद्रूपः कारणं प्रकृतेः परः ।
भाग्यदो निर्मलो नेता पुच्छलङ्काविदाहकः ॥ 33 ॥

254. वाङ्मय:—वेदशास्त्र सरस्वतीस्वरूप, 255. सदस द्रूप:—सत् और असत् स्वरूप, 256. कारणभ्-संसार के अभिन्ननिमित्तोपादान कारण, 257. प्रकृते: पर:—जो त्रिगुणात्मिका प्रकृतिसे परे हैं, 258. भाग्यद:—कर्मजन्य शुभाशुभ फलोंको देनेवाले, 259. निर्मल:—मल अर्थात् दोषसे रहित, 260. नेता—मार्गदर्शक, 261. पुच्छलङ्काविदाहक:—पुच्छसे लंकाको जलानेवाले ॥ 33 ॥

पुच्छबद्धयातुधानो यातुधानरिपुप्रियः।
छायापहारी भूतेशो लोकेशः सद्गतिप्रदः ॥ 34 ॥

262. पुच्छबद्धयातुधान:—पुच्छसे राक्षसोंको बाँधनेवाले, 263. यातुधानरिपुप्रिय:—राक्षसोंके शत्रु श्रीरामके प्रिय, 264. छायापहारी—छायानाम की राक्षसी को मारनेवाले, 265. भूतेश:—भूतों के स्वामी, 266. लोकेश:—लोकों के स्वामी, 267. सद्गतिप्रद:—संतों को सद्गति प्रदान करनेवाले ॥ 34 ॥

प्लवंगमेश्वरः क्रोधः क्रोधसंरक्तलोचनः ।
सौम्यो गुरु काव्यकर्ता भक्तानां च वरप्रद्रः ॥ 35 ॥

268. प्लवंगमेश्वरः—वानरोंके स्वामी, 269. क्रोधः—शत्रुओं के लिये क्रोधस्वरूप, 270. क्रोधसंरक्तलोचनः—युद्धकालमें क्रोधसे लाल नेत्रवाले, 271. सौम्यः—सौम्यस्वरूप, 272. गुरुः—अज्ञन दूर करके परमात्मदर्शन करानेवाले, 272. गुरुः—अज्ञान दूर करके परमात्मदर्शन करानेवाले, 273. काव्यकर्ता—काव्य-रचना करनेवाले, 274. भक्तानां वरप्रदः—भक्तों को अभीष्ट वर प्रदान करनेवाले ॥ 35 ॥

भक्तानुकम्पी विश्वेशः पुरुहूतः पुरंदरः ।
क्रोधहर्ता तमोहर्ता भक्ताभयवरप्रदः ॥ 26 ॥

275. भक्तानुकम्पी—भक्तोंपर अनुकम्पा करनेवाले, 276. विश्वेशः—विश्वके संचालक, 277. पुरुहूतः—बहुत बार लोग जिनको पुकारते हैं, 278. पुरंदरः—शत्रुके नगरोंको ध्वस्त करनेवाले, 279. क्रोधहर्ता—क्रोधको हरनेवाले, 280. तमोहर्ता—अज्ञानान्धकारको दूर करनेवाले, 281. भक्ताभयवरप्रद्रः—भक्तोंको अभय वर प्रदान करनेवाले ॥ 36 ॥

अग्निर्विभावसुर्भास्वान् यमो निर्ऋतिरेव च।
वरुणो वायुगतिमान् वायुः कौबेर ईश्वरः ॥ 37 ॥

282. अग्निः—अग्निस्वरूप, 283. विभावसुः—दिव्य तेजःस्वरूप, 284. भास्वान्—प्रकाशयुक्त, 285. यमः—संयमस्वरूप, 286. निर्ऋतिः—नैर्ऋतगणके स्वामी, 287. वरुणः—जलके देवता वरुणस्वरूप, 288. वायुगतिमान्— वायुके समान गतिशील, 289. वायुः—वायुपुत्र होनेके कारण वायुस्वरूप, 290. कौबेर ईश्वरः—कुबेर सम्बन्धी धनके मालिक ॥ 37 ॥

रविश्चन्द्रः कुजः सौम्यो गुरुः काव्यः शनैश्चरः।
राहुः केतुर्मरुद्धोता दाता हर्ता समीरजः ॥ 38 ॥

291. रविः—सूर्यस्वरूप, 292. चन्द्रः—जगत्को आह्लादित करनेवाले चन्द्रस्वरूप 293. कुजः—मंगलग्रहस्वरूप, 294. सौभ्यः—बुधग्रहस्वरूप, 295. गुरु. बृहस्पतिग्रहस्वरूप, 296. काव्यः—शुक्रग्रहस्वरूप, 297. शनैश्चरः—शनिग्रहस्वरूप, 298. राहुः—राहुग्रहस्वरूप, 299. केतुः—केतुग्रहस्वरूप, 300. मरुत्—वायुस्वरूप, 301. होता—हवन करनेवाले, 302. दाता—भक्तोंके भव-बन्धनको काटनेवाले, 303. हर्ता—भक्तों की ममता को हरनेवाले, 304. समीरजः—पवन देवताके पुत्र ॥ 38 ॥

मशकीकृतदेवारि दैत्यारि र्मधुसूदनः।
कामः कपिः कामपालः कपिलो विश्वजीवनः ॥ 39 ॥

305. मशकीकृतदेवारिः—देवताओंके शत्रुओंको मच्छरके समान समझनेवाले, 306. दैत्यारिः—दैत्योंके शत्रु, 307. मधुसूदनः— भक्तोंके शुभाशुभ कर्मों का विनाश करनेवाले, 308. कामः—श्रीराम-भक्तिकी कामना करनेवाले, 309. कपिः—जलसे

पृथिवीकी रक्षा करनेवाले, 390. कामपाल:—कामपाल:—वीर्यरक्षक अर्थात् ब्रह्मचर्यका पालन करनेवाले, 311. कपिल:—कपिल मुनिस्वरूप, 312. विश्‍वजीवन:—विश्वके जीवन ॥ 39 ॥

भागीरथीपदाम्भोज: सेतुबन्धविशारद: ।
स्वाहा स्वधा हवि: कव्यं हव्यवाहप्रकाशक: ॥ 40 ॥

316. स्वधा—स्वधास्वरूप, 317. हवि:स्वरूप, 318. कव्यम्—पितरोंको दिये जानेवाले अन्नादिरूप, 319. हव्यवाह–प्रकाशक:—देवताओंके लिये हव्य वहन करनेवाले अग्निके समान प्रकाशक ॥ 40 ॥

स्वप्रकाशो महावीरो लघुरूर्तिविक्रम:।
उड्डीनोड्डीनगतिमान् सद्गति: पुरुषोत्तम: ॥ 41 ॥

320. स्वप्रकाश:—स्वयं प्रकाशस्वरूप, 321. महावीर:—बड़े बलवान्, 322. लघु:—लघुरूप धारण करनेवाले, 323. ऊर्जितविक्रम:—सुदृढ़ पराक्रमवाले, 324. उड्डीनों–ड्डीनागतिमान्—आकाशमें तीव्रगतिशाली, 325. सद्गति:—सम्यक् रीतिसे चलनेवाले, 326. पुरुषोत्तम:—पुरुषोंमें श्रेष्ट ॥ 41 ॥

जगदात्मा जगद्योनिर्जगदन्ती ह्यनन्तक: ।
विपाप्मा निष्कलङ्कोऽथ महान् महदहंकृति ॥ 42 ॥

327. जगदात्मा—जगत्–स्वरूप, 328. जगद्योनि:— जगत्के कारण, 329. जगदन्त:—जगत्का अन्त करनेवाले, 330. अनन्तक:—जिनके अनन्त गुण हैं, 331. विपाप्मा—पापररहित, 332. निष्कलङ्क:—कलङ्करहित, 333. महान्—महत्तत्त्वस्वरूप, 334. महदहंकृति:—महान् अहंकारतत्त्व–स्वरूप ॥ 42 ॥

खं वायु: पृथिवी चापो वह्विर्दिक्पाल एव च ।
क्षेत्रज्ञ: क्षेत्रहर्ता च पल्वलीकृतसागर: ॥ 43 ॥

335. खं—आकाशतत्त्वस्वरूप, 336. वायु:—वायुतत्त्व–स्वरूप, 337. पृथिवी—पृथिवीतत्त्वस्वरूप, 338. आप:—जल–तत्त्वस्वरूप, 339. वह्नि: अग्नितत्त्वस्वरूप, 340. दिक्पाल:—दिशाओंका पालन करनेवाले, 341. क्षेत्रज्ञ:—क्षेत्र के ज्ञाता, 342. क्षेत्रहर्ता—क्षेत्र का हरण करनेवाले, 343. पल्वलीकृत–सागर:—सागरको लघु जलाशयरूप मानकर सरलतासे पार करनेवाले ॥ 43 ॥

हिरणमय: पुराणश्च खेचरी भूचरोऽमर: ।
हिरण्यगर्भ: सूत्रात्मा राजराजो विशाम्पति: ॥ 44 ॥

344. हिरणमय:—स्वर्णके समान कान्तिवाले, 345. पुराण:—पुराणपुरुष, 346. खेचर:— पृथिवीपर घूमनेवाले, 348. अमर:—न मरनेवाले, 349. हिरण्यगर्भ:—विश्वको उत्पन्न करनेवाले ब्रह्मास्वरूप, 350. सूत्रात्मा—सर्वव्यापक, 351. विशाम्पति: राजराज:—मनुष्योंका पालन करनेवाले राजाधिराज ॥ 44 ॥

वेदान्तवेद्य उद्गीथो वेदवेदाङ्गपारगः ।
प्रतिग्रामस्थितिः सद्यःस्फूर्तिदाता गुणाकरः ॥ 45 ॥

352. वेदान्तवेद्यः–वेदान्त शास्त्रद्वारा जानने योग्य, 353. उद्गीथः–ॐकारस्वरूप, 354. वेदवेदाङ्गपारगः– चारों वेदों और छहों वेदाङ्गों में पारंगत, 355. प्रति–ग्रामस्थितिः–प्रत्येक गाँव में स्थित रहनेवाले, 356. सद्यः–स्फूर्तिदाता–तत्काल स्फूर्ति प्रदान करनेवाले, 357. गुणाकरः–गुणों की खानि ॥ 45 ॥

नक्षत्रमाली भूतात्मा सुरभिः कल्पपादपः ।
चिन्तामणिर्गुणानिधिः प्रजाधारो ह्यनुत्तमः ॥ 46 ॥

359. भूतात्मा–प्राणियोंकी आत्मा, 360. सुरभिः–कामधेनुस्वरूप, 361. कल्पपादपः–भक्तोंका मनोरथ पूर्ण करनेवाले कल्पवृक्षस्वरूप, 362. चिन्तामणिः–चिन्ता मणिस्वरूप, 363. गुणनिधिः–गुणों की खानि, 364. प्रजाधारः–प्रजाके आधारभूत, 365. अनुत्तमः–जिनसे उत्तम कोई नहीं है अर्थात् सर्वश्रेष्ट ॥ 46 ॥

पुण्यश्लोकः पुरारातिर्ज्योतिष्माञ् शर्वरीपतिः ।
किल्किलारावसंत्रस्तभूतप्रेतपिशाचकः ॥ 47 ॥

366. पुण्यश्लोकः–पुण्यकीर्तिवाले, 367. पुरारातिः–पुरनामक राक्षसके शत्रु शिवस्-रूप, 368. ज्योतिष्मान्–ज्योतिःस्वरूप, 369. शर्वरीपतिः–चन्द्रस्वरूप, 370. किल्किलारावसंत्रस्तभूतप्रेतपिशाचकः–किल–किल शब्द से भूत–प्रेत–पिशाचादि को संत्रस्त करनेवाले ॥ 47 ॥

ऋणत्रयहरः सूक्ष्मः स्थूलः सर्वगतिः पुमान् ।
अपस्मारहरः स्मर्ता श्रुतिर्गाथा स्मृतिर्मनुः ॥ 48 ॥

371. ऋणत्रयहरः–भक्तोंके तीनों ऋणोंको हरनेवाले, 372. सूक्ष्मः–सूक्ष्मस्वरूप, 373. स्थूलः–स्थूलस्वरूप, 374. सर्वगतिः–सर्वत्र गतिवाले, 365. पुमान्–पुरुषार्थी, 376. अपस्मारहरः–अपस्मार (मिरगी रोग) को हरने वाले, 377. स्मार्त–भगवान्का स्मरण करनेवाले, 378. श्रुतिः–वेदस्वरूप, 379. गाथा–स्तोत्रस्वरूप, 380. स्मृतिः–स्मृतिस्वरूप, 381. मनुःमन्त्रस्वरूप ॥ 48 ॥

स्वर्गद्वारं प्रजाद्वारं मोक्षद्वारं यतीश्वरः ।
नादरूपः परं ब्रह ब्रह्म ब्रह्मपुरातनः ॥ 49 ॥

382. स्वर्गद्वारम्–स्वर्ग के द्वारस्वरूप, 383. प्रजाद्वारम्–प्रजा अर्थात् संतति प्रदान करनेवाले, 384. मोक्षद्वारम्–मोक्ष प्रदान करनेवाले, 385. यतीश्वरः–संयम करनेवालोंमें सर्वश्रेष्ट, 386. नादरूपः–नाद–ब्रह्मस्वरूप, 387. परम्–मोक्षरूप, 388. ब्रह्म–परब्रह्मस्वरूप, 389. ब्रह्म–सर्वव्यापक, 390. ब्रह्मपुरातनः–आदिकारणरूप पुरातन ब्रह्म ॥ 49 ॥

एकोऽनेको जनः शुक्लःस्वयंज्योतिरनावुलः ।
ज्योतिर्ज्योतिरनादिश्च सात्त्विको राजसस्तमः ॥ 50 ॥

391. एक:—अद्वितीय, 392. अनेक:—अनेकरूप, 393. जन:—भक्तस्वरूप, 394. शुक्ल:—शुक्लस्वरूप, 395. स्वयंज्योति:—स्वयं प्रकाशस्वरूप, 396. अनाकुल:— व्याकुल न होनेवाले, 397. ज्योति:—प्रकाशस्वरूप, 398. अनादिर्ज्योति:—सब प्रकारकी ज्योतिके मूलभूत अनादि ज्योति, 399. सात्त्विक रूपमें पालनकर्ता, 400. राजस:—राजसरूपमें उत्पन्न करनेवाले, 401. तम:—तमोरूपमें संहारकर्ता ॥ 50 ॥

तमोहर्ता निरालम्बो निराहारो गुणाकरः ।
गुणाश्रयो गुणमयो बृहत्कर्मा बृहद्यशाः ॥ 51 ॥

402. तमोहर्ता—तमोगुणका नाश करनेवाले, 403. निरालम्ब:—आश्रयरहित, 404. निराकार:—आकाररहित, 405. गुणाकर:—गुणोंकी खानि, 406. गुणाश्रय:—तीनों गुणोंके आश्रय, 407. गुणमय:—सद्‌गुणोंसे सम्पन्न, 408. बृहत्कर्मा—महान् कार्य करनेवाले, 409. बृहद्‌यशा:—विस्तीर्ण कीर्तिवाले ॥ 51 ॥

बृहद्धनुर्बृहत्पादो बृहन्मूर्धा बृहत्स्वनः ।
बृहत्कर्णो बृहन्नासो बृहद्बाहुर्बृहत्तनुः ॥ 52 ॥

410. बृहद्धनु:—बड़ी ठुड्डीवाले, 411. बृहत्पाद:—लंबी टाँगवाले, 412 बृहन्मूर्धा—बड़े मस्तकवाले, 413. बृहत्स्वन:—बड़ा शब्द करनेवाले, 414. बृहत्कर्ण:—बड़े कानवाले, 415. बृहन्नास:—लंबी नासिकावाले, 416. बृहद्‌बाहु:—लंबी भुजावाले, 417. बृहत्तनु:—विशाल देहधारी ॥ 52 ॥

बृहज्जानुर्बृहत्कार्यो बृहत्पुच्छो बृहत्करः ।
बृहद्गतिर्बृहत्सेव्यो बृहल्लोकफलप्रदः ॥ 53 ॥

418. बृहज्जानु:—बड़े घुटनोंवाले, 419. बृहत्कार्य:— महान् कार्य करनेवाले, 420. बृहत्पुच्छ:—लंबी पूँछवाले, 421. बृहत्कर:—लंबे हाथोंवाले, 422. बृहद्गति:— तीव्र गतिवाले, 423. बृहत्सेव्य:—महापुरुषोंके द्वारा सेव्य, 424. बृहल्लोकफलप्रद:—सम्पूर्ण लोकरूप फल देनेवाले ॥ 53 ॥

बृहच्छक्तिर्बृहद्वाञ्छाफलदो बृहदीश्वरः ।
बृहल्लोकनुतो द्रष्टा विद्यादाता जगद्गुरुः ॥ 54 ॥

425. बृहच्छक्ति:—महान् शक्तिशाली, 426. बृहद्वाञ्छाफलद:—बड़ी-बड़ी इच्छाओंको पूर्ण करनेवाले, 427. बृहदीश्वर:—महान् सामर्थ्यवान्, 428. बृहल्लोकनुत:— असंख्य लोगोंके द्वारा नमस्कृत, 429. द्रष्टा-शुभाशुभ कर्मोंको देखनेवाले, 430. विद्यादाता-विद्या प्रदान करनेवाले, 431. जगद्गुरु:—जगत्‌को सन्मार्गमें लगानेवाले गुरु ॥ 54 ॥

देवाचार्यः सत्यवादी ब्रह्मवादी कलाधरः ।
सप्तपातालगामी च मलयाचलसंश्रयः ॥ 55 ॥

432. देवाचार्य:—देवताओंके आचार्य, 433. सत्यवादी-सत्य बोलनेवाले, 434. ब्रह्मबादी—ब्रह्म-(परमात्म) विषयक विवेचन करनेवाले, 435. कलाधर:—कलाओंके

ज्ञाता, 436. सप्तपातालगामी—सातों पातालोंमें विचरण करनेवाले, 437. मलयाचलसंश्रयः—मलयगिरिपर निवास करनेवाले ॥ 55 ॥

उत्तराशास्थितः श्रीदो दिव्यौषधिवशः खगः ।
शाखामृगः कपीन्द्रोऽथ पुराणश्रुतिच ञ्चुरः ॥ 56 ॥

438. उत्तराशास्थितः—उत्तर दिशामें स्थित, 439. श्रीदः—शोभा (ऐश्वर्य) प्रदान करनेवाले, 440. दिव्यौषधिवशः—दिव्य ओषधियोंको वशीभूत करनेवाले, 441. खगः—नभोमण्डलमें विचरण करनेवाले, 442. शाखामृगः—शाखाओं पर कूदनेवाले, 443. कपीन्द्रः—वानरों के अधिपति, 444. पुराणश्रुतिच्च्चुरः—श्रुति और पुराण की विशेष जानकारी रखनेवाले ॥ 56 ॥

चतुरब्राह्मणो योगी योगगम्यः परावरः।
अनादिनिधनो व्यासो वैकुण्ठः पृथिवीपतिः ॥ 57 ॥

445. चतुरब्राह्मणः—निपुण ब्राह्मणस्वरूप, 446. योगी—योगासिद्ध, 447. योगगम्यः—योगाभ्यासके द्वारा प्राप्त होनेवाले, 448. परावरः—विश्वके आदि और अन्तस्वरूप, 449. अनादिनिधनः—आदि अन्तसे रहित, 450. व्यासः— वेदोंका विस्तार करनेवाले, 451. वैकुण्ठः—मायाके प्रभावसे रहित, 452. पृथिवीपतिः—भूलोकके रक्षक ॥ 57 ॥

अपराजितो जितारातिः सदानन्दो दयायुतः ।
गोपालो गोपतिर्गोप्ता कलिकालपराशरः ॥ 58 ॥

453. अपराजितः—शत्रुओंके द्वारा अजेय, 454. जितारातिः—शत्रुओंको जीतनेवाले, 455. सदानन्दः—सदा आनन्दित रहनेवाले, 456. दयायुतः—दयालु, 457. गोपालः—पृथ्वीका पालन करनेवाले, 458. गोपतिः—इन्द्रियोंके स्वामी, 459. गोप्ता—भक्तोंके रक्षक, 460. कलिकाल-पराशरः—कलिकालके पराशर अर्थात् कथावाचकोंके उत्पादक ॥ 58 ॥

मनोवेगी सदायोगी संसारभयनाशनः ।
तत्त्वदाताथ तत्त्वज्ञस्तत्त्वं तत्त्वप्रकाशकः ॥ 59 ॥

461. मनोवेगी—मनके समान वेगवाले, 462. सदा योगी—सदा योगयुक्त रहनेवाले, 463. संसारभयनाशनः—भवभयका नाश करनेवाले, 464. तत्त्वदाता—तत्त्वज्ञानके दाता, 465. तत्त्वज्ञः—तत्त्वज्ञानी, 466. तत्त्वम्—ब्रह्मस्वरूप, 467. तत्त्वप्रकाशकः—तत्त्वका प्रकाश करनेवाले ॥ 59 ॥

शुद्धो बुद्धो नित्यमुक्तो भक्तराजो जयद्रथः ।
प्रलयोऽमितमायश्च मायातीतो विमत्सरः ॥ 60 ॥

468. शुद्धः—सबको पवित्र करनेवाले, 469. बुद्धः—ज्ञानवान्, 470. नित्यमुक्तः—सदा मुक्तस्वरूप, 471. भक्तराजः—भगवद्भक्तोंमें देदीप्यमान, 472. जयद्रथः—आक्रमणमें जय प्राप्त करनेवाले, 473. प्रलयः—शत्रुओंके लिये प्रलयंकर, 474. अमितमायः—अनन्त

माया जाननेवाले, 475. मायातीत:–सर्वथा मायाजालसे रहित, 476. विमत्सर:–इर्ष्या से रहित ॥ 60 ॥

मायाभर्जितरक्षा श्च मायानिर्मितविष्टपः ।
मायाश्रय श्च निर्लेपो मायानिर्वर्तकः सुखम् ॥ 61 ॥

477. मायाभर्जितरक्षा:–अपनी मायासे राक्षसोंको भून डालनेवाले, 478. मायाश्रय:–मायासे भुवनोंकी सुष्टि करनेवाले, 479. मायाश्रय:–मायासे भुवनोंकी सुष्टि करनेवाले, 479. मायाश्रय:–मायाका आश्रय लेनेवाले, 480. निर्लेप:–निरासक्त रहनेवाले, 481. मायानिर्वर्तक:–मायाशक्तिद्वारा कार्य सम्पन्न करनेवाले, 482. सुखम्–सुखस्वरूप ॥ 61 ॥

सुखी सुखप्रदो नागो महेशकृतसंस्तवः ।
महेश्वरः सत्यसंधः शरभः कलिपावनः ॥ 62 ॥

483. सुखी–सदा सुखसे रहनेवाले, 484. सुखप्रद:–सुख प्रदान करनेवाले, 485. नाग:–नागस्वरूप, 486. महेशकृतसंस्तव:–शंकरजीके द्वारा स्तुत, 487. महेश्वर:–महान् ऐश्वर्यशाली, 488. सत्यसंध:–सत्यवादी, 489. शरभ:–शरभ नामक पशुके समान महान् बलशाली, 490. कलिपावन:–कलियुग को पवित्र करनेवाले ॥ 62 ॥

491. सहस्रकन्धरबलविध्वंसनविचक्षण:–हजारों सिर वाले रावणके बल को विध्वंस करने में चतुर, 492. सहस्रबाहु:–हाजारों भुजावाले, 493. सहज:–सहज स्थितिस्वरूप, 494. द्विबाहु:–दो बाहुवाले, 495. द्विभुज:–दो भुजाओंवाले 496. अमर:–अविनाशी ॥ 63 ॥

चतुर्भुजो दशभुजो हयग्रीवः खगाननः ।
कपिवस्त्रः कपिपतिर्नरसिंहो महाद्युतिः ॥ 64 ॥

497. चतुर्भुज:–चार भुजावाले, 498. दशभुज:–दस भुजावाले, 499. हयग्रीव:–अश्वके समान गद्रनवाले, 500. खगानन:–गुरुड के समान मुखवाले, 501. कपिवक्त्र:–कपि-सद्दश मुखवाले, 502. कपिपति:–वानरोंकी रक्षा करने वाले, 503. नरसिंह:–नरसिंहके समान विकराल रूप धारण करनेवाले, 504. महाद्युति:–अत्यन्त तेजस्वी ॥ 64 ॥

भीषणो भावगो वन्द्यो वराहो वायुरूपधृक् ।
लक्ष्मणप्राणदाता च पराजितदशाननः ॥ 65 ॥

505. भीषण:–युद्धमें भयंकररूप, 506. भावग:–भगवद्भावको प्राप्त, 507. वन्द्य:–वन्दना करनेयोग्य, 508. वराह:–वराह-मुखवाले, 509. वायुरूपवृक्–वायुका रूप धारण करनेवाले, 510. लक्ष्मणप्राणदाता–लक्ष्मणको (संजीवनी लाकर) जिलानेवाले, 511. पराजितदशानन:–दशानन (रावण) को पराजित करनेवाले ॥ 65 ॥

पारिजातनिवासी च वटुर्वचनकोविदः ।
सुरसास्यविनिर्मुक्तः सिंहिकाप्राणहारकः ॥ 66 ॥

512. पारिजातनिवासी—पारिजात वृक्षके नीचे निवास करनेवाले, 513. वटुः—ब्रह्मचारीस्वरूप, 514. वचनकोविदः—बोलने में अति चतुर, 514. सुरसास्यविनिर्मुक्तः—सुरसा के मुख से सुखपूर्वक निकल आनेवाले, 516. सिंहिकाप्राणहारकः—सिंहिका राक्षसीका प्राण हरनेवाले ॥ 66 ॥

लङ्कालंकारविध्वंसी वृषदंशकरूपधृक्।
रात्रिसंचारकुशलो रात्रिचरगृहाग्निदः ॥ 67 ॥

517. लङ्कालंकारविध्वंसी—लंकाकी शोभाको नष्ट करनेवाले, 518. वृषदंशकरूपचक्—वृषदंशक अर्थात् विडालका रूप धारण करनेवाले, 519. रात्रिसंचारकुशकः—रातमें घूमने में चतुर, 520. रात्रिंचरगृहाग्निदः—राक्षसोंके घरोंमें आग लगानेवाले ॥ 67 ॥

किंकरान्तकरो जम्बुमालिहन्तोग्ररूपधृक् ।
आकाशचारी हरिगो मेघनादरणोत्सुकः ॥ 68 ॥

521. किंकरान्तकरः—रावणके सेवकोंको मार डालनेवाले, 522. जम्बुमालिहन्ता—जम्बुमाली राक्ष्ज्ञसको मारनेवाले, 523. उग्ररूपधृक्—उग्ररूप धारण करनेवाले, 524. आकाशचारी—आकाशमें विचरण करनेवाले, 525. हरिगः—प्रभुको प्राप्त करनेवाले, 526. मेघनादरणोत्सुकः—मेघनादके साथ युद्ध करनेके लिये उत्कण्ठित ॥ 68 ॥

मेघगम्भीरनिनदो महारावणकुलान्तकः ।
कालनेमिप्राणहारी मकरीशापमोक्षदः ॥ 69 ॥

527. मेघगम्भीरनिनदः—बादलके समान गम्भीर शब्द करनेवाले, 528. महारावणकुलान्तकः—महारावण के कुल को नष्ट करनेवाले, 529. कालनेभिप्राणहारी—कालनेमि राक्षसका प्राण हरनेवाले, 530. मकरीशापमोक्षदः—मकरीको शापसे मुक्त करनेवाले ॥ 69 ॥

रसो रसज्ञः सम्मानो रूपं चक्षुः श्रुतिर्वचः ।
घ्राणो गन्धः स्पर्शनं च स्पर्शोऽहंकारमानगः ॥ 70 ॥

531. रसः—रसस्वरूप, 532. रसज्ञः—रसको जाननेवाले, 533. सम्मानः—प्रभुका सम्यक् सम्मान करनेवाले, 534. रूपम्—रूपस्वरूप, 535. चक्षुःचक्षुस्वरूप, 536. श्रुतिः—श्रवणस्वरूप, 537. वचः—वाणीस्वरूप, 537. वचः—वाणीस्वरूप, 538. घ्राणः—नासिकास्वरूप, 539. गन्धः—गन्धरूप, 540. स्पर्शनम्—स्पर्शरूप, 541. स्पर्शःसम्पर्क ज्ञानस्वरूप, 542. अहंकार-मानगः—अहंकारके स्वरूपको प्राप्त होनेवाले ॥ 70 ॥

नेतिनेतीतिगम्य श्च वैकुण्ठभजप्रियः ।
गिरीशो गिरिजाकान्तो दुर्वासाः कविङ्गिराः ॥ 71 ॥

543. नेतिनेतीतिगम्यः–नेति-नेति शब्दोंद्वारा गम्य, 544.वैकुण्ठभजनप्रियः–भगवान्वे भजनमें प्रीति रखनेवाले, 545. गिरिशः–पर्वतोंके ईश, 546. गिरिजाकान्तः–माता पार्वतीके प्रिय शंकरस्वरूप, 547. दुर्वासाः–दुर्वासा मुनिस्वरूप, 548. कविः–कविस्वरूप, 549. अङ्गिराः– अङ्गिरा-मुनिरूप ॥ 71 ॥

भृगुर्वसिष्टश्च्यवनो नारदस्तुम्बरोऽमलः ।
विश्वक्षेत्री विश्वबीजो विश्वनेत्र श्च विश्वपः ॥ 72 ॥

550. भृगुः–भृगुमुनिस्वरूप, 551. वसिष्टः–वसिष्टमुनिस्वरूप, 552. च्यवनः–च्यवन ऋषिस्वरूप, 553. नारदः–नारदमुनिस्वरूप, 554. तुम्बरः–तुम्बुरु गन्धर्वस्वरूप, 555. अमलः–दोषरहित, 556. विश्वक्षेत्रःविश्वक्षेत्रस्वरूप, 557. विश्वबीजः–विश्वबीज अर्थात् कारणस्वरूप, 558. विश्वनेत्रः–सर्वद्रष्टा, 559. विश्वपः–विश्के पालक ॥ 72 ॥

याजको यजमान श्च पावकः पितरस्तथा ।
श्रद्धा बुद्धिः क्षमा तन्द्रा मन्त्रो मन्त्रयिता सुरः ॥ 73 ॥

560. याजकः–यज्ञकर्मा, 561. यजमानः–प्रधान होतारूप, 562. पावकः–अग्निरूप, 563. पितः–जगत्के माता-पिता, 564. श्रद्धा–श्रद्धास्वरूप, 565. बुद्धिः–बुद्धिस्वरूप, 566. क्षमा–क्षमास्वरूप, 567. तन्द्रा–तन्द्रारूप, 568. मन्त्रः–मन्त्रस्वरूप, 569. मन्त्रयिता–शुभ मन्त्र देनेवाले, 570. सुरः–देवस्वरूप ॥ 73 ॥

राजेन्द्रो भूपती रुणडमाली संसारसारथिः ।
नित्यसम्पूर्णकाम श्च भक्तकामधुगुत्तमः ॥ 74 ॥

571. राजेन्द्रः–राजाओमें श्रेष्ट, 572. भूपतिः–पृथ्वीके पालक, 573. रुण्डमाली–रुण्डोंकी मालावाले, 574. संसारसारथिः–भक्तोंको भवसिन्धु पार करनेमें सहायक, 575. नित्यसम्पूर्णकामः–सदा सभी कामनाओंसे तृप्त, 576. भ्क्तकामधुक्–भक्तोंकी कामनाओंके दोग्धा, 577. उत्तमः–श्रेष्ट ॥ 74 ॥

गणपः केशवो भ्राता पिता माता च मारुतिः ।
सहस्त्रमूर्द्धानेकास्यः सहस्त्राक्षः सहस्त्रपात् ॥ 75 ॥

578. गणपः–वानरगणोंके पालक, 579. केशवः–घुँघराले केशवाले, 580. भ्राता–भ्रातृस्वरूप, 581. पिता–पितारूप, 582. माता–वात्सल्यमयी मातारूप, 583. मारुतिः–पवनदेवताके पुत्र, 584. सहस्त्रमूर्द्धा–हजारों सिरवाले, 585. अनेकास्यः–अनेक मुखवाले, 586. सहस्त्राक्षः–सहस्त्रों नेत्रवाले, 587. सहस्त्रपात्–सहस्त्रों पैरवाले ॥ 75 ॥

कामजित् कामदहनः कामः कामफलप्रदः ।
मुद्रापहारी रक्षोघ्नः क्षितिभारहरो बलः ॥ 76 ॥

588. कामजित्–कामदेवको जीतनेवाले, 589. कामदहनः–कामको जलानेवाले, 590. कामः–सौन्दर्यशाली, 591. कामफलप्रदः–कामनाओंको पूर्ण करनेवाले, 592. मुद्रापहारी–श्रीराम-मुद्रिकाको ले जानेवाले, 593. रक्षोघ्नः–राक्षसोंका नाश करनेवाले, 594. क्षितिभारहरः–पृथ्वीका भार उतारनेवाले, 595. बलः–शत्रु-संहारक ॥ 76 ॥

नखदंष्ट्रायुधो विष्णुर्भक्ताभयवरप्रदः ।
दर्पहा दर्पदो दंष्ट्राशतमूर्तिरमूर्तिमान् ॥ 77 ॥

596. नखदंष्ट्रायुधः–नख और दंष्ट्रारूप शस्त्र धारण करनेवाले, 597. विष्णुः–व्यापकस्वरूप, 598. भक्ताभयदरप्रदः–भक्तोंको अभयवर प्रदान करनेवाले, 599. दर्पहा–दर्पका नाश करनेवाले, 600. दर्पदः–उत्साह प्रदान करनेवाले, 601. दंष्ट्राशतमूर्तिः–सौ दंष्ट्राओंसे युक्त मूर्तिवाले, 602. अमूर्तिमान्–मूर्तिरहित अर्थात् निराकारस्वरूप ॥ 77 ॥

महनिधिर्महाभागो महाभर्गो महर्द्धिदः ।
महाकारी महायोगी महातेजा महाद्युतिः ॥ 78 ॥

603. महानिधिः–सद्‌गुणों महान् भण्डार, 604. महाभागाः–बड़े भाग्यशाली, 605. महाभर्गः–महातेजस्वी, 606. महर्द्धिदः–महान् ऋद्धि प्रदान करनेवाले, 607. महाकारः–बड़े आकारवाले, 608. महायोगी–महान् योगी, 609. महातेजाः–बड़े तेजस्वी, 610. महाद्युतिः–अत्यन्त शोभावाले ॥ 78 ॥

महासनो महानादो महामन्त्रो महामतिः ।
महागमो महोदारो महादेवात्मकी विभुः ॥ 79 ॥

611. महासनः–अत्यन्त स्थिर-आसनवाले, 612. महानादः–बड़ी गर्जना करनेवाले, 613. महामन्त्रः–उच्चकोटिके मन्त्रवाले, 614. महामतिः–महान् बुद्धिमान्, 615. महागमः–महान् गतिवाले, 616. महोदारः–बड़े उदार, 617. महादेवात्मकः–महादेवस्वरूप, 618. विभुः–सर्वव्यापक ॥ 79 ॥

रौद्रकर्मा क्रूरकर्मा रत्नाभः कृतागमः ।
अम्भोधिलङ्घनः सिंहः सत्यधर्मप्रमोदनः ॥80 ॥

619. रौद्रकर्मा–भयानक कर्म करनेवाले, 620. क्रूरकर्मा–कठोर कर्म करनेवाले, 621. रत्नाभः–रत्नके समान नाभिवाले, 622. कृतागमः–शास्त्रकी रचना करनेवाले, 623. अम्भोधिलङ्घनः–समुद्र लाँघनेवाले, 624. सिंहः–सिंहस्वरूप, 625. सत्यधर्मप्रमोदनः–सत्यधर्मका पालन करने में प्रसन्न ॥ 80 ॥

जितामित्रो जयः सोमो विजयो वायुनन्दनः ।
जीवदाता सहस्रांशुर्मुकुन्दो भूरिदक्षिणः ॥ 81 ॥

626. जितामित्रः–शत्रुओंको जीतनेवाले, 627. जयः–जयस्वरूप, 628. सोमः–सोमस्वरूप, 629. विजयः–पराक्रमी, 630. वायुनन्दनः–पवनदेवताको आनान्दित

करनेवाले, 631. जीवदाता–प्राणदान करनेवाले, 632. सहस्रांशुः–सूर्यस्वरूप, 633. मुकुन्दः–मुक्ति प्रदान करनेवाले, 634. भूरिदक्षिणः–विपुल दक्षिणा प्रदान करनेवाले ॥ 81 ॥

सिद्धार्थः सिद्धिदः सिद्धसंकल्पः सिद्धिहेतुकः ।
सप्तपातालचरणः सप्तर्षिगणवन्दितः ॥ 82 ॥

635. सिद्धार्थः–सदासिद्ध प्रयोगवाले, 636. सिद्धिदः–सिद्धि देनेवाले, 637. सिद्धसंकल्पः–सिद्ध संकल्पवाले, 638. सिद्धिहेतुकः–सिद्धियोंके कारण, 639. सप्तपातालचरणः–सप्तपातालमें संचरण करनेवाले, 640. सप्तर्षिगणवन्दितः–सप्तर्षियों द्वारा वन्दित ॥ 82 ॥

सप्ताब्धिलङ्घनो वीरः सप्तद्वीपोरुमण्डलः ।
सप्ताङ्गराज्यसुखदः सप्तमातृनिषेवितः ॥ 83 ॥

641. सप्ताब्धिलङ्घनः सातों समुद्रोंको लाँघनेवाले, 642. वीरः–संदेश पहुँचानेवालोंमें वीर, 643. सप्तद्वीपोरुमण्डलः–सप्तद्वीपके विशाल मण्डलमें विचरण करनेवाले, 644. सप्ताङ्गराज्यसुखदः–सप्ताङ्गयुक्त राज्यके लिये सुखद, 645. सप्तमातृनिषेवितः–सात माताओंद्वारा सेवित ॥ 83 ॥

सप्तस्वर्लोकमुकुटः सप्तहोता स्वराश्रयः ।
स्पतच्छंदोनिधिः सप्तच्छंदः सप्तजनाश्रयः ॥ 84 ॥

646. सप्तस्वर्लोकमुकुटः–सात स्वर्गलोकोंके मुकुटमणि, 647. सप्तहोता–सामवेदके सात मन्त्रोंसे हवन करनेवाले, 648. स्वराश्रयः–स्वरोंका आश्रय लेनेवाले अर्थात् संगीत शास्त्रमें प्रवीण, 649. सप्तच्छंदोनिधिः–सात वैदिक छंदोंके आश्रय, 650. सप्तच्छंदः–सात छंदस्वरूप, 651. सप्तजनाश्रयः–सप्तजनोंके आश्रयस्वरूप ॥ 84 ॥

सप्तसाभोपगीत श्च सप्तपातालसंश्रयः ।
मेधादः कीर्तिदः शोकहारी दौर्भाग्यनाशनः ॥ 85 ॥

652. सप्तसभोपगीतः–जिनका सामवेदकी सात स्वरोंद्वारा गान किया जाता है[7], 653. सप्तपातालसंश्रयः–सप्तपातालके आश्रय, 654. मेधादः–मेधाको प्रदान करनेवाले, 655. कीर्तिदः–यश देनेवाले, 656. शोकहारी–शोक हरण करनेवाले, 657. दौर्भाग्यनाशनः–दुर्भाग्यका नाश करनेवाले ॥ 85 ॥

सर्वरक्षाकरो गर्भदोषहा पुत्रपौत्रदः ।
प्रतिवादिमुखस्तम्भो रुष्टचित्तप्रसादनः ॥ 86 ॥

658. सर्वरक्षाकरः–चारों ओर से रक्षा करनेवाले, 659. गर्भदोषहा–गर्भ–दोषको दूर करनेवाले, 660. पुत्रपौत्रदः–पुत्र और पौत्र प्रदान करनेवाले, 661. प्रतिवादिमुखस्तम्भः–प्रतिवादी के मुखको बंद करनेवाले अर्थात् श्रेष्ट वक्ता, 662. रुष्टचित्तवालोंको प्रसन्न करनेवाले ॥ 86 ॥

पराभिचारशमनो दु:सहा बन्धमोक्षदः ।
नवद्वारपुराधारो नवद्वारनिकेतनः ॥ 87 ॥

663. पराभिचारशमनः—शत्रुके मारण-मोहन आदि अभिचारोंको शमन करनेवाले, 664. दु:खोंका नाश करनेवाले, 665. बन्धमोक्षदः—बन्धनसे मुक्त करनेवाले, 666. नवद्वारपुरधारः—नवद्वार-पुर (शरीर) के आधार 667. नवद्वारनिकेतनः—नवद्वारवाले शरीररूपी घर में रहनेवाले आत्म-स्वरूप ॥ 87 ॥

नरनारायणस्तुत्यो नवनाथमहेश्वरः ।
मेखली कवची खड्गी भ्राजिष्णुर्जिष्णुसारथिः ॥ 88 ॥

668. नरनारायणस्तुत्यः—नर और नारायणके द्वारा स्तुत्य, 669. नवनाथमहेश्वरः—नवनाथों के महेश्वर, 670. मेखली—मेखला धारण करनेवाले, 671. कवची—कवच धारण करनेवाले, 672. खड्ग धारण करनेवाले, 673. भ्राजिष्णुः—देदीप्यमान, 674. जिष्णुसारथिः—अर्जुन के सारथि अर्थात् ध्वजा में निवास करनेवाले ॥ 88 ॥

बहुयोजनविस्तीर्णपुच्छः पुच्छहतासुरः ।
दुष्टग्रहनिहन्ता च पिशाचग्रहघातकः ॥ 89 ॥

675. बहुयोजनविस्तीर्णपुच्छः—अनेक योजन लंबी पूँछवाले, 676. पुच्छहतासुरः—पूँछ से राक्षसोंको मारनेवाले, 677. दुष्टग्रहनिहन्ता—दुष्टग्रहों के नाशक, 678. पिशाचग्रहघातकः—पिशाचग्रहके हन्ता ॥ 89 ॥

बालग्रहविनाशी च धर्मनेता कृपाकरः ।
उग्रकृत्य श्चोग्रवेग उग्रनेत्रः शतक्रतुः ॥ 90 ॥

679. बालग्रहविनाशी—बालग्रहोंका विनाश करनेवाले, 680. धर्मनेता—धर्मके नेता, 681. कृपाकरः—कृपा करनेवाले, 682. उग्रकृत्यः—उग्रकृत्यकर्ता, 683. उग्रवेगः—भयंकर वेगवान, 684. उग्रनेत्रः—उग्र नेत्रवाले, 685. शतक्रतुः—सौ यज्ञ करनेवाले इन्द्रस्वरूप ॥ 90 ॥

शतमन्युनतः स्तुत्यः स्तुतिः स्तोता महाबलः ।
समग्रगुणशाली च व्यग्रो रक्षोविनाशकः ॥ 91 ॥

686. शतमन्युनुतः—इन्द्रद्वारा स्तुत, 687. स्तुत्यः— स्तुति करनेयोग्य, 688. स्तुतिः—स्तुतिस्वरूप, 689. स्तोता—स्तुति करनेवाले, 690. महाबलः—अत्यन्त बलशाली, 691. समग्रगुणशाली—सारे गुणोंसे युक्त, 692. व्यग्रः—सदा उद्यत, 693. रक्षोविनाशकः—असुरोंका विनाश करनेवाले ॥ 91 ॥

रक्षोऽग्निदाहो ब्रह्मेशः श्रीधरो भक्तवत्सलः ।
मेघनादो मेघरूपो मेघवृष्टिनिवारकः ॥ 92 ॥

694. रक्षोऽग्निदाहः—राक्षसोंको अग्निमें जला देनेवाले, 695. ब्रह्मेशः—ब्रह्माके ऊपर शासन करनेवाले, 696. श्रीधरः—ऐश्वर्य धारण करनेवाले, 697. भक्तवत्सलः—भक्तों

पर कृपा करनेवाले, 698. मेघनाद:—मेघ के समान गर्जनेवाले, 699. मेघरूप:—मेघ के समान रूपवाले, 700. मेघवृष्टिनिवारक:—मेघकीवृष्टि को रोकनेवाले ॥ 92 ॥

मेघजीवनहेतु श्च मेघश्याम: परात्मक: ।
समीरतनयो योद्धा नृत्यविद्याविशारद: ॥ 93 ॥

701. मेघजीवनहेतु:—मेघोंके जीवनके हेतु समुद्रस्वरूप, 702. मेघश्याम:—मेघके समान श्याम वर्णवाले, 703. परात्मक:—परमात्मस्वरूप, 704. समीरतनय:—वायुदेवताके पुत्र, 705. योद्धा—शत्रुओंके साथ लड़नेवाले, 706. नृत्यविद्याविशारद:—नृत्यकलामें निपुण ॥ 93 ॥

अमोघोऽमोघदृष्टि श्च हीष्टदोऽरिष्टनाशन: ।
अर्थोऽनर्थापहारी च समर्थो रामसेवक: ॥ 94 ॥

707. अमोघ:—कभी व्यर्थ न होनेवाले, 708. अमोघदृष्टि:—जिनकी कृपादृष्टि: कभी व्यर्थ नहीं जाती, 709. इष्टत:—मनोवाञ्छित वस्तु देनेवाले, 710. अरिष्टनाशन:—विघ्ननाशक, 711. अर्थ:—अर्थस्वरूप 712. अनर्थापहारी—अनर्थ को दूर करनेवाले, 713. समर्थ:—सर्वथा सामर्थ्यवान्, 714. रामसेवक:—श्रीराम के सेवक ॥ 94 ॥

अर्थिवन्द्योऽसुराराति: पुण्डरीकाक्ष आत्मभू: ।
संकर्षणो विशुद्धात्मा विद्याराशि: सुरेश्वर: ॥ 95 ॥

715. अर्थिवन्द्य:—अर्थियोंके द्वारा वन्दरीय, 716. असुराराति:—असुरोंके शत्रु, 717. पुण्डरीकाक्ष:—श्वेतकमलके समान नेत्रवाले, अथवा विष्णुस्वरूप, 718. आत्मभू:—स्वेच्छासे प्रकट होनेवाले, 719. संकर्षण:—शत्रुओंको कर्षण करनेवाले बलदेवस्वरूप, 720. विशुद्धात्मा—परम पवित्रस्वरूप, 721. विद्याराशि:—विद्याकी राशि—पूर्ण विद्वान्, 722. सुरेश्वर:—देवताओंके स्वामी ॥ 95 ॥

अचलोद्धारको नित्य: सेतुकृद् रामसारथि: ।
आनन्द: परमानन्दो मत्स्य: कूर्मो निराश्रय: ॥ 96 ॥

723. अचलोद्धारक:—अचलों (पर्वतों) का उद्धार करनेवाले, 724. नित्य:—नित्य विद्यमान, 725. सेतुकृत—सेतु बनानेवाले, 726. रामसारथि:—श्रीरामके वाहन, 727. आनन्द:—आनन्द प्रदान करनेवाले, 728. परमानन्द:—परमानन्दस्वरूप, 729. मत्स्य:—मत्स्यस्वरूप, 730. कूर्म:—कूर्मस्वरूप, 731. निराश्रय:—आश्रय रहित ॥ 96 ॥

वाराहो नारसिंह श्च वामनो जमदग्निज: ।
राम: कृष्ण: शिवो बुद्ध: कल्की रामाश्रयो हरि: ॥ 97 ॥

732. वाराह:—वराहस्वरूप, 733. नारसिंह:—नृसिंह-स्वरूप, 734. वामन:—वामनस्वरूप, 735. जगदग्निज:—परशुरामस्वरूप, 736. राम:—श्रीरामस्वरूप, 737. कृष्ण:—श्रीकृष्णस्वरूप, 738. शिव:—शिवस्वरूप, 739. बुद्ध:—बुद्धस्वरूप, 740.

कल्कि:—कल्किस्वरूप, 741. रामाश्रय:—श्रीरामके आश्रित, 742. हरि:—जगत्का दु:ख हरनेवाले ॥ 97 ॥

नन्दी भृङ्गी च चण्डी च गणेशो गणसेवित: ।
कर्माध्यक्ष: सुराध्यक्ष: विश्रामो जगतीपति: ॥ 98 ॥

743. नन्दी—नन्दीस्वरूप, 744. भृङ्गी—भृङ्गीस्वरूप, 745. चण्डी—देवीस्वरूप, 746. गणेश:—गणपतिरूप, 747. गणसेवित:—वानरगणोंद्वारा सेवित, 748. कर्माध्यक्ष:—कर्मोंके स्वामी, 749. सुराध्यक्ष:—देवताओंके अध्यक्ष, 750. विश्राम:—सब प्राणियोंके विश्रामस्थल, 751. जगत्पति:— पृथ्वी का पालन करनेवाले ॥ 98 ॥

जगन्नाथ: कपीशश्च सर्वावास: सदाश्रय: ।
सुग्रीवादिस्तुतो दान्त: सर्वकर्मा प्लवङ्गम ॥ 99 ॥

752. जगन्नाथ:—जगत्के स्वमी, 753. कपीश:—वानरों के स्वामी, 754. सर्वावास:—सबके निवासस्थान, 755. सदाश्रय:—परमार्थपथ पर चलनेवालोंके आश्रय, 756. सुग्रीवादिस्तुत:—सुग्रीव आदि वानर जिनकी स्तुति करते हैं, 757. दान्त:—इन्द्रियोंको वशमें रखनेवाले, 758. सर्वकर्मा—कृतकृत्य, प्लवङ्ग:—वानररूप ॥ 99 ॥

नखदारितरक्षा श्च नखयुद्धविशारद: ।
कुशल: सुधन: शेषो वासुकिस्तक्षकस्तथा ॥ 100 ॥

760. नखदारितरक्षा:—नखोंके द्वारा राक्षसोंको विदीर्ण करनेवाले, 761. नख्युद्धविशारद:—नखयुद्धमें कुशल, 762. कुशल:—परम निपुण, 763. सुधन:—भक्तिरूपी सुन्दर धनवाले, 764. शेष:—शेषनागस्वरूप, 765. वासुकि:—वासुकिसर्पस्वरूप, 766. तक्षक:—तक्षक सर्पस्वरूप ॥ 100 ॥

स्वर्णवर्णो बलाढ्य श्च पुरुजेताघनाशन: ।
कैवल्यरूप: कैवल्यो गरुड: पन्नगोरग: ॥ 101 ॥

767. स्वर्णवर्ण:—सोनेके समान दीप्तवर्णवाले, 768. बलाढ्य:—अति शक्तिशाली, 769. पुरुजेता—बहुल विजयी, 770. अघनाशन:—पापका नाश करनेवाले, 771. कैवल्यरूप:—मुक्तिस्वरूप, 772. कैवल्य:—अद्वयस्वरूप, 773. गरुड:—गरुडरूप, 774. पन्नगोरग:—लेटे-लेटे चलनेवाले तथा उरसे चलनेवाले अर्थात् हनुमानजी सब प्रकारसे चलनेवाले हैं ॥ 101 ॥

किल्किल्रावहताराति गर्वपर्वतभेदन: ।
वज्राङ्गो वज्रदंष्ट्र श्च भक्तवज्रनिवारक: ॥ 102 ॥

775. किल्कल्रावहताराति:—किल-किल शब्दसे शत्रुओंका नाश करनेवाले, 776. गर्वपर्वतभेदन:—गर्वरूप पर्वतको काट गिरानेवाले, 777. वज्राङ्ग:—वज्रशरीर, 778. वज्रदंष्ट्र:—वज्रके समान दाँतवाले, 779. भक्तवज्रनिवारक:—भक्तोंके ऊपर गिरते हुए वज्रको रोकनेवाले ॥ 102 ॥

नखायुधो मणिग्रीवो ज्वालामाली च भास्करः ।
प्रौढप्रतापस्तपनो भक्ततापनिवारकः ॥ 103 ॥

780. नखायुधः–नख जिनके शस्त्र हैं, 781. मणिग्रीवः–कण्ठमें मणि धारण करनेवाले, 782. ज्वालामाली–लंकादाहके समय अग्नि–ज्वालाकी माला धारण करनेवाले, 783. भास्करः–सूर्यके समान प्रकाशस्वरूप, 784. प्रौढप्रतापः–प्रवृद्ध प्रतापवाले, 785. तपनः–सूर्यरूप, 786. भक्ततापनिवारकः–भक्तोंका संताप दूर करनेवाले ॥ 103 ॥

शरणं जीवनं भोक्ता नानाचेष्टो ह्यचञ्चलः ।
स्वस्तिमान् स्वस्तिदो दु:खशातनः पवनात्मजः ॥ 104 ॥

787. शरणम्–शरणागत–रक्षक, 788. जीवनम्–सबके जीवनस्वरूप, 789. भोक्ता–सबको पालन करनेवाले, 790. नानचेष्टः–अनेक चेष्टावाले, 791. अचञ्चलः–स्वरूपमें अटल रहनेवाले, 792. स्वस्तिमान्–कल्याणस्वरूप, 793. स्वस्तिदः–कल्याण वितरण करनेवाले, 794. दु:खशातनः–दु:खों के नाशक, 795. पवनात्मजः–पवन के पुत्र ॥ 104 ॥

पावनः पवनः कान्तो भक्तागःसहनो बली
मेघनादरिपुर्मेघनादसंहतराक्षसः ॥ 105 ॥

796. पावनः–पवित्र करनेवाले, 797. पवनः–वायुरूप, 798. कान्तः–कान्तिमान्, 799. भक्तागःसहनः–भक्तोंके अपराधोंको सहन करनेवाले, 800. बली–बलवान्, 801. मेघनादरिपुः–मेघनादके शत्रु, 802. मेघनादसंहतराक्षसः–जिनकी मेघ–तुल्य गर्जनासे राक्षस नष्ट हो जाते हैं ॥ 105 ॥

क्षरोऽक्षरो विनीतात्मा वानेशः सतां गतिः ।
श्रीकण्ठः शितिकण्ठ श्च सहायः सहनायकः ॥ 106 ॥

803. क्षरः–प्रकृतिकार्यस्वरूप, 804. अक्षरः–अविनाशी आत्म स्वरूप, 805. विनीतात्मा–विनम्र–स्वभाव 806. वानरेशः–वानरोंके ईश, 807. सतां गतिः–संतोंकी गति, 808. श्रीकण्ठः–शोभायमान कण्ठवाले, 809. शितिकण्ठः–नीलकण्ठ भगवान् शंकरस्वरूप, 810. सहायः–सहायता करनेवाले, 811. सहनायकः–अपने स्वामी श्रीरामके साथ रहनेवाले ॥ 106 ॥

अस्थूलस्त्वनणुर्भर्गो दिव्यः संसृतिनाशनः ।
अध्यात्मविद्यासार श्च ह्यध्यात्मकुशलः सुधीः ॥ 107 ॥

812. अस्थूलः–सूक्ष्मस्वरूप, 813. अनणुः–महान्, 814. भर्गः–आभायुक्त, 815. दिव्यः–दिव्यरूपधारी, 816. संसृतिनाशनः–भवबन्धनको मिटानेवाले, 817. अध्यात्मविद्यासारः–अध्यात्मविद्याके सार–तत्त्व, 818. अध्यात्मविद्यासारः–अध्यात्मविद्यामें कुशल, 819. सुधीः–सुन्दर बुद्धिवाले ॥ 107 ॥

अकल्मषः सत्यहेतुः सत्यदः सत्यगोचरः ।
सत्यगर्भः सत्यरूपः सत्यः सत्यपराक्रमः ॥ 108 ॥

820. अकल्मषः–निष्पाप, 821. सत्यहेतुः–सत्यस्वरूप परमात्मा प्राप्ति करानेवाले, 822. सत्यदः–सत्य प्रदान करनेवाले, 823. सत्यगोचरः–सत्य से दृष्टिगोचर होनेवाले, 824. सत्यगर्भः–सत्य आशयवाले, 825. सत्यरूपः–सत्य (प्रशस्त) रूप सौन्दर्यसे युक्त, 826. सत्यः–सत्य स्वरूप, 827. सत्यपराक्रमः–जिनका पराक्रम निष्फल नहीं होता ॥ 108 ॥

अञ्जनाप्राणलिङ्गश्च वायुवंशोद्भवः शुभः ।
भद्ररूपो रुद्ररूपः सुरूपश्चित्ररूपधृक् ॥ 109 ॥

828. अञ्जनाप्राणलिङ्गः–माता अञ्जनाके प्राणप्यारे पुत्र, 829. वायुवंशोद्भवः–वायुदेवताके वंशमें उत्पन्न, 830. शुभः–कल्याणप्रद, 831. भद्ररूपः–मङ्गलमय, 832. रुद्ररूपः–शंकरस्वरूप, 833. सुरूपः–सुन्दर स्वरूपवाले, 834. चित्ररूपधृक्–चित्र-विचित्र रूप धारण करनेवाले ॥ 109 ॥

835. मैनाकवन्दितः–मैनाकर्वतद्वारा वन्दित, 836. सूक्ष्मदर्शनः–सूक्ष्मदृष्टिवाले, 837. विजयः–अर्जुन-स्वरूप, 838. जयः–विष्णुके द्वारपालस्वरूप, 839. क्रान्तदिङ्मण्डलः–दिशाओंके पार जानेवाले, 840. रुद्रः–आर्द्रानक्षत्ररूप, 841. प्रकटीकृतविक्रमः–अपने पराक्रको प्रकट करनेवाले ॥ 110 ॥

कम्बुकण्ठः प्रसन्नात्मा ह्रस्वनासो वृकोदरः ।
लम्बौष्ठः कुण्डली चित्रमाली योगाविन्दां वरः ॥ 111 ॥

842. कम्बुकण्ठः–शङ्खके समान सुन्दर गद्रनवाले 843. प्रसन्नात्मा–सदा प्रसन्न चित्त रहनेवाले, 844. ह्रस्वनासः–छोटी नासिकावाले, 845. वृकोदरः–भेड़ियाके समान बड़े उदरवाले, 846.–लम्बौष्टः–बड़े-बड़े ओठवाले, 847. कुण्डली–कानोंमें कुण्डल धारण करनेवाले, 848. चित्रमाली–चित्र-विचित्र पुष्पोंकी माला पहननेवाले, 849. योगविदां वरः–योगवेत्ताओंमें श्रेष्ट ॥ 111 ॥

विपश्चित्कविरानन्दविग्रहोऽनल्पशासनः ।
फाल्गुनीसूनुरव्यग्रो योगात्मा योगतत्परः ॥ 112 ॥

850. विपश्चित्कविः–तत्त्वज्ञ कवि, 851. आनन्द विग्रहः–मूर्तिमान् आनन्द, 852. अनल्पशासनः–सबके ऊपर शासन करनेवाले, 853. फाल्गुनीसूनुः–पूर्वाफाल्गुनी नक्षत्रमें उत्पन्न होनेके कारण वे फाल्गुनीपुत्र हैं, 854. अव्यग्रः–कभी व्याकुल न होनेवाले, 855. योगात्मा–योगस्वरूप, 856.–योगतत्परः–योगमें तत्पर रहनेवाले ॥ 112 ॥

योगविद् योगकर्ता च योगयोनिर्दिगम्बरः ।
अकारादिहकारान्तवर्णनिर्मितविग्रहः ॥ 113 ॥

857. योगवित्–योगके ज्ञाता, 858. योगकर्ता–योग बनानेवाले, 859. योगयोनिः–योगकी उत्पत्ति के 860. दिगम्बरः–दिशारूपी वस्त्रधारी, 861. अकारन्दि हकारान्तवर्णनिर्मितविग्रहः–सर्ववर्णस्वरूप ॥ 113 ॥

उलूखलमुखः सिद्धसंस्तुतः प्रमथेश्वरः ।
शिलष्टजङ्घः शिलष्टजानुः शिलष्टपाणिः शिखाधरः ॥ 114 ॥

862. उलूखलमुखः–ओखली के समान सुखारविन्द 863. सिद्धपुरुषोंके द्वारा जिनकी सम्यक् स्तुति होती है, 864. प्रमथेश्वरः–भूतगणोंके स्वामी, 865.शिलष्टजङ्घः–सटी हुई जङ्घवाले, 866. शिलष्टज मिले हुए घुटनोंवाले, 867.–शिलष्टपाणिः–मिले हाथोंवाले, 868. शिखाधरः–चोटी धारण करनेवाले॥ 114 ॥

सुशर्मामितशर्मा च नारायणपरायणः ।
जिष्णुर्भविष्णू रोचिष्णुर्ग्रसिष्णुः स्थाणुरेव च ॥ 115 ॥

869. सुशर्मा–सुन्दर सुख देनेवाले, 870. अमितशर असीम सुख देनेवाले, 871. नारायणपरायणः–भग नारायणमें लीन रहनेवाले, 872. जिष्णुः–जीतनेवाले 873. भविष्णुः–भविष्यमें होनेवाले, 874. रोचिष्टा कान्तिमान्, 875. ग्रसिष्णुः–सर्वसंहार करनेवाले शिव 876. स्थाणुः–स्थिर रहनेवाले ॥ 115 ॥

हरिरुद्रानुसेकोऽथ कम्पनो भूमिकम्पनः ।
गुणप्रवाहः सूत्रात्मा वीररागस्तुतिप्रियः ॥ 116 ॥

877. हरिरुद्रानुसेकः–भगवान् विष्णु और शिव अभिषेक करनेवाले, 878. कम्पनः–शत्रुओं को कम्पाद करनेवाले, 879. भूमिकम्पनः–पृथ्वीको कम्पित करने 880. गुणप्रवाहः–गुणोंके प्रवाह, अर्थात् सर्वगुणसर 881. सूत्रात्मा–यज्ञोपवीतधारी, 882. वीतरागस्तुतिप्रिय वीतराग पुरुषके द्वारा की गयी स्तुति जिन्हें लगती है। 116 ॥

नागकन्याभयध्वंसी रुक्मवर्णः कपालभृत् ।
अनाकुलो भवोपयोऽनपायो वेदपारगः ॥ 117 ॥

883. नागकन्याभयध्वंसी–नागकन्याओंके ध्वंस करनेवाले, 884. रुक्मवर्णः–सुवर्णके समान वर्णन 885. कपालभृत्–कपाल धारण करनेवाले महादेवस्य 886. अनाकुलः–व्यग्रतारहित, 887. भवोपायः–भवन पार करनेके लिये उपायरूप, 888. अनपायः–भगवान् श्री कभी वियुक्त न होनेवाले, 889. वेदपारगः–पारंगत ॥ 117 ॥

अक्षरः पुरुषो लोकनाथ ऋक्षाप्रभुर्दृढः ।
अष्टाङ्गयोगफलभुक् सत्यसंधः पुरुष्टुतः ॥ 118 ॥

890. अक्षरः–अविनाशी, 891. पुरुषः–बुद्धिरूपी पुरीमें वाले, 892. लोकनाथः–सम्पूर्ण लोकों के स्वामी, 893. शुभः–नक्षत्रोंके स्वमी, अर्थात् चन्द्रस्वरूप, 894. दृढः–दृशरीर, 895. अष्टाङ्गयोगफलभुक्–अष्टाङ्गयोग के उपभोग करनेवाले, 896. सत्यसंधः–दृढ़ मैत्रीवाले, पुरुष्टुतः–देवताओंके द्वारा संस्तुत ॥ 118 ॥

श्मशानस्थाननिलयः प्रेतविद्रावणक्षमः ।
पञ्चाक्षरपर पञ्चमातृको रञ्जनध्वजः ॥ 119 ॥

898. श्मशानस्थाननिलयः—श्मशानमें निवास करने 899. प्रेतविद्रावणक्षमः—प्रेतको तुरंत भगानेमें समर्थ, 900. पञ्चाक्षरपरः—'नमः शिवाय' इस प्रधान पञ्चाक्षर को जपनेवाले, 901. पञ्चमातृकः—सीता, उर्मिला, पडवी, श्रुतकीर्ति तथा अञ्जना—इन पाँच माताओंवाले, 902. रञ्जनध्वजः—लाल रंगकी ध्वजावाले ॥ 119 ॥

योगिनीवृन्दवन्द्यश्रीः शत्रुघ्नोऽनन्तविक्रमः ।
ब्रह्मचारीन्द्रियारिपुर्धृतदण्डो दशात्मकः ॥ 120 ॥

903. योगिनीवृन्दवन्द्यश्रीः—योगिनीवृन्दके द्वारा वन्दनीय स्वरूप, 904. शत्रुघ्नः—शत्रुओं को हनन करनेवाले, 905. अनन्तविक्रमः—अपार पराक्रमशाली, 906. ब्रह्मचारी—रूप में विचरण करनेवाले, 907. इन्द्रियरिपुः—इन्द्रियों के अर्थात् जितेन्द्रिय, 908. धृतदण्डः—दण्डधारी (गदा), 909. दशात्मकः—दशावतारस्वरूप ॥ 120 ॥

अप्रप ञ्चः सदाचारः शूरसेनाविदारकः ।
वृद्धः प्रमोद आनन्दः सप्तद्वीपपतिन्धरः ॥ 121 ॥

910. अप्रपञ्चः—संसार के प्रपञ्च से रहित, 911. सदाः—सदाचारयुक्त, 912. शूरसेनाविदारकः—शूर पुरुषों की को विदीर्ण करनेवाले, 913. वृद्धः—सब प्रकार से बड़े, 914. प्रमोदः—प्रमोद-वृत्तिस्वरूप, 915. आनन्दः—आनन्द रूप, 916. सप्तद्वीपपतिन्धरः—सप्तद्वीपपतियों को धारण वाले ॥ 121 ॥

नवद्वारपुराधारः प्रत्यग्रः सामगायकः ।
षट्चक्रधाम स्वर्लोकाभयकृन्मानदो मदः ॥ 122 ॥

917. नवद्वारपुराधारः—नवद्वारवाले पुर अर्थात् शरीरों के धार, 918. प्रत्यग्रः—सबके आगे चलनेवाले, 919.सामगायकः—सामवेदका गान करनेवाले, 920. षट्चक्रधाम—सहस्रार आदि षट्चक्रों में परमात्मरूप से निवास करनेवाले, 921. स्वर्लोकाभयकृत—स्वर्गलोक को अभय करनेवाले, 922. मानदः—मान देनेवाले, 923. मदः—सम्पूर्ण अहंकृतिरूप ॥ 122 ॥

सर्ववश्यकरः शक्तिरनन्तोऽनन्तमङ्ग ।
अष्टमूर्तिर्नयोपेतो विरूपः सुरसुन्दरः ॥ 123 ॥

924. सर्ववश्यकरः—सबको वशमें करनेवाले, 925. शक्तिः—शक्तिस्वरूप, 926. अनन्तः—जिनके गुणों का अन्त नहीं है, 927. अनन्तमङ्गलः—जो अनन्त मङ्गलों से पूर्ण हैं, 928. अष्टमूर्तिः—पञ्च भूत, सूर्य, चन्द्र और आत्मा—ये आठ जिनकी मूर्ति अर्थात् स्वरूप हैं, 929. नयोपेतः—नीतिमान्, 930. विरूपः—विविध रूपवाले, 931. सुर-सुन्दरः—देवताओं से भी अधिक सुन्दर ॥ 123 ॥

धूमकेतुर्महाकेतुः सत्यकेतुर्महारथः ।
नन्दिप्रियः स्वतन्त्र श्चमेखली डमरुप्रियः ॥ 124 ॥

932. धूमकेतुः–अग्निस्वरूप, 933. महाकेतुः–विशाल बुद्धिवाले, 934. सत्यकेतुः–जिनका सत्य आदर्श है, 935. महारथः–महारथी, 936. नन्दिप्रियः–नन्दि (शिववाहन) जिनके प्रिय हैं, 937. स्वतन्त्रः–जो किसीके अधीन नहीं हैं, 938. मेखली–कटिसूत्र धारण करनेवाले, 939. डमरुप्रियः–जिनको डमरू प्रिय है उस शिवके स्वरूप ॥ 124 ॥

लौहाङ्गः सर्वविद्धन्वी खंडलः शर्व ईश्वरः ।
फलभुक् फलहस्तश्च सर्वकर्मफलप्रदः ॥ 125 ॥

940. लौहाङ्गः–लोहेके समान दृढ़ शरीरवाले, 941. सर्ववित्–सब कुछ जाननेवाले, 942. धन्वी–धनुर्धर, 943. खंडलः–द्रोणगिरि को खण्डित कर लानेवाले, 944. शर्वः–शिवस्वरूप, 945. ईश्वरस्वरूप, 946. फलभुक्–फल खानेवाले वानररूप, 947. फलहस्तः–जिनके करकमल में फल है, 948. सर्वकर्मफलप्रदः–सब कर्मों का फल प्रदान करनेवाले ॥ 125 ॥

धर्माध्यक्षो धर्मपालो धर्मो धर्मप्रदोऽर्थदः ।
पञ्चविंशतितत्त्वज्ञस्तार को ब्रह्मतत्पर ॥ 126 ॥

949. धर्माध्यक्षः–धर्म-निधिके अध्यक्ष, 950. धर्मपालः–धर्मका पालन करनेवाले, 951. धर्मः–धर्मस्वरूप, 952. धर्मप्रदः–न्यायधर्मके दाता, 953. अर्थदः–अर्थ प्रदान करनेवाले, 954. पञ्चविंशतितत्त्वज्ञः–पचीस तत्त्वों के यथार्थ ज्ञज्ञता, 955. तारकः–भवसागर से तारनेवाले, 956. ब्रह्मतत्परः–परब्रह्ममें तत्पर ॥ 126 ॥

त्रिमार्गवसतिर्भीमः सर्वदुःखनिबर्हणः ।
ऊर्जास्वान् निष्कलः शूली मौलिर्गर्जन्निशाचरः ॥ 127 ॥

157. त्रिमार्गवसतिः–ज्ञानयोग, भक्तियोग और कर्मयोग–इन तीनों मार्गों के निवास-स्थल, 958. भीमः–भयंकर-स्वरूप, 959. सर्वदुःखनिबर्हणः–सारे दुःखों को दूर करनेवाले, 960. ऊर्जास्वान्–बलशाली, 961. निष्कलः–निर्गुण ब्रह्मस्वरूप, 962. शूली-शूल धारण करनेवाले, 963. मौलिकः–किरीट धारण करनेवाले, 964. गर्जन्निशाचरः–रात्रि में गर्जते हुए विचरण करनेवाले अर्थात् निःशङ्क ॥ 127 ॥

रक्ताम्बरधरो रक्तो रक्तमाल्यो विभूषणः ।
वनमाली शुभाङ्गश्चश्वेतः श्वेताम्बरो युवा ॥ 128 ॥

165. रक्ताम्बरधरः–लाल वर्णका वस्त्र धारण करनेवाले, 966. रक्तः–लाल वर्णवाले, 967. रक्तमाल्यः–लाल रंगकी माला से सुशोभित, 968. विभूषणः–अलंकारस्वरूप,:–अलंकारस्वरूप, 969. वनमाली–वन्य पुष्पों की

माला पहननेवाले, 970. शुभाङ्गः– मङ्गलस्वरूप, 971. श्वेतः–श्वेतरूप, 972. श्वेताम्बरः–शुक्ल वर्णका वस्त्र धारण करनेवाले, 973. युवा–सदा तरुणस्वरूप ॥ 128 ॥

जयोऽजयपरीवारः सहस्रवदनः कपिः ।
शाकिनीडाकिनीयक्षरक्षोभूतप्रभञ्जकः ॥ 129 ॥

174. जयः–विजेता, 975. अजयपरीवारः–जिसका विजय ही परिवार है, 976. सहस्रवदनः–सहस्र मुखवाले, 977. कपिः–कपिस्वरूप, 978. शाकिनीडाकिनीयक्षरक्षो भूतप्रभञ्जकः–शाकिनी, डाकिनी, यक्ष, राक्षस, भूत आदि का नाश करनेवाले ॥ 129 ॥

सद्योजातः कामगतिर्ज्ञानमूर्तिर्यशस्करः ।
शम्भुतेजाः सार्वभौमो विष्णुभक्तः प्लवङ्गमः ॥ 130 ॥

979. सद्योजातः–तुरंत प्रकट होनेवाले, 980. कामगतिः–स्वच्छंद घूमनेवाले, 981. ज्ञानमूर्तिः–ज्ञानकी साक्षात् मूर्ति, 982. यशस्करः–यशस्वी, 983. शम्भुतेजाः–भगवान् शंकरके समान तेजस्वी, 984. सार्वभौमः–सब संसार के अधिपति, 985. विष्णुभक्तः–भगवान् विष्णु के 986. प्लवङ्गः–मर्कटस्वरूप ॥ 130 ॥

चतुर्नवतिमन्त्रज्ञः पौलस्त्यबलदर्पहा ।
सर्वलक्ष्मीप्रदः श्रीमानङ्गदप्रिय ईडितः ॥ 131 ॥

987. चतुर्नवतिमन्त्रज्ञः–चौरानबे मन्त्रों के ज्ञाता, 988. पौलस्त्यबलदर्पहा–रावणके बलके घमंडको नष्ट करनेके 989. सर्वलक्ष्मीदः–सारे ऐश्वर्यको प्रदान करने वाले, 990. श्रीमान्–सर्वैश्वर्यशाली, 991. अङ्गदप्रियः–अङ्गप्रियः–अङ्गदके 992. ईडितः–स्तुत्य ॥ 131 ॥

स्मृतिबीज सुरेशानः संसारभयनाशनः ।
उत्तम श्रीपरीवारः श्रितो रुद्रश्च कामधुक ॥ 132 ॥

993. स्मृतिबीजम्–स्मृतियों के बीज, 994. सुरेशानः–देवताओं के स्वामी, 995. संसारभयनाश संसारके भय का नाश करनेवाले, 996. उत्तमः– 997. श्रीपरीवारः–श्री (माता जानकी) के पुत्र, 998. श्रितः–आश्रयवान्, 999. रुद्रः–रुद्रस्वरूप, 1000:–कामधुक्–सारी कामनाओंको पूर्ण करनेवाले ॥ 132 ॥

श्रीवाल्मीकिरुवाच

इति नाम्नां सहस्रेण स्तुतो रामेण वायुभूः ।
उवाच तं प्रसन्नात्मा संधायात्मानमव्ययम् ॥ 133 ॥

वाल्मीकिमुनि बोले–इस प्रकार श्रीरामके सहस्रनामसे स्तुति किये जाने पर प्रसन्नचित्त श्रीहनुमान अपने अविनाशी आत्मस्वरूपमें स्थित होकर बोले ॥ 133 ॥

श्री हनुमानुवाच

ध्यानास्पदमिदं ब्रह्म मत्पुरः सभुपस्थितम् ।
स्वाभिन् कृपानिधे राम ज्ञातोऽसि कपिना गया ॥ 134 ॥

श्रीहनुमानजी बोले–स्वामिन्! कृपासिन्धु श्री चन्द्रजी! मैं कपि होते हुए भी आपको जान गया कि सामने आप परम ध्येय, परात्पर परब्रह्म ही समीप हैं ॥ 134 ॥

त्वद् ध्याननिरता लोकाः किं न पश्यन्ति सादरम् ।
तवागमनहेतु श्च ज्ञातो ह्यत्र मयानघ ॥ 135 ॥

निष्पाप श्रीरामजी ! आदपूर्वक आपके ध्यान में हुए भक्तलोग क्या नहीं देखते? अर्थात् सब कुछ हैं। अतएव आपके यहां आनेका हेतु मैं जान गया ॥ 135 ॥

कर्तव्यं मम किं राम तथा त्वं ब्रूहि राघव ।
अति प्रचोदितो रामः प्रहृष्टात्मा तमब्रवीत् ॥ 136 ॥

राघवेन्द्र श्रीराम! मेरे लिये क्या कर्तव्य है, उसे मुझ से कहिये। इस प्रकार श्रीहनुमानजी द्वारा प्रेरित किये पर हर्षितचित्त श्रीरामजी उनसे बोले ॥ 136 ॥

श्रीराम उवाच

अर्जयः खलु वैदेहीं गृहीत्वा कोऽपि निर्गतः ।
त्वा तं निर्गुणं वीरमानय त्वं कपीश्वर ॥ 137 ॥

श्रीरामजी बोले–कपीश्वर! निश्चय ही कोई महान् आत्मा विदेह राजपुत्री को लेकर निकल गया है। अतः उस निर्दयी वीर को मारकर सीता को ले आओ ॥ 137 ॥

मम दास्यं कुरु सखे भव विश्वासकारकः ।
कथा कृते त्वया वीर मम कार्य भविष्यति ॥ 138 ॥

मित्र ! तुम मेरी दासता स्वीकार करो और विश्वासपात्र बनो। ऐसा करने पर वीर! तुम्हारे द्वारा मेरा कार्य हो जायेगा ॥ 139 ॥

योमित्याज्ञां तु शिरसा गृहीत्वा स कपीश्वरः ।
विधेयं विधिवत्तत्र्र चकार शिरसा स्वयम् ॥ 139 ॥

कपीश्वर श्री हनुमानजीने 'ओम्' (अच्छा) कहकर उस आज्ञा को नम्रतापूर्वक शिर से धारण किया और फिर स्वयं कार्य को विधिवत् सम्पन्न किया ॥ 139 ॥

श्री वाल्मीकिरुवाच

दं नाम्नां सहस्त्रं तु योऽधीते प्रत्यहं नरः ।
दुःखौघो नश्यते तस्य सम्पत्तिर्वर्धते चिरम् ॥ 140 ॥

श्री वाल्मीकि जी बोले–जो मनुष्य इस सहस्रनाम मंत्र प्रतिदिन पाठ करता है उसके दुःखोंके समूह हो जाते हैं और चिरकालतक धन-सम्पत्ति बढ़ती जाती है। ॥ 140 ॥

वश्यं चतुर्विधं तस्य भवत्येव न संशयः ।
राजानो राजपुत्राश्च राजकीयाश्च मन्त्रिणः ॥ 141 ॥

तथा राजा, राजपुत्र, मन्त्री और राजकीय नौकर-चाकर-ये चारों उसके वश में हो जाते हैं। इसमें तनिक भी संशय नहीं है ॥ 141 ॥

अश्वत्थमूले जपतां नास्ति वैरिकृतं भयम् ।
त्रिकालपठनात्तस्य सिद्धिः स्यात् करसंस्थिता ॥ 142 ॥

अश्वत्थ वृक्ष के नीचे इस स्तोत्र का पाठ करनेवालोंको शत्रुसे भय नहीं होता। प्रातःकाल, मध्याह्न और सायंकाल तीनों समय पाठ करने से सिद्धि उनके हाथोंमें स्थित हो जाती है ॥ 142 ॥

ब्राह्मो मुहूर्ते चोत्थाय प्रत्यहं यो पठेन्नरः ।
ऐहिकामुष्मिकीं चैव लभते ऋद्धिमुत्तमाम् ॥ 143 ॥

जो मनुष्य प्रतिदिन ब्राह्म मुहूर्त में उठकर इसका पाठ करता है, वह इहलोक और परलोक की उत्तम ऋद्धि (सम्पन्नता) को प्राप्त करता है ॥ 143 ॥

संग्रामे संनिविष्टानां वैरिविद्रावणं परम् ।
ज्वरापस्मारशमनं गुल्मादीनां निवारणम् ॥ 144 ॥

यह स्तोत्र युद्धभूमि में प्रविष्ट वीरों के लिये विशेष रूपसे शत्रुहन्ता है तथा ज्वर, अपस्मार (मूर्च्छा) का शमन करनेवाला और गुल्म आदि रोगों का निवारक है ॥ 144 ॥

यह स्तोत्र युद्धभूमिमें प्रविष्ट वीरोंके लिये विशेष रूपसे शत्रुहन्ता है तथा ज्वर, अपस्मार (मूर्च्छा) का शमन करनेवाला और गुल्म आदि रोगों का निवारक है ॥ 144 ॥

साम्राज्यसुखसम्पत्तिदायकं पठनान्नृणाम् ।
स्वर्गं मोक्षं समाप्नोति रामचन्द्रप्रसादतः ॥ 145 ॥

यह स्तोत्र पाठ करनेसे साम्राज्यकी सुख-सम्पत्ति प्रदान करता है तथा इसका पाठ करनेवालोंको श्रीरामचन्द्र जी की कृपा से स्वर्ग और मोक्ष की प्राप्ति होती है ॥ 145 ॥

य इदं पठते नित्यं श्रावयेद्वा समाहितः ।
सर्वान् कामानवाप्नोति वायुपुत्रप्रसादतः ॥ 146 ॥

जो मनुष्य इन्द्रियोंका संयम करके इस पढ़ता है अथवा किसीको सुनाता है, वह श्रीहनुमानजीकी कृपासे सारी अभिलषित वस्तुओंको प्राप्त करता है ॥ 146 ॥

इति मन्त्रमहार्णवे पूर्वखंडे नवमतरङ्गे
श्रीरामकृतं हनुमत्सहस्त्रनामस्तोत्रं सम्पूर्णम् ।

इस प्रकार मन्त्रमहार्णव-ग्रन्थ के पूर्वखंड के नवम तरङ्ग में श्रीरामचन्द्रजी के द्वारा कथित **हनुमत्सहस्त्रनामस्तोत्र** समाप्त हुआ।